KB140496

명기자, 명데스크 못다한 뒷이야기 ㉘

취재현장의 목격자들 II +

이 도서의 국립중앙도서관 출판예정도서목록(CIP)은 서지정보유통지원시스템 홈페이지(http://seoji.nl.go.kr)와 국가
자료종합목록시스템(http://www.nl.go.kr/kolisnet)에서 이용하실 수 있습니다. (CIP 제어번호 : CIP2018039032)

명기자, 명데스크 못다한 뒷이야기 28

취재현장의 목격자들 Ⅱ +

대한언론인회

정신이 살아있는 출판

청미디어
CHEONG MEDIA

이 책은 한국언론진흥재단의 출판사업지원금으로 제작되었습니다.

타임머신을 타고 되돌아간 그 시절

이 병 대
(대한언론인회 회장)

발족 반세기를 앞에 두고 있는 대한언론인회에서 '취재현장의 목격자들' 제8집을 내놓습니다.

대한언론인회는 지난 1977년 1월22일 중앙일간지 또는 방송·통신 기자 10년 이상 경력자들이 모여 언론문화 창달 및 연구출판 그리고 친목을 목적으로 하여 발족하였습니다. 발족 당시 명칭을 독립신문 발간일인 4월 7일을 기념하여 4·7구락부로 했다가 이날이 신문의 날 날짜와 명칭이 겹치는 바람에 현재의 대한언론인회로 변경하였습니다.

대한언론인회는 그동안 월간 '대한언론'을 금년 12월 지령 393호 발간하였거니와 해마다 대한언론상을 마련해 우수 기자에게 시상하고 그해 사진 기자상인 '인간애 사진상'으로 현역 사진 기자들의 사기를 북돋워 주고 있습니다.

이번 8집 '취재현장의 목격자들'에서는 원로 기자들이 취재현장에 있을 때 겪은 잊지 못할 이야기라든가 신문 또는 방송에 내놓지 않았던 각종 뒷이야기들을 담고 있습니다. 이들 내용은 하나같이 독자들로 하여금 옛 그 시절로 타임머신을 타고 되돌아가 향수를 느끼게 해주고 그때 그 현장의 사실을 다시금 확인시켜 주게 될 것입니다.

이번 책 출간에 도움을 주신 민병욱 한국언론재단 이사장에게 감사의 말씀을 드립니다. 유자효 간행위원장 등 관계자 여러분과 도서출판 청미디어 신동설 사장에게도 깊은 감사의 말씀을 드립니다.

2018.12.

취재보다 힘들었던 일들 ··· 구월환 | 11

보도지침 대 편집국장 ··· 김성우 | 17

진흙탕, 꽃바람 속 22년 ··· 김진배 | 70

박정희와 김대중 ··· 김한길 | 106

평양발 남행열차에서 벌어진 '활극' ··· 도준호 | 111

'언론윤리위법 파동'과 '유배유학' ··· 박현태 | 120

13대 대통령 선거 개표 컴퓨터 조작설 유감 ··· 배학철 | 128

4·19에서 언론 통폐합까지 ··· 봉두완 | 133

실패한 신문 기자 ··· 서병호 | 143

사람 내음 물씬하던 그 시절의 편집국 ··· 송정숙 | 154

피지(Fiji)에서의 절망 ··· 신상성 | 163

'항공 샷'이 빠진 서울올림픽 요트 방송 ··· 심의표 | 172

바웬사와의 만남 ··· 유자효 | 183

88서울올림픽의 함성 ··· 유한준 | 191

동전 송고시대의 추억 ··· 이기백 | 197

젊은 기자가 본 5·16 ··· 이상우 | 202

모스크바에서 본 30년 전 한–소 수교의 일화들 ··· 이정식 | 209

한 모금 물 향기의 추억 ··· 이철영 | 228

우리는 암펙스 세대 ··· 이해성 | 241

기자 인생 30년에 잊지 못할 사건들 ··· 이향숙 | 246

나대로 간다 ··· 이홍우 | 251

'김일성 사망설' 보도에서 얻은 교훈 ··· 장성원 | 258

기자 1, 2명의 과학부 ··· 장재열 | 263

카메라가 잡은 소매치기 현장 ··· 전민조 | 273

민주주의 교살하는 타락 선거 ··· 정병철 | 279

88서울올림픽과 2002한일월드컵의 뜨거웠던 추억 ··· 정중헌 | 285

보험업계 출입하다가 전문대학원까지 졸업 ··· 조규만 | 293

88서울올림픽과 소련 초빙 페레스트로이카
최초 특종 취재기 ··· 주섭일 | 302

취재현장의 목격자들Ⅱ+

취재보다 힘들었던 일들

언론에게 있어서 자유는 산소다. 산소가 고갈되는 숨 막히는 상황이 계속되었다. 답답하고 캄캄한 터널의 끝은 결국 짧았지만 당시에는 전혀 보이지 않았다. 이 글은 그 시대의 언론인들이 다 겪었던 일이며 다만 내가 겪었던 작지만, 그냥 지나칠 수 없는 이야기를 모아봤을 뿐이다.

구월환

69년 3선 개헌 때부터 본격화된 언론 목조르기는 72년 유신 이후 더 심해졌다. 10월 유신 때 박정희 대통령의 나이는 55세였고 또한 건강했다.

언론에게 있어서 자유는 산소다. 산소가 고갈되는 숨 막히는 상황이 계속되었다. 답답하고 캄캄한 터널의 끝은 결국 짧았지만 당시에는 전혀 보이지 않았다. 이 글은 그 시대의 언론인들이 다 겪었던 일이며 다만 내가 겪었던 작지만, 그냥 지나칠 수 없는 이야기를 모아봤을 뿐이다.

67년 내가 을지로 입구의 합동통신에 입사하던 해에 박 대통령은 재선에 성공했다. 그러나 정가의 관심은 그의 재선이 아니라 4년 후인 71년에 임기를 마치고 헌법대로 물러날 것인가였다. 그해 6·8총선에서 3·15부정선거 후 최대의 부정선거를 통해 국회 개헌 선을 이미 확보한 터여서 3선 개헌으로 가는 태풍은 예고된 거나 마찬가지였다. 하필이면 그 불길한 시기에 나의 기자생활이 시작된 것이다. 겉으로는 민주주의를 표방했지만 정치와 언론에 대해서는 가능한 한 억지를 써야 하는 무한질주가 스타

트업한 것이다. 이 무자비한 사태는 87년 6·10항쟁과 6·29선언에 이르러서야 확실한 제동이 걸렸다. 내가 입사한 그 해부터 장장 20년간(!) 언론계에는 불안과 공포가 일상화되었고, 그 속에서 나의 젊음도 지나갔다.

나는 취재와 기사도 중요하지만 그에 못지않게 언론의 자유가 시급하고도 중요하다고 생각했다. 언론이 지향하는 정의에 정면으로 위배되는 일을 방관하면서 진실을 추구하려는 것은 이율배반이요 자기모순이다. 사실, 처음에는 재미없는 언론생활에 실망한 나머지 곧 떠나야겠다고 생각했다. 그러나 매일 매시간 통신기자로서 분초를 다퉈가며 뛰어야 하는 뉴스경쟁 구조에 함몰되다 보니 그 '몇 년'이 후딱 지나갔다.

3선 개헌을 거치면서 어느새 중앙정보부는 마왕처럼 언론 위에 군림하고 있었다. 걸핏하면 기자들이 불려가서 당하고 온다거나 회사를 그만둔다는 소문들이 나돌고 있었다. 흔히 남산(정보부 남산분실)에 불려가 라면을 먹는다는 말로 통하던 언론탄압은 이제는 잊힌 옛이야기가 되었다. 아마도 요새 기자들은 '남산'이나 '라면'의 의미를 잘 모를 것이다.

걸핏하면 누가 무슨 일로 남산에 가서 당했다는 등 기분 나쁜 얘기로 뒤숭숭한 가운데 드디어 나에게도 불안의 그림자가 덮쳤다. 3선 개헌이 있던 69년으로 기억되는데 그때 나는 내무부에 출입하고 있었다. 대학생들의 데모가 심해지자 당시 치안국에서는 다중범죄상황실이라는 것을 만들기로 했는데 이것을 기사로 쓴 것이 말썽이 되었다. 사회부장을 얼마나 겁줬는지 떨리는 목소리로 남산에 가야겠다고 알려왔다. 조사실에 가서 한참을 기다리니 우락부락한 조사관 한 명이 불쑥 나타나 "이거 당신이 썼지?" 하며 종이 한 장을 내 앞에 던졌다. 평양방송이 보도한 조선중앙통신 기사였다. 내가 쓴 것과 팩트는 같지만 문장이 '남조선괴뢰경찰'등 고약한 표현으로 고친 것이었다. 그는 작심한 듯, 위협적인 어조로 이건 북괴를 이롭게 했으니 반공법위반이라고 걸고 나왔다. 잘못하면 감방에 갈 판이다. 나는 그렇게 기사를 쓴 적이 없고 북쪽에서 개작한 것인데 왜 책임을 져야 하느냐고 맞받아쳤다. 이미 법조 출입할 때 반공법위반을 수없이 지켜본지라 그 정도에 넘어갈 내가 아니었다. 나는 적을 이롭게 할 목적이 없었는데 어떻게 이적행위가 되느냐고 강하게 따졌다. 초반에 엉거주춤하다가는 뒤집어쓸 판이었다. 다음날에도 불려가서 이걸 써라 저걸 써라 하며 괴롭혔다. 다음부터는 조심하라는 조사관의 협박성 당부에서 겁주기 작전이라는 느낌을 받았다.

이왕지사, 갈 데까지 가보자는 생각이 들었다. 입사 4년차이던 71년 4월은 신문사 기자들이 잇달아 언론자유선언을 할 때였는데 우리 회사는 별 움직임이 없었다. 나는 동기생인 외신부의 권화섭을 다방으로 불러 선언문을 만들었다. 마침 문화부의 신찬균도 동조하여 다음날(21일) 아침 기자들이 가장 많이 모이는 시간에 편집국에서 발표했다. 이 선언문은 '기자를 지망했던 당시의 양심으로 돌아가자'는 타이틀로 기협회보에도 크게 났다. 벌써 47년 전의 일이다. 이 문서는 용케도 지금까지 보관중인데 빛바랜 것은 물론이고 종이가 바스러지기 일보 직전이다. 다소 기습적이어서 눈총을 받기도 했다.

이렇게 어렵던 시기에 한 신부님의 말씀도 큰 힘과 위로가 되었다. 가톨릭언론인회 피정에 나온 그 신부님이 이런 일화를 소개했다. 정보부에 있는 신자 하나가 고백성사 때 상사의 부당한 지시 때문에 사직하겠다는 말을 듣고 적극 말렸다고 한다. "당신 같은 사람이라도 있어야지 당신마저 그만둔다면 그런 고민도 하지 않는 사람이 그 자리를 메울 것이고 그렇게 되면 더 희망이 없어진다"고 설득했다고 말했다. 흔히 계란으로 바위를 치는 격이라며 피하려는 것이 인지상정이지만 모든 사람이 그렇게 한다면 자유는 계속 짓눌리고 그들의 불행도 계속될 것이다.

74년인가, 임기 내내 아무 할 일이 없다던 기자협회 자격징계위원장으로 있을 때 일인데 의외의 사건이 터졌다. 회장으로 있던 K 기자가 내무부 대변인으로 내정되는 일이 벌어졌다. 나는 그런 사실을 잘 모르고 있었는데 국회 출입하던 조선일보 A 선배가 전화를 걸어와 대뜸 "기자협회 당신들 도대체 뭐하고 있소?"라며 흥분했다. 전화통 너머로 느껴지는 분위기로 보건대, 국회 기자실에서 그 문제로 성토가 벌어지는 중에 수화기를 든 것 같았다. 당연히 그럴 일이었다. 그렇지 않아도 권력의 가당찮은 행태로 기자들의 분노가 쌓여가는 마당에 기자협회장까지 된 사람이 일개부처의 대변인으로 들어간다고 하니 도대체 이해가 안되는 일이었다.

진상파악을 위해 우리 일행이 장관면담을 요청하고 내무부를 방문했는데 장관은 안보이고 차관이 대신 나왔다. 차관은 그런 사실이 없다고 뚝 잡아뗐다. 관청에서 난처할 때 가장 잘 쓰는 수법이다. 하긴, 문서가 있는 것도 아니어서 당장 증명할 도리도 없었다. 당사자인 K회장은 연락 두절 상태였다. 기협규약에 따라 최고의 징계인 제명처분안을 운영위원회에 넘겼으나 K 회장이 자진사퇴하는 선에서 마무리되었다. 통신사끼리의 기사 경쟁이 심해 여유가 없었으나 평소 잘 알던 그가 도와달라면서 이름만 올려놓겠다고 해서 그러마고 했는데 내가 그의 자격을 심사해야하는 일이 벌어진 것이다. 이 파동으로 기자협회장 자리가 공중에 뜬 가운데, 74년 10월 24일 우리 언론사에 길이 남을 동아일보 언론자유수호선언이 터졌다. 그 즈음 대학생과 재야의 언론규탄이 일어나고 기자들의 자성론이 고조되고 있었다. 이제 언론 자유를 위해 기자협회가 새롭게 구성되어야 한다는 여론도 높아지고 있었다. 동아일보 문화부 차장이던 김병익 씨를 회장으로 하여 새 집행부가 출범하게 되고, 나는 신문-방송 부문 부회장들과 함께 통신 쪽 부회장으로 끼어들었다.

새 회장단 출범 직후 나는 기자협회보에 기고한 글에서 "우리는 언론자유 수호를 위한 사석(捨石)이 되자"고 썼다. 버려질 돌이 될 각오로 최선을 다하자는 취지였다. 연일 꼬리를 무는 기자 해직과 동아일보 백지광고 등 잇단 비보를 접하며 건곤일척의 비장감이 느껴졌다.

나는 문교부에 출입하면서 한편으로는 정신없이 기사 싸움을 하고 다른 한편으로는 기협활동을 하자니 매일 녹초가 될 지경이었다. 다른 곳에서는 동료 기자들이 기협 농성장에 몰려와 합세하기도 했으나 나는 외로움을 느껴야 했다. 한창 농성 투쟁 중인데 빨리 귀사하라는 전화도 걸려왔고 위에서는 내가 그만하기를 바라고 있었다. 그들도 여러 곳에서 말 못할 압력을 받고 있어서 이해는 갔다. 심지어 경기도에서 교원생활을 하던 우리 형까지 도교위에 불려가 동생 좀 말려달라는 요구를 받았다는 얘기를 듣고 깜짝 놀랐다. 각계각층의 유신 반대 봉기로 정권도 위기감을 느꼈을 것이다.

주간이던 기자협회보가 폐간되자 우리는 매일 가리방[줄판]으로 기협 특보를 만들어 대항했다. 누가 이기는지 보자는 기세로 연일 강편치를 날렸다. 언론 탄압을 주관하는 중앙정보부 책임자인 신직수 부장과의 면담을 요구하면서 농성을 벌이고 있던 75년 4월 23일과 24일 우리는 남산에 연행되었다. 태평로 기자협회 사무실에서 저녁 농성 중 복도에서 마주친 기관원 한 사람이 "잠깐만 봅시다."하기에 무심코 따라 나갔는데 잠깐이 3박4일이 되었다. 오밤중 잠에 곯아떨어져 있을 때를 골라서 깨운 다음 조사실로 데리고 갔다. 그들은 얼마 전 기습적으로 형법을 개정하여 국가모욕죄 조항을 급조했는데 우리 회장단을 이 조항으로 엮어 감방에 보내려고 했다. IFJ(국제기자연맹)에 보낸 언론탄압보고서를 문제 삼았다. 언론계를 비롯한 각계의 저항운동은 74년 가을부터 75년 4월까지 최고조에 달해 무슨 돌파구가 나오지 않을까 하는 일말의 기대도 있었으나 4월 30일 월남이 무너지면서 된서리를 맞았다. 차라리 그때 박정희 대통령이 여론을 존중하여 지혜롭게 대처했더라면 불과 4년 후의 10·26 비극은 일어나지 않았을 것이다.

서울의 봄이 막 시작된 80년 초에 하루는 외신부의 김태홍 기자가 조용한 곳으로 나를 불렀다. 내가 기자협회 회장을 한다는 말이 있는데 사실이냐며 자신이 맡았으면 좋겠다는 말을 해왔다. 안택수 회장으로 기억되는데 후임회장을 맡는 게 어떠냐는 타진을 해온 일은 있었다. 당시 나는 야당 출입으로 너무 바빠서 불가함을 통보했다. 나는 김 기자에게 그런 얘기를 들려주고 뒤에서 도울 테니 잘해보라고 했다. 그는 기협회장이 된 지 불과 두 달 만에 서울의 봄이 깨지는 바람에 쫓겨 다니느라고 무진 고생을 했다. 나도 한동안 기관원들의 감시권 안에 들어 있어서 편치 않은 나날을 보냈다.

구월환 | 연합통신 상무이사, 세계일보 편집국장, 주필, 순천향대 초빙교수, 방송문화진흥회 이사.

'보도 지침' 대 편집국장

한국일보뿐 아니라 5공 치하의 언론에 대해서는 독자들의 질타도 있을 것이다. 그러나 당시 재갈 물린 입으로 외친 신문의 목쉰 함성을 과소평가하지는 못 한다. 날이면 날마다 참으로 눈물겨운 몸부림이었다. 같은 참호의 편집국장 전우들에게 경의를 표한다. 우리는 밀려나면 다시 밀려오는 파도처럼 싸웠다.

김성우

편집국장 일기

나의 한국일보 편집국장 재임 시기(1983. 5.~1985. 3.)는 5공 시대였고, 내 편집국장의 역사는 '보도 지침'과의 투쟁의 역사다.

1980년 5공 정권이 들어서면서 11월 언론 통폐합이 강행되고 12월 언론기본법이 제정되고 난 뒤 언론 통제를 강화하기 위해 언론 조종의 지휘본부로 문화공보부 내에 홍보조정실(약칭 홍조실)이 설치되었다. 내가 편집국장이 되고나서 보니 홍조실에서는 각 신문사에 거의 매일 보도 지침을 시달하고 있었고, 신문사별로 담당 연락관을 파견하여 이 지침의 이행을 감시하고 있었다. 홍조실장은 필요할 때마다 기사의 취사와 제목의 크기까지 지시해 주는 전 신문 공동의 왕편집국장 격이었다. 안기부 언론과에서는 이와는 별도로 각 언론사마다 전담관을 두었고 이따금은 보안사령부 요원까지 끼여 이른바 "기관원"들이 무시로 신문사를 공개적으로 출입하며 감독하고 있었다. 간혹 청와대 공보수석실이나 정무수석실에서도 개입했다. 내가 편집국장이 되면서 우리 신문에서는 지침을 전달받는 창구를 통일하기 위해 전담 부국장을 지정해 놓고 있었지만 그래도 편집국장 또는 각 부장에게 수시로 홍조실장의 전화가 걸려 왔다. 문공부장관은 걸핏하면 직접 나서서 편집국장들을 소집해 "협조"를 요청했고 가끔 사장들을 불러내기도 했다.

이 보도 지침의 존재가 외부에 알려진 것은 내가 퇴임한 이듬해인 1986년 9월 해직 언론인 단체인 민주언론운동협의회(민언협)가 발간하는 '말'지에 폭로되면서부터였고, 홍보조정실의 명칭이 홍보정책실로 바뀌어 보도 지침은 1987년 6.29선언 무렵까지 존속하다가 표면적으로는 사라졌다.

보도 지침 자체의 내용은 '말' 지를 통해 부분적으로나마 알려졌지만, 이 지침에 신문사 편집국에서 구체적으로 하나하나 어떻게 대응하고 투쟁했는지에 대해서는 알려진 것이 별로 없고 기록으로 남겨진 것도 나는 아직 본 적이 없다. 보도 지침을 어디까지 수용하고 얼마만큼 반발할 것인가를 최종적으로 결정하는 것은 편집국장의 몫이다. 편집국장만이 이 궁금증에 답할 수 있다.

이 회상기는 비록 나의 재임 기간 동안만이기는 하지만, 보도 지침 대 편집국장의 결전보(決戰譜)다. 보도 지침은 거의 매일 시달된 것이기 때문에 그 투쟁사를 일일이 다 나열할 수는 없고, 주요 사건 중심으로 사례들을 추려 보기로 한다.

나는 편집국장 시절 매일 '편집국장 일기'를 썼다. 신문 지면이 시대를 증언한다면 편집국장의 일기는 지면의 이면을 증언하는 것이다. 사실 편집국장의 바쁜 일과로는 일기를 쓰고 앉아 있을 시간이 없다. 나는 전날 아무리 술을 마셔도 매일 아침 일찍 맨 먼저 편집국에 출근했다. 나보다 먼저 편집국에 나와 있는 사람은 청소부와 아직 퇴근하지 않은 야근자뿐이었다. 나는 그 시간에 잠깐 일기를 메모할 수 있었다.

다음의 기록은 이 일기장이 기억해 준 것이다.

편집국장 취임

1983년 5월 14일 토요일 편집국장 발령이 났다. 1974년 한국일보 편집국장대리로 있을 때 성곡언론재단의 연수생으로 파리에 갔고, 1년간의 연수가 끝나자 바로 파리특파원을 인계받아 도합 8년간을 파리에 체재했다. 1982년 6월 파리특파원에서 돌아온 후에는 편집위원으로 '메아리'라는 기명 칼럼을 쓰고 있었다. 9년 만의 편집국 복귀였다.

편집국장 발령을 받은 이튿날 신문 없는 일요일에 신문사에 나가 부국장들로부터 편집국의 전반적인 사정에 대한 브리핑을 들었다. 너무 오래 편집국을 떠나 있어서 생소한 것이 많았다. 부국장들은 무엇보다도 문화공보부 홍보조정실과의 협조 문제가 큰 골칫거리라고 했다.

다음날 월요일 아침 10시 30분 부장들의 첫 편집회의를 마치고 나자 맨 먼저 홍보조정실 실장한테서 잘 협조해 줄 것을 부탁한다는 전화가 왔다. 홍조실장은 내가 파리특파원으로 있을 때 유럽 지역 대사관의 공보관으로 나와 있던 사람이어서 안면이 있었다.

회장이 편집국장실로 내려왔다. 얼마 전 문공부장관과 홍조실장을 만났더니 한국일보가 편집에서 제목이 앞선다, 대통령 기사 취급이 소홀하다,

편집회의

사회면이 너무 어둡다, '두꺼비' 만화가 강하다 등을 지적하더라면서 각별히 주의해 줄 것을 주문했다.

둘째 날 아침 편집회의에서 나는 부장들에게 신문 제작의 기본 방침을 피력했다. 그 무렵 독자들은 신문들이 다 꼭 같다고 불평들을 하고 있었다. 신문들이 꼭 같은 것은 다른 신문들의 눈치를 너무 보고 신문 제작의 패턴이 비슷한 탓도 있지만 당시로서는 무엇보다도 신문이 통제되어 있기 때문이라고 할 수 있었다. 보도 지침을 따르자면 획일화될 수밖에 없었다.

나는 강조했다.

"신문이 통제의 벽을 돌파할 노력을 포기해서는 안 되겠지만, 그렇다고 해서 신문이 그 벽에만 매달리고 있어서도 안 된다. 통제의 영역 밖인 분야도 얼마든지 있다. 정치 기사만 기사인 것이 아니다. 생활 신문으로도 눈을 돌려 신문의 스펙트럼을 넓혀가야 한다. 이럴 때 우리는 다른 신문과 다른 신문을 만들어야 한다."

이날부터 "다른 신문과 다른 신문"은 나의 편집국장 재인 기간 동안 한국일보의 모토가 되었다. 획일화 속의 차별화였다.

보도 지침과의 첫 대결 —김영삼 씨 단식

내가 편집국장으로서 홍조실과 처음 대결한 것은 김영삼 씨 단식 사건이었다. 뒷날 민주화 투쟁의 상징처럼 된 23일 간의 목숨을 건 단식이었다.

취임한 지 사흘 뒤인 1983년 5월 17일, 전 신민당 총재 김영삼 씨가 민주 회복을 위해 자기 몸을 희생하겠다는 성명을 발표하고 자택에서 단식 투쟁에 들어갔다. 김 씨의 5개 요구 사항은 국보위가 만든 악법 철폐, 구금자 전원 석방, 정치 규제자 해금 등이었다. 홍조실과 안기부에서 일절 보도 금지라는 지침이 내려왔다.

5월 23일. 이 단식에 따른 여야의 움직임을 "최근 사태" 또는 "정계 관심사"로 얼버무리며 첫 판(지방판)에 1면 톱으로 실었더니 홍조실에서 톱에서 내리라는 연락이 오고 안기부의 우리 신문 담당관이 나타나 지키고 있어 시내판에서는 톱 기사를 바꾼다.

5월 24일. 석간에 이 문제에 대한 3당 총무회담 사진이 났는데 조간부터는 이 사진을 못 쓰고 기사는 3단으로 하라는 홍조실 지시. 이를 어기고 지방판에 사진을 1면에 4단, 기사 4단, 3면에 해설을 실었더니 홍조실에서 "사변"이라고 흥분. 시내판에서는 지시대로 환원.

5월 25일. 김영삼 씨 집에 경찰이 진입하여 서울대 병원에 강제 입원시켰으나 보도 금지. 오늘부터는 "최근 관심사"니 "현안 문제"니 하는 용어들조차 일절 못쓴다는 강경한 지령이다. 편집국 내에서 어제 지방판에 실렸던 사진 등이 시내판에 빠진 데 대해 기자들의 불평이 쏟아져 나온다. 사외·사내의 안팎에서 압력이다.

5월 30일. 김영삼 씨가 단식을 계속 중인 채 연금 상태가 풀렸다. 보도 금지. 정부의 홍보 대책회의에서 "관심사"라고만 신문에 보도되니까 항간에 개헌 문제로 소문 나 있으니 단식을 공개하자는 논의가 있었다가 때를 놓쳤다는 결론이 났다고 한다.

6월 9일. 김영삼 씨의 용태가 나빠져 단식이 중단되었다. 기사도 풀렸으나 단 2단이라는 지정이다. 석간에 A지는 가판 5단→시내판 2단, B지는 가판 2단→시내판 4단으로 숨바꼭질을 하고 있었다. 우리는 지방판에 중간쯤인 3단으로 실었더니 다른 조간인 X지는 5단에다 보도 금지되어 있는 단식 중단의 성명 일부까지 살짝 실었다. 이 성명에서 김 씨는 "한 마리 곰의 죽음은 대서특필하면서 전 야당 당수의 연금과 단식에는 한 마디도 언급이 없는 언론을 개탄한다."는 유명한 말을 남겼다. 그 직전 설악산에서 반달곰 한 마리가 밀렵꾼의 총에 중상을 입고 경찰에 구조되었으나 절명한 것이 신문마다 떠들썩하게 보도되었었다. 단식 중단 기사는 정치부장이 밤늦게까지 안기부에 시달리다가 결국 시내판에서 당초 주문대로 2단으로 내린다. X지도 시내판에서는 2단으로 내려오고 성명 기사도 빠져 있었다.

6월 10일. 단식 중단 발표가 있기 전인 어제 아침 우리 신문에 처음 연재를 시작한 천관우 씨의 칼럼 "담배 한 대 물고"가 문제가 되었다. 김영삼 씨의 단식을 보도하지 않은 신문의 자성을 촉구한 것이었고 오랜만에 할 말을 했다는 평들이었다. 아침에 홍조실장이 사장에게 전화를 걸어오고 이어 나한테도 걸려왔다. 천관우 씨는 평화통일자문위원회 의장까지 지낸 친정부측 인사인데 그럴 수 있느냐는 것이고 문제를 삼겠다는 것이다. 안기부에서도 "단식 중단 기사를 5단으로나 키운 X지보다 더 악질적"이라는 격한 반응을 보였다. 이날 낮 점심때에 전두환 대통령이 각 신문사 정치부장들을 청와대로 부르고, 안기부장이 발행인들을 부르고, 문공부장관이 편집국장들을 불렀다. 다음 주 국회가 개원할 예정이어서 전방위의 방위망을 편 것이다. 문공부장관은 "김영삼 씨 단식이 보도되면 학생들과 종교계가 일어나서 나라가 시끄러워진다, 나라가 조용해야 잘 살

것 아니냐, 그래서 보도를 금지한 것이니 앞으로도 협조를 바란다."고 말했다. 대통령은 "젊은 기자들이 사내에서 압력을 넣고 바깥에서는 바깥대로 압력을 받아야 하는 신문사 간부들의 고충을 잘 알고 있다."고 하더라고 하고, 안기부장은 "정부가 힘이 없어 안 쓰는 것이 아니다, 그 힘을 안 쓰도록 해 달라."고 하더라고 한다.

각 당에서 국회 대책을 위한 모임들이 부산했다. 이 기사를 1면 톱에서 피하라, 민한당 의원총회 발언의 지상 녹음은 안 된다는 지침이 왔다. 그러나 지방판에 1면 톱으로 슬쩍 올리고 녹음은 안 싣는다. 반만 들어 주는 것이다. 그랬더니 "야, 모든 '민주화 문제' 거론키로"라는 톱의 컷 제목을 바꾸라, 톱에서도 내려라, "현안이니 해금이니 떠드는 자들을 좀 잠잠해지면 모조리 처리하겠다"는 '두꺼비' 만화를 빼라는 요구다. 다음 지방판에서 컷만 고친 채 1면 톱은 고수하고, 밤늦게 야간국장한테서 안기부 담당관이 편집국에 지키고 있다고 집으로 연락이 와서 '두꺼비' 만화는 마지막 시내판에서 빼주도록 지시한다.

6월 11일. 청와대 대변인이 우리 신문 출입 기자를 불러 '천관우 칼럼'에 강한 불쾌감을 전달해 왔다. "한국일보가 정부와 등을 지겠다는 말이냐, 한 신문에 그런 글이 나가면 다른 신문에 에스컬레이트 될 것 아니냐…"

6월 13일. 문공부장관이 비정부계 신문사 사장들만 불러 오찬을 하면서 국회 개원에 따르는 보도의 협조를 부탁했다. 사장들끼리 따로 회합을 갖고 대통령, 안기부장, 장관이 올 코트 프레싱으로 나오니 각사가 경쟁하지 말고 정부 지침을 준수하기로 했다고 사장이 나에게 전한다.

6월 14일. 국회가 개원했다. 총리의 답변 부실을 이유로 한바탕 정회 소동을 벌이다 끝났다. 협조해 주기로 되어 있어 지방판 신문에 별다른 트집이 없다. 질문보다는 정부 측 답변에서 1면 컷 제목을 뽑아 달라는 것이 주문이었다.

6월 16일. '천관우 칼럼'이 두 번째 나오자 홍조실에서 안도의 숨을 내쉬었다. 이번에는 애국가와 무궁화에 관한 내용이다. 안기부 언론과장이 정치부장에게 전화를 걸어 "천 선생은 평통위 의장을 역임한 공로와 언론계의 대 중진이라는 무게를 고려해 지난 번 칼럼을 일단 문제 삼지 않기로 했다, 앞으로 계속 주목하겠다."고 전달해 왔다. 천 선생을 건드리는 것은 무모하다는 판단을 한 것이다. 이것이 내가 편집국장이 된 후 최초의 대정부 공방전이었다.

당시 서울에서 발행되는 종합 일간지는 석간의 경향신문, 동아일보, 중앙일보, 조간의 서울신문, 조선일보, 한국일보 등 6개지였다.

명성 사건

1983년 7월 말경 평소에 친면이 있는 미국 국적의 언론인 피터 현이 점심을 같이 먹자고 하여 만났다. 여류 작가 H씨가 동석이었다. H씨가 무슨 말 끝에 명성그룹의 김철호 회장 내외를 자기가 잘 안다는 말을 했다. 내가 대뜸 김 회장을 만날 수 있느냐니까 그 자리에서 전화를 걸더니 당장 그날 밤 9시 롯데호텔로 약속을 해 주었다.

명성그룹은 당시 콘도, 골프장 등 여러 사업을 거창하게 벌이며 갑자기 재벌로 부상하여 갖가지 억측에 싸인 의문의 기업이었다. 전두환 대통령의 장인인 이규동 씨가 막후의 비호자라는 루머가 나돌아 이를 차단하기 위해 국세청에서 세무사찰에 착수해 있었다. 그런 채 정체를 알 수 없어 신문에서도 멀거니 바라보고만 있을 때였다. 한 번도 신문에 얼굴을 보인 적이 없는 김철호 회장은 미스터리의 사나이였고 그래서 나로서는 당연히 호기심이 없을 수 없었다.

롯데호텔에는 김철호 회장 내외와 피터 현, 그리고 H씨가 나와 있었다. 김 회장은 당시 나이 44세. 자기 이력을 소상히 소개하면서 자기가 가장 존경하는 인물이 광개토대왕인데 우리나라 역사상 가장 스케일이 큰 인물이기 때문이라고 은근히 자기 스케일을 자랑했다. 이규동 씨에 대해서는 자기가 서예전을 열려고 하자 이 씨가 회장으로 있는 대한노인회에서 이왕이면 기금 모집 전시회를 해 달라고 해서 응한 것이 화근이 되었다고 해명했다. 그 때문에 45일째 국세청의 세무조사를 받고 있다면서 분개하고 있었다.

국세청에서 곧 명성에 대한 세무조사 결과를 발표한다고 했다. 잘 됐다. 이 기회에 명성을 파헤치자. 경제부에서 그날부터 "명성의 정체"라는 시리즈를 시작하기로 했다. 경제부장을 따로 불러 내가 김철호 회장을 만났다는 것을 알려 준다. 사장실에도 가서 보고를 했다. 경제부에서 김 회장과 접촉이 안 된다고 나한테 방법을 물어 왔다. 내가 H씨에게 전화를 걸었더니 당장 명성 사무실로 오라는 연락이 왔다. 경제부장이 직접 기자 하나를 데리고 달려갔다.

이튿날 신문들이 일제히 명성 사건을 터뜨리기 시작했다. 우리 신문에서는 산하 20개 기업의 실적표와 소유 토지 내역 등을 명성에서 독점적으로 얻어 왔다. 홍조실에서 국세청 발표 때까지 너무 떠벌리지 말라는 지침이 내려졌고, 우리 신문에 대해서는 "명성의 정체" 시리즈를 2, 3회로 그쳐 달라는 주문이 왔다. 그 다음 날에는 석간 A지가 가판에서 명성

기사를 1면 톱으로 실었다가 배포 중지 당하고 시내판에서는 그 기사가 사라졌다. 홍조실이 강경해져서 우리 신문에는 시리즈를 2회로 끝내라는 엄명이 내려졌다.

김철호 씨 내외가 잠적했다. 보도 불가라는 지침을 받고서야 잠적한 줄 알았다. 국세청이 발표를 앞두고 청장이 편집국장들을 일요일에 골프에 초대하고 차장이 경제부장들을 점심에 불러 협조를 부탁했다. 경제부장들이 "공권력을 남용해 잘나가는 기업을 죽이려는 것 아니냐."고 했더니 "신문들이 김철호를 잡으라고 할 때는 언제고 이제 와서는 옹호를 하느냐."고 하더라고 한다. 사실 신문들로서는 김철호를 죽이면 의혹을 덮어 주어 정부 편을 들게 되는 딜레마가 있었다. 우리 편집국 안에서도 김철호를 죽여야 한다, 살려야 한다는 의견이 반반이었다.

김철호 씨 내외가 은신처에서 체포되었다. 며칠 뒤 국세청 발표가 나왔다. 대규모의 금융부정이 드러났다. 그 전날 문공부장관이 낮에는 각 신문사 발행인을 부르고 저녁에는 편집국장들을 불러 지침을 시달했다. 발표와 김철호 구속 스케치 외는 일절 쓰지 말라는 발표가 나오자 우리 신문에서는 당시 총 12면이던 지면에서 6개면에 걸쳐 도배질을 했다. 발표에는 한 은행 지점 대리가 1천억 원이나 되는 자금을 은행 창구를 통해 조달해 주었다는데 그것이 대리 혼자 힘으로 가능하냐 하는 것이 의문점이었고, 조사가 배후를 캐기 위한 것인데 콘도 등 허가에 행정 특혜가 있었느냐에 대해서는 앞으로의 검찰 수사에 미루고 있었다.

홍조실에서는 다시 검찰 수사 발표 때까지 일체의 보도 금지령이 내려졌고, 검찰 발표를 앞두고 문공부장관이 또 각 신문사 사회부장과 경제부장을 부르고 편집국장을 따로 부르고 하여 발표 외에는 쓰지 말라고 부탁했다. 검찰 수사 결과가 발표되었다. 김철호 씨 내외, 전 교통부장관 등 16명이 무더기로 구속되었다. 이규동 씨에 대해서는 김철호를 몇 번 만난 것밖에 없다는 수사 결과가 별도로 프린트되어 나왔고 이 이상은 절대로 써서 안 된다는 단서가 붙었다. 우리 신문에서는 또 6개면에 걸쳐 특집 보도를 했다. 이튿날부터는 명성에 대해서는 일체의 함구령이 내려졌다. 때마침 KAL기 피격 사건이 터지는 바람에 명성은 신문에서 저절로 사라졌다.

KAL기 피격 추락사건

1983년 9월 1일 KAL 여객기가 사할린 상공에서 소련기의 미사일 공격을 받고 추락하여 승무원과 승객 269명 전원이 사망한 사건이 발생했다.

아침 8시께 아직 출근 전인데 정치부 기자가 집으로 전화를 걸어 왔다. 뉴욕발 서울행 KAL 여객기가 일본 북해도 부근 상공에서 교신이 끊긴 뒤 소식이 없다는 뉴스가 나왔다는 것이다.

8시 45분께 신문사에 도착하니 회장이 먼저 출근해 있다가 호외를 독려한다. 외신부와 사회부에서 나와 호외를 제작한다. "KAL 점보 여객기 실종"으로 막 강판을 하려는데 강제 착륙했다는 소식이 들어온다. 얼른 컷을 바꾸어 첫 호외를 인쇄한 것이 11시 조금 지나서다.

하오 2시께가 되니 강제 착륙이 아니라 여전히 행방이 묘연하다는 소식이다. 호외 제2호를 만든다. 정부 발표가 곧 있다고 해서 호외 인쇄의 기계를 세워놓고 있는데 발표는 자꾸 미루어진다. 그 사이 지방판 신문을 강판할 시간이 다가왔다. KAL기가 추락한 것 같다는 소문이 커지고 있었다. 경쟁지인 조간의 편집국장이 발표를 안 하니 신문을 어떤 방향으로 만들 것인지 답답해 의논하는 전화를 걸어왔다. 그만큼 다급한 시간이었다. 잠시 뒤 우리 신문사에 출입하는 안기부의 담당관이 전화로 정부 발표의 내용을 미리 귀띔해 왔다. KAL기는 소련 군용기에 피격되어 추락한 것이 확실한 것 같다고 발표한다는 것이다. 방향이 섰다. 1면 톱 컷을 "실종 KAL기 피격 추락한 듯"으로 한다. 그새 발표가 나올 경우를 대비해서 별도로 "KAL기 피격 추락"이란 컷도 함께 만들어 놓는다. (당시는 컷 제목을 연판으로 부식해서 제작해야 했기 때문에 상당한 시간이 걸렸다.) 신문에서는 1, 2, 3, 4, 10, 11면 6개 면을 모두 KAL 기사로 채우고 1면은 광고를 빼버린 채 전면을 썼다. 지면이 넓은데다 기사가 몰려 마감 시간을 제대로 대지 못한다. 마지막 1면 대장이 국장석에 막 올라왔는데 TV에서 정부대변인인 문공부장관이 성명을 발표한다. 피격이 확실하다는 것이다. 본문은 손댈 사이도 없이 준비해둔 "KAL기 피격 추락" 컷만 얼른 바꿔 끼운다. 나중에 다른 조간들 지방판을 보니 "KAL 점보, 소 미사일에 맞은 듯"이었다. 우리가 한 발 앞섰다. 이 때 이 간발의 차이가 신문끼리는 천 리의 차이다.

이 천리 차이의 유공자는 정부 발표를 미리 알려준 안기부 요원이다. 신문사를 출입하는 기관원들은 신문이 협조해 주는 대가로 이따금 이런 역협조를 해 주기도 했다. '보도 지침'의 선심이다.

이튿날 안기부장이 각사 편집국장들을 불러 KAL기가 캄차카 반도 위를 통과하다가 항로를 이탈하여 피격되었다는 상황 설명을 했다. 홍조실에서는 이 사건에 대한 대내적인 비판은 일절 못 쓰고, KAL측에 조금이라도 잘못이 있다는 기사도 안 된다는 지시였다.

정부에서 KAL기 사건에 비협조적인 언론을 다스린다는 소문이 돌았다. 사고기가 앵커리지에서 이륙 직전 항법 기기에 고장이 나서 수리했다는 기사를 실은 한 석간의 편집국장에 대해 해임을 종용할 것이라고 했다. (얼마 뒤 실제로 이 석간의 발행인이 문공부장관실에 불려갔다 오더니 한 달 남짓 뒤 편집국장이 교체되었다.) 한 조간의 정치부장이 정부 발표 중 소련을 "제3국"이라고 지칭한 것을 가십란에서 문제 삼았다고 타부로 전출을 요구할 것이라고도 했다. 또 한 석간이 기명 칼럼에서 "KAL기 사건이 났다고 해서 명성 사건을 잊어서도 안 되고 학원 사태를 잊어서도 안 된다"고 썼다고 해서 그 칼럼을 없애도록 압력을 넣을 것이라는 말도 들렸다.

조중훈 KAL 사장이 각사 편집국장들을 점심에 초대하여 사고기가 항로를 이탈한 원인을 전혀 알 수 없고 다만 소련 측에서 INS(관성항법장치)를 방해하는 장치로 유도한 것이 아닌가 짐작될 뿐이라고 설명했다. 홍조실에서는 KAL기 사건을 이제는 좀 진정시켜 달라고 주문해 왔으나 기사 경쟁의 열기가 좀처럼 식지 않다가 9월 21일 추석을 지나면서 겨우 잦아들기 시작했다.

아웅산 참사

1983년에는 유난히 대형 사건이 많았다. 10월 9일 이번에는 아웅산 참사가 발생했다. 버마(미얀마)의 수도 랭군을 공식 방문한 전두환 대통령이 아웅산의 묘소를 참배하기 직전 북한 측의 폭탄 테러로 미리 가서 도열 중이던 부총리 등 수행원 16명이 순직한 것이다.

그 날이 일요일이었다. 하오 3시께 신문사 일요국장한테서 구내전화가 집으로 걸려 왔다. 전두환 대통령이 방문 중인 버마의 랭군에서 폭발 사고가 났다는 소식이 들어왔고 피해는 알 수 없는데 문공부에서 호외를 내서는 안 된다는 요청이 와 있다고 한다. 약 10분 후 다시 전화. 랭군의 국립묘지에 폭발 사고가 나서 다행히 대통령은 화를 면했으나 서석준 부총리, 이범석 외무장관, 김동휘 상공장관 등 10여 명이 죽었다는 것이다. 각 부장들에게 연락하게 하고 신문사로 달려 나간다. TV에서 막 문공부장관이 발표를 하고 있다. 발표 범위 내에서는 호외를 발행해도 괜찮다고 한다. 타블로이드판 2면짜리 호외를 강판시킨 것이 하오 6시다. 회장과 사장이 편집국에 나타났고 편집국의 거의 전원이 자동적으로 출근했다.

당시 버마는 북한과 수교가 되어 있고 우리나라와는 정식 국교가 없는데도 정상 방문을 강행하다 변을 당한 것이었다. 시내판 배달용으로 대판 4면짜리 호외를 제작하여 새벽 2시께 강판시킨다. 전 대통령이 순방 예정을 취소하고 새벽 3시 반께 급거 귀국했다. 대통령 도착에는 일절 접근 금지의 지시가 와 있다.

이튿날 아침 편집회의에서 KAL기 사건에 이어 비운과 시련이 잇따라 국민들이 의기소침해 있고 좌절감에 빠져 있으니 용기와 위안을 주는 글을 1면에 싣자고 내가 말해 천관우 고문에게 의뢰했다.

문공부장관이 각사 발행인들을 불렀다. 정부가 비상사태를 선포할 것인가 말 것인가를 검토 중이라면서 온 국민의 사기가 떨어졌으니 신문이 국민의 용기를 북돋아 주도록 당부하더라고 한다. 내가 부장들에게 한 말이다. 이쯤 되면 편집국장도 홍조실장이 다 된 셈이다.

홍조실에서 보도 지침이 시달되었다. 북한 소행임을 크게 부각시킬 것,

버마를 헐뜯는 내용을 삼갈 것, "전 대통령 공포에 질려 급거 귀국" 운운하는 외신의 북한 반응 쓰지 말 것, 대통령의 해외 순방 문제점이나 경호 책임 등 취급 말 것.

이튿날 지방판 사회면 톱에 "연달은 비극으로 온 나라의 꽃이 동났다"는 기사가 실렸다. 홍조실에서 지금 온 국민이 애도 속인데 이런 비아냥 투의 기사가 웬 말이냐고 야단이 났다. 그 말이 맞다. 당장 "온 나라의 꽃으로도 모자라는 범국민적 조의"로 컷을 바꾸게 하고 기사도 일부 그 방향으로 고친다. 버마 당국에서 사살·생포된 범인 2명이 "코리언"이라는 발표가 나왔다. 버마 사태를 수습하는 대통령 담화가 나오고, 홍조실에서는 버마를 자극하지 않도록 보도를 자제해 달라는 요청을 해 왔다. 버마 공황은 진정되어 갔다.

수난의 칼럼들

신문마다 칼럼이 경쟁인 시대였다. 익명의 사설과 익명의 단평으로 논평을 독점하던 신문들이 지면이 조금씩 넓어지면서 자체 필진과 외부 인사들의 의견을 기명으로 반영하기 시작했다.

내가 편집국장을 맡으면서 천관우 상임고문에게 부탁하여 "담배 한 대 물고"라는 주 1회의 칼럼을 창간 29주년 기념호부터 쓰기 시작했다. 이 칼럼이 첫 회부터 문제가 되었다. 김영삼 씨의 단식 투쟁을 신문들이 침묵한 데 대한 자기비판이었는데 정부 당국이 발끈했고, 이에 대해서는 앞에서 말한 바 있다.

천관우 고문이 매주 단독 칼럼은 아무래도 무리라 하여 몇 달 후 격주로 해직 교수인 김동길 교수의 "동창을 열고"를 등장시켰다. 당국은 바짝 긴장하고 있었다. "권 문교장관에게 드립니다"라는 제목의 칼럼은 미리 읽어보니 데모로 퇴학당한 학생들을 복교시키지 않은 것을 비판한 것이었다. 학생 데모 보도는 금기이던 때라 일부 손질을 할 수밖에 없었다. 또 어떤 칼럼은 "민주주의를 한답시고 여야가 좁은 한계를 정해 놓고 싸우니 직경 1m의 테두리 안에서 천하장사 씨름을 하는 것과 다를 바 없지 않다."면서 차라리 일당 독재가 낫지 않으냐고 꼬집어서 미리 또 몇 줄을 잘라내야 했다.

1983년 말 고은 시인이 해금되어 곧 에세이 연재를 교섭했다. 내가 고은 시인을 직접 만났는데, 그는 국토를 순회하면서 조국에 대한 사랑을 쓰겠다고 했다. 새해 초부터 "고은 산하기(山河記)"가 시작되었다. 간지의 컬러 페이지에 미리 인쇄되어 나온 것을 보고 "이 땅의 소녀들이 저임금의 공장으로, 매음굴로…" 하는 대목이 좀 심하지 않으냐는 사내의 의견들이어서 얼른 기계를 세우고 손질을 했다. 사고로 예고된 것이라 당국이 눈을 부릅뜨고 기다리고 있는데 처음부터 자극할 일이 아니었다. 그랬는데도 이튿날 당장 문공부장관이 각사 편집국장들과 회식하는 자리에서 "신문에서 해금자들에게 글을 쓰게 하는 것은 바람직하지 않다."고 경고하더니, 홍조실에서 '고은 산하기'에 대해 2회부터는 게재 금지를 통고해 왔다. 안기부 언론과에서도 "한국일보가 정부와 등지려고 하느냐. 정부로서는 '고은 에세이'를 1회로 끝낸다는 방침을 확정했으니 지혜롭게 협조해 달라."고 위협조였다. 편집국에서는 1회로 중단하는 것은 신문의 체면이 아니고, 정부가 하도 강경하니 2회만 더 쓰고 "산하기" 제목을 그대로 살리면서 다른 필자를 구하기로 의견을 모았다. 안기부와 홍조실에서도 이 제안을 받아들였다. 고은 시인의 글을 싣는 폐해도 있지만 갑자기 끊는 폐해도 고려했다고 했다.

고은 시인의 대타로 작가 박태순 씨를 문화부에서 추천했다. 박 씨도 반정부 지식인 성명에 참여한 적이 있는 사람이었지만 "국토기행"이란 책을 썼기 때문에 "산하기"에 딱 맞을 것 같았다. 공연한 소동을 재연하지 않기 위해 홍조실에 미리 타진을 시켰다. 뭐? 김동길, 고은에 이어 이번에는 박태순이라고? 세 사람을 나란히 내세우는 것을 보니 무슨 저의가 있는 것 아니냐는 격한 반응이어서 얼른 철회했다. 무난한 인물은 대부분 필력조차 무난할 뿐이다. 문화부에서 새로 내놓은 명단이 고정희 시인이었다. 고 시인 역시 한신대 출신으로 반정부 성향이라 하여 당국이 질겁 했고 결국 필자의 자퇴로 2회 만에 끝내고 말았다. 기피 인물들만 골라 가며 줄줄이 내세웠으니 편집국장인 내가 너무 미련했던가.

한국일보의 자세

홍조실장이 사석에서 내게 이런 말을 했다.

"X지(모 조간신문)는 정치 감각이 있다. 정부와 가까이 지내면서 어느 선을 넘으면 안 되고 어느 선은 넘어도 괜찮다는 것을 안다. 히트 앤드런 작전을 쓴다. 그래서 정부에 미움을 사지 않고 독자에 어필한다. 그런 눈치와 꾀가 있다. 그런데 한국일보는 그런 감각이 모자라는 것 같다."

한국일보는 우직하다는 말이다. 나는 대답했다.

"요령을 부리는 것이 신문의 정도인가. 우리는 교활하지 않다. 꾀를 부리지 않겠다. 편법을 쓰지도 않겠다. '히트'하지도 않을 것이고 '런'하지도 않을 것이다. 항상 일정한 자세를 지킬 것이다. 정부와는 너무 가까이 가지 않고 일정한 거리를 둘 것이다. 나는 재주를 부리는 재주는 없지만 고집을 부리는 고집은 있다. 정치 감각이 무엇이냐. 우리가 정치 감각이 둔해서 정부의 비위를 못 맞춘다는 말이냐, 아니면 정부의 비위를 못 맞추니 정치 감각이 둔하다는 말이냐. 어느 쪽이든 우리도 정부의 비위쯤은 안다. 이 비위를 우리가 무시하면 정치 감각이 없는 것이고 다른 신문이 무시하면 '히트'가 된다. 같은 기사라도 다른 신문의 위반은 하는 수 없고 한국일보는 절대로 안 된다는 인식이 바닥에 깔려 있다. 커트라인이 다른 것이다. 한국일보는 정부의 커트라인이 낮다. 이런 다른 잣대의 시각으로 한국일보를 바라보니 한국일보가 우둔해 보이는 것이다. 한국일보의 커트라인을 올려놓겠다."

사실 한국일보는 커트라인이 낮았다. 정부 측에는 걸핏하면 "한국일보가 왜 이러느냐."고 했다. 한국일보가 은근히 얕보여 있었다. 상대지와는 이중의 잣대를 가지고 있었다. 안기부차장이 사장을 초청해 한국일보가 비협조적이라고 불만을 표시했을 때 사장도 "한국일보가 왜 이러느냐"는 당국의 자세에 불쾌감을 표명했는데 차장은 그런 표현을 못 쓰도록 주의시키겠다고 다짐했다. 이 커트라인을 높여야 했다.

정부 측의 이런 시각은 우리 신문 회장이 전두환 대통령의 친형과 개인적인 친분이 두텁다고 알려진 탓이 컸다. 정부 측이 펄쩍 뛸 때마다 은근히 이 관계를 암시하고 있었다. 나는 그것이 불쾌했다. 독자들에게 의심받지 않는 한국일보이고 싶었다. 어서 신뢰의 기반을 다져 놓아야 했다. 그러자면 항상 꼿꼿한 자세라야 했다. 나의 미련한 지조는 이 노력의 일단이었다.

난제의 학생 데모

학원 사태가 난제였다. 대학가에서는 민주화를 외치는 학생들의 데모가 연일 시끄러웠다. 그러나 신문들은 일제히 침묵했고, 구속된 학생에 한해서만 1단으로 지정하여 보도가 허용되고 있었다. 1983년 11월 레이건 미국 대통령이 방한했을 때의 학생 데모에는 그 1단마저 금지되었다. 교내 시위를 하다 복역 중인 아들이 가석방되지 않자 자살한 홀어머니 기사는 겨우 2단이었다. 그 해 연말에 데모로 제적된 학생 1,300여 명을 복교 조치했으나 이들이 복교를 거부하면서 사태가 심각해졌다.

정부에서는 각 대학에 배치된 경찰 병력을 철수시키고 구속 학생들을 석방하면서 대학 자율에 맡기기로 방침을 바꾸었다. 문공부장관이 각 신문사 발행인과 편집국장들을 차례로 불러 "각 대학의 자율 조치는 막강한 힘을 가진 신문의 협조 없이는 성공할 수 없다."고 역설했다.

정부의 학원 사태 보도 정책도 바뀌었다. 언론의 전면 봉쇄에서 적극 활용으로 선회한 것이다. 대학에서 경찰을 빼 내는 대신 그 자리에 신문이 들어가라는 충동질이었다.

서울대 총장이 제적 학생 복교와 관련해 기자 회견을 했다. 과격한 좌경 학생들을 우려한다는 것이고 복교를 둘러싼 집단행동은 용납할 수 없으며 면학 의지에 따라 선별해서 복교를 허용하겠다는 것이었다. 홍조실에서는 이 기사를 반드시 1면 톱으로 하되 컷에 "과격 좌파"란 문구가 들어가야 한다고 요청했다. 복교 거부 자체를 신문이 한 번도 보도한 적이 없으니 독자들은 갑자기 어리둥절할 것이다.

정부의 언론 동원책이 들려 왔다. 중앙지의 조석간 6개지를 2개지씩 3

개조로 나누어 A조는 정부 방침에 앞장서게 하고, 여당성의 B조는 오히려 맨 뒤에 서 있게 하며, 한국일보를 포함한 C조는 A조를 뒤따라가게 하도록 작전을 세웠다고 했다. 남의 군사를 가지고 자기들 마음대로 지휘봉을 휘두르고 있었다. 이날 A조에 속한 신문이 나온 것을 보니 한 신문은 제적생들의 동향을 사진과 함께 실었고, 또 다른 신문은 각 대학별 학생들의 움직임을 실었다. 두 가지 다 지금까지 "보도 불가"였던 것인데 당국이 자료를 만들어 일부러 두 신문에만 제공한 것이다.

얼마 뒤 C조에 속한 우리 신문에도 지령이 내려왔다. '학원 유인물 분석'이라는 자료를 보내면서 실으라고 했다. 데모 학생들의 좌경화 구호들을 모은 것이었다. A조에게 흘려 준 것은 그래도 기사가 될 만한 것인데 우리에게는 기껏 학생들을 자극이나 할 좌경화 유인물 보따리인가. 문공부차관이 찾아와 대학 내 좌경화가 외부까지 유출되는 심각성을 역설했다. 그러나 우리는 일단 보류했다.

고려대에서 제적학생들이 모여 A조 두 신문의 보도가 편파적이었다고 성토 했다. 우리 편집국의 일부 기자들이 우리 신문의 복교 관계 보도에 불만을 표시했다. 정부 눈치 보랴, 학생 눈치 보랴, 사내 눈치 보랴, 신문은 3면 초가였다. 서울대 제적생 등 제적생 20여 명이 A조의 한 신문을 습격했다. 사장과 편집국장과의 면담을 요구하면서 "언론의 왜곡 보도를 통탄한다. 신문이 모 기관에서 제공하는 보도 자료를 확인도 않고 기사화함으로써 드디어 권력의 앵무새가 되었다. 제적 학생들의 민주화 투쟁 노력을 상세히 보도하라"는 유인물을 뿌리면서 항의했다. 경찰은 이들 중 10명을 연행해 갔고, 신문사 측에서는 이들의 훈방을 요청했다. 당시 각 신문사와 방송국에는 사복 경찰 9명이 3인 1조가 되어 교대로 24시간 경비를 하고 있었다.

　문공부장관이 각 신문사 사장들을 초청하여 협조를 부탁한 뒤 우리 사장을 따로 만나 데모 학생들의 복교 조치 이후 소위 중앙 4대지가 보도한 학원 관계 협조 기사의 건수를 제시했다. A지 24건, B지 15건, C지 14건인데 한국일보는 8건으로 꼴찌라는 것이었다. 이런 상황에서 우리 신문은 학원 기사를 어떻게 취급할 것이냐. 편집회의에서 장시간 논의가 되었다. 과격화하고 일부 좌경화된 학생 데모를 공정한 입장에서 냉정히 보도한다면 정부 측을 두둔하는 쪽이 될 것이다. 그럴 용기가 있느냐. 없다. 왜? 지금까지 학원 동태를 신문이 꾸준히 실상대로 보도해 왔다면 신문이 학생들을 나무라도 반발이 적을 것이다. 정부는 신문이 왜 소신껏 쓰지 못 하느냐고 하지만 정부가 평소에 신문의 소신을 꺾어 왔기 때문에 정작 필요할 때 소신을 펴라 해도 그 소신은 꺾여 있는 소신뿐이다.

　그런대로 학원의 정상화를 위해 중립적 입장에서 계도적인 기사를 시리즈로 쓰기로 했다. "캠퍼스의 봄은…자율로 가는 길"을 1면에 싣기 시작했다. 데모의 배후에는 민청련이 있다는 것을 처음 보도했다. 민청련 홍보부장이 신문사를 찾아와 이 보도가 다소 편파적이었다고 사회부장에게 항의하고 갔다. 서울대생들이 "교수님들에게 주는 글"을 발표했고 당국의 보도 금지령이 내려졌으나 우리는 기사 게재를 강행했다. 서울대생 2천 명이 교내에서 언론을 규탄하면서 신문사 화형식을 거행했는데 한국일보와 석간의 다른 신문 하나가 제외되었다. 이럴 때 화형을 면하는 것이 신문사로서 득인지 실인지, 웃어야 할지 울어야 할지…. 평양 방송이 학원 사태를 보도하면서 이 두 신문의 기사를 인용했다고 홍조실에서 찌푸린 얼굴로 알려 왔다.

학생 데모가 과격화했다. 1면 톱으로 올렸다. 고대생들이 거리로 나왔다. 당국의 "1단" 명령에 겨우 2단으로 맞섰다. 5.17을 맞아 서울 시내 20개 대학이 시위를 하면서 폭력화하여 "일부 과격화"라는 컷을 달고 사회면 톱으로 올라갔다. 정부 당국도 이제는 데모 기사를 키워야 할지 줄여야 할지 확고한 방침을 세우지 못 하고 엉거주춤해 있었다. 학생 데모의 기사 취급은 이렇게 뇌관을 만지듯 델리케이트했다.

신문 대 신문

신문들은 장애물 경주를 하고 있었다. 신문들은 틈만 있으면 통제의 그물을 비집고 나오려고 온갖 안간힘을 쓰면서 서로를 견제하고 서로가 경쟁했다.

1984년 2월 정치 규제자 202명이 해금되었다. 해금자 명단은 당일 아침 각 신문사에 미리 배포하되 발표는 낮 12시라는 엠바고가 붙어 있었다. 석간들은 바로 그날 신문에 실으면 그만이지만 조간으로서는 이튿날 아침 신문에 실어야 하니 너무 늦다. 호외를 내기로 한다. 미리 인쇄해두었다가 정오를 기해 뿌리면 되는 것이다.

12시가 지나자 업무국에서 항의가 왔다. 보급소장들의 불평인데, 같은 조간인 X지의 호외는 일부 지역에서 12시가 되기 전에 뿌려졌고, 해금자 명단 외에 주요 미해금자 이름도 나와 있다는 것이다.

홍조실에서는 명단 제공과 함께 5불가의 보도 지침이 내려와 있었다.

(1) 해금자의 개인별 인터뷰 불가.

(2) 해금자의 사진 게재 불가.

(3) 미해금자 99명의 명단 및 동정 보도 불가.

(4) 전면 해금 촉구 불가.

(5) 총선 분위기 조장 불가.

X지의 호외는 (3)항을 위반한 것이다. 이것을 보고 석간의 A지가 가판 신문에서 미해금자 99명의 명단을 다 실었다. 홍조실의 압력으로 A지 명단은 배달판에서 빠졌으나 가판에서 지침을 준수했던 같은 석간의 B지와 C지가 배달판에서는 이 명단을 실어버렸다. 우리도 지방판에서 마음 놓고 실었다. 다른 조간의 X지도 마찬가지였다.

밤 12시 넘어 집으로 왔더니 야간국장한테서 연락이 오고 이어서 홍조실장이 전화를 걸어왔다. 미해금자 리스트는 절대로 안 된다는 것이다. 홍조실장은 X지가 틀림없이 빼기로 했으니 우리도 빼달라고 한다. X지는 호외에서 위반했으니 우리도 한 번 위반할 권리가 있다고 맞선다. 그 조간은 전주에 "내주 중에 해금이 있다"는 예고 기사를 보도 금지령을 무시하고 쓰기까지 했다. 이어 야간국장 전화. X지 쪽에서 연락이 왔는데 자기네는 빼기로 했다면서 우리 방침을 묻더라는 것이다. 하는 수 없다. 야간국장에게 명단을 빼는 대신 미해금자 중 주요 인물은 기사 본문 속에 넣으라고 최종 사인을 준 것이 새벽 1시 40분께였다. 판을 고쳐 짜자면 시내판 강판 시간인 2시를 지키기 어렵게 되었다.

신문끼리의 신경전이었다. 한 신문이 지침을 위반하면 다른 신문은 즉각 그 신문을 당국에 고발했다. 왜 제재하지 않고 가만히 두느냐는 항의다. 돌파할 용기가 있으면 혼자 돌파할 일이지 다른 신문을 물고 늘어지는 것은 야비한 일이 아닌가. 그러다 보면 자칫 신문끼리의 난전이 된다. 마주 선 두 사람 사이에 서서 자기를 때리라고 해놓고 슬쩍 빠져 버리면

두 사람은 엉겁결에 저희끼리 때리게 된다. 그 꼴이었다.

내가 취임한 직후 김영삼 씨의 단식 투쟁이 중단되었을 때 당국이 2단으로 지정하자 신문마다 이 단수를 넘어보려고 높이뛰기 경쟁을 하고 있었다. 지방판에 우리는 3단인데 조간의 다른 신문이 5단인데다 금지된 성명 내용까지 싣고 있었다. 담당 부국장과 부장이 당장 홍조실에 항의하겠다고 했다. 그 때까지 그것이 우리 신문에서도 관행이었다. 나는 못하게 했다. 신문사끼리 무슨 추태냐. 항의한다는 말은 다른 신문을 끌어내린다는 말이다. 한 신문이라도 벽을 뚫는 용기를 가상히 여기고 오히려 서로 격려해야 한다.

그러나 얼마 안 가 나는 이 방침을 철회하고 말았다. 그것은 바보의 미덕이었다. 우리도 위반한 다른 신문에 대해 클레임을 걸 수밖에 없었다. 다음번에 우리가 위반할 권리를 확보하기 위해서였다. 남을 끌어내리기 위해서가 아니라 그 핑계로 우리를 끌어올리자는 것이다.

어쩌다 우리 신문이 지방판에서 먼저 지침을 위반하고 나면 밤사이의 압력에 시내판에서는 제자리로 돌아온다. 다른 경쟁지는 지방판에서 지침을 준수했다가도 우리 신문을 핑계대고 시내판에서는 위반을 한다. 시내판 위반자가 승자다. 왜 이 신문을 왜 제재하지 않느냐고 항의하면 너희가 지방판에서 먼저 위반해 불을 질렀기 때문이라고 책임이 되돌아온다. 그래? 그렇다면 앞으로 우리는 지방판에서 위반한 것은 시내판까지 계속 위반하겠다고 대든다.

신문끼리의 고발전은 일견 신문들의 추태로 보였으나 따지고 보면 다른 신문의 꼬리를 붙잡고 한 치라도 더 발돋움해 보려는 신문들의 안간힘이었고, 결국은 금지벽 돌파를 위한 신문들의 연합 작전이었던 셈이다.

안기부장과의 대화

안기부장이 각 신문사 편집국장과 정치부장을 차례차례 단독으로 만나는 릴레이 대화를 시작했다. 단체로 만나면 서로 발언을 잘 안 하기 때문에 개별적으로 학원 문제, 언론 문제 등에 대해 의견을 듣는 자리라고 했다.

아침에 정치부장이 조찬에 초대되어 갔다 오더니 저녁에는 나를 불렀다. 힐튼호텔의 한 일반 객실이었다. 옆방에서 서너 명의 안기부 요원이 나와 안내를 한다. 아마 그 방에서 녹음을 하고 있을 것이다.

안기부장은 주로 묻기만 했고 나는 대충 이런 대답을 했다.

내 개인 생각으로는 학생들의 데모가 있어야 한다고 생각한다. 좌경화나 과격화가 문제이기는 하지만 지금 우리나라는 국회나 언론이 제 구실을 못하기 때문에 학생 데모밖에 정부를 견제할 세력이 없다. 학생만 누르면 나라가 잠잠할 것이라고 생각하는 모양인데 그렇지 않다. 더 큰 세력이 남아 있다. 돌파구를 다 봉쇄해 버리면 국민이 들고 일어날 것이다. (안기부장은 정부 견제 기능이 있어야 한다는 데는 동의했다.)

정부는 학원에서 경찰을 빼놓고 그 자리에 신문더러 들어가라는데 신문이 경찰만큼 힘이라도 있다고 생각하는가. 신문의 힘을 너무 과신하고 있다. 신문이 지금 무슨 힘이 있는가. 정부가 신문의 힘을 다 빼놓고 힘을 쓰라니, 밥을 굶겨 놓고 링 위에 올라가라는 격이다. 신문은 학생들의 신뢰를 잃었다. 믿지 않는데 무슨 설득력이 있겠는가. 아무리 나무라 봤자 정부가 시킨 것으로 생각하지 신문 자체의 주장으로 생각하지 않는다. 언론 정상화가 먼저다. 언론을 정상화하지 않고는 학원이 정상화될 수 없다. (안기부장은 학원 사태에 신문이 도와준 데 감사하다고 말했다.)

부장은 전에 편집국장들 모임에서 신문들이 왜 국가 이익을 생각해 주지 않느냐고 불만을 표명한 적이 있다. 왜 신문인들 국가 이익을 생각하지 않겠는가. 정부만 애국하는 것이 아니라 신문도 애국한다. 다만 무엇이 애국인지 애국에 대한 견해가 서로 다를 뿐이다. 정부는 정부 나름으로 생각하는 애국이 있고 신문은 신문 나름의 애국이 있는데 정부는 정부가 생각하는 길 아니면 애국이 아니라고 생각한다.

여담을 한 가지 하겠다. 독일의 비스마르크가 언론 탄압을 할 때 각 신문사에는 Sitting Editor라는 사람들이 있었다. 편집국장이 붙잡혀 가면 얼른 대체할 대기 편집국장이었다. 어떤 때는 한 신문사에서 6명의 편집국장이 줄줄이 감옥에 들어간 일도 있었다. 비스마르크는 이렇게 반대파를 마구 잡아넣으면서도 자기에게 매수된 언론인을 한없이 경멸했다고 한다.

죄어드는 신문 – 정래혁 사건

한국신문편집인협회에서 각 신문사 편집국장들에게 유럽 시찰을 시킨다고 했다. 이것은 정부가 언론 통제에 시달리는 편집국장들을 달래기 위해 지원하는 당근 여행이었다. 유럽 여행에서 돌아와 보니 그 사이에 집권당인 민정당의 정래혁 대표가 투서로 부정 축재에 걸린 사건이 터져 있었다. 사건의 소나기는 일단 지나간 뒤였다.

며칠 뒤 홍조실에서 급히 각사 편집국장들에게 낮 12시 10분 전까지 문공부장관실로 모이라는 통보가 왔다. 편집국장들을 장관실로 소집한 것은 처음이다. 장관은 이날 국회 재무위에서 국세청이 정래혁 사건의 조사 결과를 보고하니 보도를 자중해 달라면서 3개항의 지침을 통고했다.

⑴ 1면 톱은 안 된다.

⑵ 보고 내용 전문 게재는 안 된다.

⑶ 국회 질의응답의 지상 녹음은 안 된다.

편집국장들은 "지킬 수 없는 선을 내놓고 지키라니 지켜질 줄 아느냐"고 홍조실장에게 항의했다.

석간의 A지 편집국장이 어떻게 취급했으면 좋겠느냐고 전화로 의논해 왔다. 나는 "당연히 1면 톱이지." 하고 대답했다. 보고 내용은? "물론 그것도 전문 실어야지.".

청와대 정무비서관실에서도 전화가 오고 문공부차관도 전화를 걸어 왔다. 나는 "보도 지침이 지킬 수 있는 선이 아닌 것 같다."고 대답했다. 홍조실의 우리 신문 담당관이 와서 정부 측이 이렇게 강경한 적이 없었다고 전했다.

석간 가판을 보니 A지는 1면 톱이고 다른 신문은 1면 중간에 머물렀다. 다음 판에서는 A지가 1면 톱에서 비껴난 대신 보고 내용 전문을 3면에 실었다. 곧 홍조실에서 A지의 3판(지방판)에서는 보고 내용 전문이 빠진다는 연락이 왔다.

우리는 어떻게 할 것이냐. 부국장들과 상의를 한다. 우리도 1면 톱은 피해 주는 것이 좋겠다. 보고 내용은 전문 대신 풀어서 쓰고, 국회 녹음은 '녹음'이란 말을 쓰지 말고 1면에서 시작해 3면으로 줄줄 흘리자.

지방판 강판 시간 가까이 되어 조간의 X지가 보고 내용 전문을 싣는다는 정보가 들어왔다. 급히 판을 거의 다 짠 3면을 헐고 이미 채자가 되어 있는 전문으로 갈아 채운다. X지의 지방판을 보니 역시 1면 톱은 피했고

3면에 보고 전문이 들어 있었다. 국회 녹음은 우리만 실었다.

홍조실 담당관이 지령을 들고 달려왔다. ⑴ X지가 보고 전문을 빼기로 했으니 한국일보도 반드시 빼라. ⑵ 국회 녹음은 줄줄 흘려 써도 안 된다. ⑶ 1면에서는 톱만 피하고 얼마든지 써도 좋으니 다른 면에는 한 줄도 넘기지 말라.

보고 전문을 없애기로 하고 요지를 쓰게 한다. 국회 녹음도 질의응답 형식을 피하고 풀어 쓰게 한다. 홍조실 담당관은 1면 외에 다른 면에 한 방울도 튀어서는 절대로 안 된다고 지키고 서 있지만, 어차피 1면에 다 소화할 수 없어 국회 기사와 국세청 보고를 1면에서 3면으로 계속 시킨다. 담당관에게 3면에 조금 흘릴 수밖에 없다는 것을 알려 주고 밤 11시 반께 퇴근한다.

아침 신문을 보니 X지는 1면 안에서만 처리했다. X지에서 우리 "위반"에 대해 홍조실에 강력히 항의했다고 한다.

다음 날 하오 문공부장관이 우리 회장을 장관실로 오라고 했다. 장관이 신문사 회장을 집무실로 부르는 것도 근래에 없던 일이다. 우리 "위반"에 대한 질책이었다. 장관 자신이 편집국장들에게 부탁까지 했는데 안 들어 주면 자기 체면이 어떻게 되느냐고 하면서 청와대, 안기부, 보안사 쪽에서 말이 나온 것이라 회장을 부르지 않을 수 없었다고 하더라는 것이다. 그날 오전에는 석간의 A지 사장이 먼저 장관실에 불려 갔다 왔다. 가판에서 1면 톱을 선도하고 나선 데 대한 엄중 경고였을 것이다. 회장까지 불렀으니 편집국장을 바꾸라는 "명령"이 떨어질 줄 알고 나는 각오하고 있었다. 들리는 말로는 새로 부임한 보안사령관이 안기부장과 언론 대책을 논의하면서 지금까지 신문을 너무 느슨하게 다루었다고 판단하여 각 신문사의 약점을 캐고 있다고 했다. 이대로는 다음 해에 있을 총선을 제대로 치를 수 없다는 생각에서였다. 이 보안사령관은 대통령을 만나 신문 기자들을 "물리적"으로 다스려야 한다고 진언했고 대통령은 지금까지 그런 일이 없었으니 다른 장기 대책을 세워 보라고 했다는 것이다. 신문이 점점 더 옥죄어지고 있었다.

신문의 선정주의

1984년 8월 전두환 대통령이 기자 회견에서 평소의 언론관을 토로하면서 이런 말을 했다.

"우리 언론은 지엽적인 문제를 침소봉대하고 흥미 위주로만 흘러서 국민들의 판단을 흐리게 하는 아쉬움이 있다. 이 때문에 언론인들이 국민의 존경을 못 받는다."

안기부장도 나와 독대한 자리에서 신문들이 무슨 사건이 일어나기만 하면 전 지면을 다 덮어 버리니 그래서야 되겠느냐고 개탄했고, 문공부 장관도 편집국장들과의 회식에서 그것을 지적하더니 급기야 대통령까지 언급한 것이다. 대통령의 지적은 옳았다. 그러나 그 원인을 간과하고 있었다.

신문들은 무슨 사건만 터졌다 하면 온 지면을 새까맣게 도배질하고 있었다. 가령 명성 사건이 났을 때 우리 신문은 12면 짜리 지면에서 1, 3, 4, 5, 10, 11면의 6개 면을 온통 이 기사로 덮었다. 전체 지면의 꼭 절반이다. 다른 신문들도 모두 마찬가지였다. 레이건 미 대통령이나 로마 교황의 방한 때도 그랬고 신상옥·최은희 부부 납북 때도 그랬다. 한 면이라도 다른 신문보다 기사량이 적으면 독자들이 불만이었고 신문사 안에서도 곡성이 났다. 이것저것 쓰레기라도 채워야 했다. 그래도 모자라면 석간은 조간을, 조간은 석간을 눈 감고 그대로 베꼈다.

그러다 보니 신문들은 과대 보도로 여론 재판이나 하면서 독자의 악취미에 아첨하고 있었다. 정래혁 부정축재 사건 때도 신문들은 벌떼처럼 달려들어 이 잡듯이 까발렸고, 정 씨는 신문의 여론 재판에 더 잃을 것이 없다면서 재산 헌납 약속을 철회하기까지 했다.

신문이 왜 이 지경이 되었을까. 언론 통제로 신문이 독자의 신뢰를 잃었기 때문이다. 써야 할 것을 쓰지 않으니 독자들은 신문을 믿으려고 하지 않았다. 신문은 어떻게든 달아나는 독자를 붙잡아야 했다. 독자의 흥미를 긁어 유인할 수밖에 없었다. 독자가 줄줄이 떨어져 나간다는 신문사의 아우성에 대항할 장사는 없다. 한편으로는 정부가 하도 입을 막으려고 하니까 막히기 전에 얼른 한꺼번에 다 터뜨리겠다는 심리도 있었다. 그래서 봇물 터지듯 쏟아내는 것이다. 정부는 신문을 한탄하고 한심스러워 하지만 따지고 보면 신문의 선정주의는 이렇게 정부의 언론 정책 탓이었다. 정부는 그것을 깨닫지 못하고 있었다.

정도의 신문이 아니었다. 한 구석이라도 진실이 감춰지면 나머지가 다 진실이더라도 진실로 믿으려 하지 않는다. 정부를 비판할 힘이 없으면 아무것도 비판할 힘이 없는 것이다. 신문들에게는 아무리 옳은 것도 정부의 일이라면 옳지 않았다. 언론 자유를 풀어 줄 용기 있는 사람이 정부 내에 아무도 없었던 것과 마찬가지로 언론의 정도로 갈 용기 있는 사람은 신문사에 아무도 없었다. 언론인들은 언론 통제를 어떻게든 돌파하려고 전력을 다했으나 사안의 옳고 그름을 따지려고 하지는 않았다. 통제의 돌파 자체가 정의였지 사회 정의를 생각하지 않고 있었다. 그래서 정부는 더욱 통제하려고만 했고 언론은 무조건 반항하려고만 했다. 언론은 때리면 때릴수록 엇나가는 아이와 같았다.

신문은 중심을 상실했다. 언론 통제에 의한 중심의 상실도 따지고 보면 센세이셔널리즘의 일환이다. 중심으로 가면 독자가 이반할 것 같은 두려움이 신문에 있었다. 무조건 반항하는 것이 독자의 신뢰를 회복하는 길이었다. 아무리 애국하고 싶어도 독자들은 그것을 정부의 사주로만 생각했다. 조금이라도 정부 편을 들다가는 독자들의 이반이 뻔했다. 무소의 뿔처럼 그저 들이받는 수뿐이다. 그런 몸부림이라도 해야 했다. 언론을 죽이면서 언론사가 살자니 언론이 변칙적일 수밖에 없었다. 정권의 언론 통제는 정권을 유지하기 위해서였고 언론의 변칙은 언론을 유지하기 위해서였다. 통제가 정부의 자구책이라면 변칙은 언론의 자구책이었다.

5공의 언론 통제는 그 병폐가 그 시대로 끝난 것이 아니다. 그 악습은 트라우마가 되어 언론 자유가 어느 정도 회복된 후까지 후유증으로 남아 있었다. 언론 자유가 확보된다면 언론은 정도로 돌아오리라는 믿음은 배신당했다. 민주화 이후에도 언론은 중심을 잃고 선정주의가 고질화되어 그대로 이어져 오고 있었다. 선정주의가 어느 정도 아무리 대중 언론의 본성이라 해도 그 과도한 범람은 그때 길들여진 것이다.

옐로카드

한국일보에 옐로카드가 나왔다. 청와대 정무수석실에서 나를 호출했다. 정무수석이 편집국장을 청와대로 부르는 것은 이례적인 일이다.

정무수석은 최근 대통령이 언론에 대해 진노했다고 말한다. 이대로는 내년에 있을 선거를 치를 수가 없으니 신문이 협조해 주어야겠다는 것이다. 특히 얼마 전 전경대원이 데모대로 오인하여 여인을 구타한 사건에 대해 한국일보가 맨 먼저 보도했고 정래혁 사건 때 앞장서서 과대 보도를 했다고 지적한다. 신문이 어느 것이 국익인지 커다란 기준을 가지고 제작해 주어야 되지 않겠느냐, 정부는 사회를 안정시키려는데 이 안정을 깨고 판을 싹 쓸어버리면 어떻게 하겠다는 것이냐, 5공의 개혁 의지와 청렴 의지를 왜 적극적으로 밀어 주지 않느냐, 이런 요지의 강한 질책이었다.

안기부 담당관이 와서 석간에서는 A지, 조간에서는 한국일보를 가장 비협조적인 신문으로 점찍어 놓고 있다는 말을 노골적으로 했다. 정무수석이 나를 부른 날 문공부장관은 A지의 회장과 편집국장을 불렀다. 우리 신문에 대해서는 "데모 오인 여인 폭행" 기사가 나왔을 때 당국이 조사까지 하려 했다고 한다. 재벌 시리즈를 하면서 우리나라 재벌이 GNP의 큰 부분을 차지한다는 기사를 썼을 때도 한국일보를 잡아넣으려다 말았다는 말도 나왔다. 정부가 언론 대책을 심각하게 재검토하기 시작하여 홍조실, 안기부, 보안사, 청와대의 언론 담당관들이 대책 회의를 열고 있었다.

편집회의에서 나는 당국의 언론 정책이 경직되어 특히 우리에게 올가미를 던져 놓고 있는 상태라는 것을 알렸다.

얼마 뒤 연세대생들이 관제 언론 규탄대회를 열어 각 신문사 편집국장들에게 항의 전화 공세를 펴도록 학생들을 선동하면서 A지와 한국일보는 대상에서 제외시켰다. 또 서울대생들이 학원 사태에 대한 각 신문의 보도를 비교한 평가에서 역시 A지와 한국일보가 가장 호의적인 평점을 받았다.

갈팡질팡 대북 보도 – 북한의 수재 구호품

1984년 9월 폭우로 큰 수해가 났다. 이 수재가 남북한 간 접촉의 물꼬를 텄다. 그러나 정부의 홍보 대책은 홍수의 흙탕물처럼 난류였다. 북한이 우리 수재민에게 구호품을 보내겠다는 제의를 방송을 통해 해왔다. 이것을 받을 것이냐, 안 받을 것이냐. 정부에서는 각계의 의견을 모으고 있었다. 언론 쪽에서는 문공부장관이 각 신문사 발행인, 주필, 편집국장을 차례로 초청했고, 문공부차관은 각사 정치, 경제, 사회부장을 연쇄적으로 만났으며, 홍조실장은 편집부장들을 불렀다. 그때만해도 북한의 진의에 반신반의였기 때문에 찬반이 엇갈렸다. 문공부 집계로는 언론계 의견이 찬성 3분의 1, 조건부 찬성 3분의 1, 반대 3분의 1로 극명하게 3분되었다. 조건부를 찬성으로 보면 3분의 2가 찬성이고 반대로 보면 3분의 2가 반대다. 정부로서는 이미 구호품을 받는 쪽으로 입장을 거의 확정해 놓고 반대 의견을 사전에 무마하는 효과를 노린 것이었다.

북한의 구호품을 받겠다는 정부 발표가 나왔다. 동시에 신문사에는 보도 지침이 시달되었다.

(1) 1면 톱은 안 되고 중간 톱 정도로 해 달라.

(2) 공급 물자를 "구호품"이라 하지 말고 "수재 의연금"으로 해달라. (나중에는 "수해 지원 물자"로 바뀌었다.)

(3) 우리 측의 결정을 비판 말라.

(4) 북측의 저의가 의심스럽다느니 하여 트집잡히게 하지 말라.

7·4 공동 성명 이후 10년만의 남북 교류다. 정부가 일단 정한 방침이니 밀어 주기로 했다.

남북 적십자 회담이 판문점에서 열렸다. 그러나 북한적십자사가 구호 물자를 서울로 직접 실어와 수재민들을 위로하겠다고 고집하여 결렬되었다. 결렬될 경우 북측을 공격하는 해설을 써 달라는 주문이 미리와 있었다. 아직 협상의 여지는 남아 있다. 해설을 우리는 3면에 조심스럽게 실었더니 다른 한 조간지는 1면에 "김일성의 실패작"이라 하여 화끈하게 다루었다. 홍조실에서 "한국일보는 비무장지대에서 만드는 신문 같다."는 반응이 나왔다. 북적이 태도를 바꾸어 한적의 요구대로 구호물자를 판문점, 인천, 북평으로 나누어 인도하겠다고 방송했다. 홍조실 지침은 기사 3단. 이 3단 지침이 밤사이에 4단이 되었다가 다시 5단으로 무럭무럭 자란다. 정부의 대응을 종잡을 수가 없다. 북측을 자극하지 말라고 했다가 때려 달라고 했다가, 기사 단수를 줄이라고 했다가 키우라고 했다가…. 정부의 처지와 상관없이 우리 신문은 입장을 정했다. 모처럼의 남북 대화가 가급적 성사되는 방향으로 밀고 가자.

　　'김동길 칼럼'에서 "수재 구호물자를 저쪽에서 주겠다고 하면 고이 받을 일이지 물건이 닿기도 전에 저의가 의심스럽다느니 하고 트집 잡는 것은 졸렬하다."고 꼬집었다. 홍조실이 하도 성화여서 전문의 4분의 1가량을 날려 버린다.

　　문공부장관이 또 편집국장들을 소집했다. 다음 날 북한 물자가 오는데 너무 요란하게 취급하지 말아 달라는 것이다. 국장들이 당연히 1면 톱이라야지 그렇지 않으면 국민들을 우롱하는 것이라고 항의한다.

　　판문점에는 각사에서 취재 기자와 사진 기자를 1명씩, 인천과 북평에는 취재 또는 사진기자를 1명씩만 보내기는 하되 기사와 사진은 연합통신 것을 풀로 써야 한다는 지시가 왔다.

북측의 물자가 판문점에 먼저 도착했다. 인수 기사는 1면 중간, 스케치는 사회면 중간이라는 지정이 내려와 있다. 석간들은 모두 1면에 5단 컷으로 실었다. 사진도 풀이라더니 저마다 자사가 찍은 것이다. 1면 중간이라고만 했지 단수 지정은 없었으니 우리는 6단으로 키우고 사진도 우리 것을 쓴다. 다른 한 조간지는 지방판에서 화보를 실었다. 위반이다. 우리도 다음 판에서 화보를 넣는다. 일부 신문은 인천과 북평에 2명씩 보낸 것을 당국이 받아 주었다. 풀이 깨졌다. 홍조실이 통제력을 잃었다.

홍조실에서 다시 지침이 내려왔다.

⑴ 구호물자 관계 기사는 일절 1면에 가서는 안 된다.

⑵ 구호물자 배부 내용을 한적이 발표하는데 사회면 3단, 인천에 마지막 도착하는 구호물자는 사회면 1~2단.

⑶ 북한이 식량이 모자라 옥수수까지 수입한다는 연합 통신 기사가 나올 테니 키워 달라.

⑷ 북한 쌀 중 일부에서 변질미가 확인되었는데, 기사는 써도 좋지만 제목은 안 된다.

⑸ 북한 물자 저질이다 운운은 하지 말라.

북쪽에 대고 고함을 지르라고 했다가 비위를 맞추라고 했다가, 대관절 어디로 가라는 신호냐.

설사하는 신문 – 백두산 사진

어느 날 독자들은 신문을 보고 어리둥절했을 것이다. 신문마다 한꺼번에 느닷없이 백두산 사진으로 온통 뒤덮여 있었다. 갑자기 웬일일까.

한국일보는 미국 LA지사의 두 기자가 1년 반 전에 중공에 입국한 뒤 백두산 사진을 찍어 서울로 왔다. 그러나 김포공항에서 사진은 필름째 안기부에 압수되고 기사도 허가되지 않았다. 그 후 몇 차례 문공부에 해제를 요청했으나 불가였다. 그런 채로 해금 신호만 대기하고 있었다. 그러고 있었는데 한 신문이 창간 기념호에 싣겠다고 백두산 사진의 해금을 문공부에 집요하게 교섭했고 문공부가 그 날짜에 맞춰 모든 신문에게 풀어 준 것이다. 석간을 보니 난리가 났다. B지는 2, 3, 5, 8, 10면의 5개면에 걸쳐 백두산으로 채우면서 3개면에 컬러 사진을 썼고, A지는 4개면에 벌이면서 2개면에 화보를, 다른 2개 면을 기사로 메웠다.

우리 신문은 아침부터 간지 컬러 면이 미리 인쇄되고 있는데 단 한 면에 백두산 기사와 함께 사진 화보가 들어있을 뿐이다. 다른 신문들이 이렇게 요란스러울 줄을 몰랐다. 우리는 LA 기자가 찍어 온 것이 빈약해서 더 늘어놓을 사진도 없다. 낭패다. 그때 마침 재미 언론인 피터현의 전화가 내게 왔다. 전년에 연세대의 한 교수가 백두산에 다녀온 적이 있으니 연락해 보라는 제보였다. 얼른 사진부 기자를 보내 필름을 얻어 왔다. 인쇄된 컬러 면 외에 다른 면에 이 사진으로 흑백 화보를 꾸미고 1면 톱에 천지 앞에 선 우리 기자들의 사진을 올린다. 백두산 현지에서 직접 취재해 온 것은 석간의 B지와 우리뿐이고 나머지 신문은 여행객들의 사진이다. 우리는 3개면뿐이지만 1면 톱은 우리뿐이다. 겨우 생색이 났다.

이것은 신문의 설사다. 오랜 동안 굶주렸다가 금식이 해제되자 폭식을 하느라 배탈이 난 것이다. 백두산은 단 하루만 허용되고 다음날부터 다시 묶여졌다. 설사들이 뚝 그칠 줄 알았더니 한 조간이 이틀째 또 화보를 내고 있었다.

어느 날짜의 사회면

대학생 2백여 명이 민정당 당사에 들어가 농성을 했다. 보도 지침이 처음에는 사진 없이 1단이라고 했다가 나중에 3단으로 수정되어 내려왔다. 사회면 편집자에게 4단으로 지시해 놓고 있는데 조간의 X지는 사회면 톱이라는 정보가 들어온다. 얼른 우리는 5단으로 키운다. 지방판 온 것을 보니 X지는 4단이다. 4단이나 5단이나 지침을 위반하기는 마찬가지다. 밤에 민정당의 긴급 의원총회가 열려 이 기사를 1면에 싣고 민정당사 스케치를 따로 사회면에 추가하자니 아무래도 당사 농성 3단은 지켜 주어야겠다.

이날 또 다른 사건이 터져 있었다. 무장 탈영병이 민간인 3명을 사살하고 다방에서 인질극을 벌이다가 밤중에 생포되었다. 보안사에서는 3단으로, 홍조실에서는 처음에 4단이다가 다시 3단으로 지정해 왔다. 우리 신문에서는 4단이다.

이튿날 아침 신문의 사회면을 보라. 억지로 만든 엉뚱한 기사가 톱으로 허수아비처럼 세워져 있고 나머지는 민정당 당사 농성 사건 3단짜리와 탈영병 사건 4단짜리 2건의 기사가 거의 전 지면을 메우다시피 새까맣게 깔려 있다. 장문의 기사를 계단식으로 여러 단에 걸쳐 꼬불꼬불 장강처럼 흘린 것이다. 제목은 난쟁인데 기사는 뱀 꼬리다. 당국은 제목의 단수만 지정했지 기사의 길이는 지정하지 않은 것이다. 우리 신문만이 아니었다. 저마다 장애인의 지면이었고 기형아의 지면이었다. 이것이 언론통제 시대의 일그러진 신문상이었다. 즉각 문공부장관이 각사 발행인들을 불러 이 흉물의 지면에 분통을 터뜨렸다. 편집국장들이 참 이상한 사람들이라고 하더라고 한다. 문공부장관은 이어 이 "이상한 사람들"을 소집해서는 "이대로는 다른 조치를 취해야 될 것 같다. 그런 사태가 오지 않도록 해 주기를 바란다."고 겁을 주었다.

호외 엠바고 소동

1984년 11월 정치규제자들이 3차로 해금되었다. 84명이 풀리고 15명이 미해금자로 남았다. 대통령이 수출의 날 행사 관계로 부산에 가는데 청와대 출입 기자들이 수행해야하기 때문에 24시간 전에 해금자 명단이 신문사에 배포되고 발표는 다음 날 상오 10시로 엠바고가 걸려 있었다.

사장과 상의하여 호외를 발행하기로 했다. 호외를 지방판부터 신문과 함께 발송하여 다음 날 상오 10시에 전국적으로 일제히 뿌리게 하는 것이다. 24시간 전 엠바고의 호외감이 자주 있는 일이 아니다. 호외를 거의 신문 발행 부수만큼 인쇄했다. 조간의 Y지 편집부에서 우리 편집부로 호외를 발행하는지 탐색하는 전화를 걸어왔다. 자기네는 물론 같은 조간의 X지도 발행하지 않는다고 했다.

아침에 내가 출근했을 때 사장이 먼저 나와 외신부에 명단이 나오는 대로 LA지사에 팩스로 보내도록 지시해 놓고 있었다. 호외를 발송하면서 나는 업무국장에게 다음날 상오 10시의 엠바고를 반드시 지키도록 전국의 지사·지국·보급소장에게 공문을 보내게 했다. LA지사에는 외신부장을 시켜 두 번이나 엠바고 엄수의 팩스를 보냈다.

다음 날 새벽 5시 반께 홍조실의 우리 신문 담당관이 전화로 내 잠을 깨운다. 우리 호외가 아침 신문과 함께 배달되었다니 어떻게 된 것이냐다. 그럴 리가 없다. 업무국장에게 급히 연락하여 알아보게 한다. 얼마 뒤 업무국장의 회보로는 서울 시내 한 보급소에서 일부가 배달된 것이 확인되었다는 것이다. 청와대 대변인실에서도 집으로 전화를 걸어왔다.

신문사에 나와 보니 야단이 났다. 청와대, 안기부, 문공부 사람들이 새벽 5시부터 6시 사이에 다 잠을 깼다. 안기부에서 확인한 결과 서울의 전철 안에도 우리 호외가 뿌려졌다 하고 지방의 여러 곳에서도 아침에 가정에 배달되었다고 한다. LA에서도 팩스로 보낸 해금자 명단이 현지 판에 미리 나버렸다.

홍조실에서 담당관을 사장실로 보내 엠바고 위반에 대한 문책을 요구했다. 낮에 안기부에서 두 사람이 나타나 외신부장을 연행해 갔다. LA지사 때문일 것이다.

사장이 안기부차장에게 전화를 걸었다. 차장 말이, 외신부장을 조사하는 것은 엠바고 문제보다도 지난번 북측의 수해구호품 인수 때 우리 측 결정을 워싱턴 특파원에게 전화로 미리 알려 북측이 이것을 도청했으니 결과적으로 이적행위를 했기 때문이라는 것이었다. 나는 안기부 서울분실장과 통화한다. 엠바고를 깬 것은 고의가 아니란 것은 알지 않으냐, 우리는 다른 신문들이 호외를 내지 않았다는 것을 알고 있었고 그렇다면 경쟁하는 것도 아닌데 굳이 먼저 뿌릴 이유가 없지 않으냐 하고 선처를 부탁했다.

우리 청와대 출입 기자가 비표를 빼앗기고 출입이 정지되었다. 내가 청와대 대변인을 찾아갔다. 대변인은 유관 부처에 대한 자기 체면도 있으니 신문사에서 자체적인 조치를 취해 성의를 보여 달라고 했다. 사장과 함께 문공부장관을 찾아가 사과했다. 장관은 신문사에서 무슨 조치를 취하겠다니 다행이라고 말했다.

신문사에서는 엠바고 위반 사고가 서울보다 지방에서 많았기 때문에 지방 보급 담당인 제2업무국장을 보직 해임시키는 조치를 취했다.

안기부의 수사관한테서 나더러 잠깐 다녀가라는 전화가 왔다. 남산에 가니 외신부장을 풀어 주겠다면서 나더러 각서를 쓰라고 했다. 앞으로 외신부뿐 아니라 정치부, 사회부 등 각부도 편집 책임자로서 잘 단속하겠다는 내용을 부르는 대로 쓰고 외신부장을 데리고 나왔다. 그런데 대관절 우리 호외가 미리 배달된 줄을 당국이 이른 새벽부터 어떻게 안 것일까. 조사 결과 전말이 드러났다.

그날 새벽 4시 반 한국일보의 20판이 조간 경쟁지인 X지의 편집국에 가 있었고 그 속에 호외가 끼여 있었다. 20판은 서울 시내판이다. X지가 매일 이 20판을 몰래 가져다가 특별한 기사가 있으면 이것을 베껴서 저희 신문의 시내판 일부에 급히 개판해 싣는다는 것을 짐작은 하고 있었지만 실체가 드러난 것은 이때가 처음이었다. 우리 호외를 발견한 X지 야간국장이 놀라 자기 편집국장을 깨우고 정부의 유관 기관을 다 깨우기 시작했다. 청와대, 안기부, 문공부 관계자들이 새벽 5시 이전에 다 잠을 깼다. 관계 기관에서 조사를 시작해 보니 일부에서 배달이 된 곳이 나왔다. 이래서 새벽 소동이 시작된 것이다. X지 자기네는 호외를 발행하지도 않았으면서 남의 신문을 고발하다니, 비열한 작태였다.

곰곰이 생각해 보니 또 이상한 것이 있다. 새벽 4시 반이면 그 때는 아직 우리 신문이 한 장도 배달이 되지 않았을 시간이다. 서울 시내에서 호외를 신문과 함께 배달해 버린 보급소에 확인하니 배달이 5시 반부터였다. X지에 간 우리 신문은 정상적으로 배달된 것이 아니다. X지가 우리 호외가 나온 것을 미리 알고 어딘가에서 위계로 빼내 와서는 배달도 되기 전에 계획적으로 고발한 것이 틀림없었다. 엄연한 무고였고 공작성 모해였다.

X지를 어떻게 보복할 것이냐. 어려운 시대에 같이 고투하는 동업지에 정부를 업고 조직적으로 위해를 가했으니 "언론 탄압의 공모자"라는 것을 부각시켜 여론화해야 한다. 적 앞에서 아군에게 총을 겨눈 것이다. 다른 신문이 지침을 위반했다고 항의하는 경우와는 전혀 다르다.

우리 경찰 기자들이 X지 경영자의 비위를 낱낱이 캐고 있다는 소문이 돌자 X지 편집국장이 나한테 전화를 걸어왔다. 신문에 끼인 우리 호외를 보고 깜짝 놀라 문공부에 연락한 것뿐이니 오해를 말아 달라는 것이다. 저쪽 사회부장이 우리 사회부장에게 전화가 오고, 편집국장이 또 두 번, 세 번 나에게 전화를 걸어 "오해"란 말을 되풀이하면서 노여움을 풀어 달라고 했다. 결국은 그쪽 편집국장이 우리 사장을 찾아와 정식으로 사과를 하고 갔다. 신문사끼리의 난전은 아무래도 불미스러운 것이어서 우리도 여기서 끝내기로 했다. 1주일 만이다. 그렇잖아도 부끄러운 언론의 부끄러운 싸움이었다.

완전 봉쇄 ―김대중 씨 귀국

미국에 나가 있던 김대중 씨가 총선을 나흘 앞두고 한국으로 돌아온다. 1985년 2월이었다. 청와대 정무수석이 편집국장들과 회식하는 자리에서 이 사실을 미리 알리며 처음에는 귀국 즉시 구속할 예정이었으나 방침을 바꾸어 자택으로 보내기로 했다고 한다. 대통령의 방미를 앞두고 미국이 압력을 행사한 때문이었다.

김대중 씨 귀국을 발표한 날 문공부장관이 편집국장들을 불렀다. 발표 기사를 석간의 한 신문이 2단 지정을 어기고 가로 제목을 크게 뽑으면서 김대중 씨의 사진까지 실었다고 대노한다. "이런 보도가 정국 불안에 연결되는 일이 있다면 그 때는 문공부 손을 떠나는 것"이라고 강경하다. 그러면서 "김대중 씨가 도착할 때 발표 외는 일절 못 쓴다. 홍조실 주문은 어길 수 있는 것이 있고 어길 수 없는 것이 있는데 이것은 절대로 어길 수 없는 것이다."라고 못 박았다.

얼마 뒤 안기부 언론과장도 전화를 걸어와 "김대중 씨 관계는 다른 기사와 다르다. 조금도 융통성이 없다."고 으름장을 놓았다.

김대중 씨의 도착 전날 홍조실에서 지침이 내려왔다.

⑴ 공항에서 귀가까지 간단한 보도 자료를 발표할 예정이니 발표 외의 기사는 일절 안 된다.

⑵ 신변 안전을 위해 공항에서부터 완벽한 보호 조치를 취할 것이니 공항, 연도, 자택 등 사진은 안 된다.

⑶ 수행원에 대한 접촉이나 회견은 안 된다.

그의 도착을 환영한다는 민한당의 성명을 실었더니 그것도 안 된다고 하여 다음 판에서 뺐다.

김대중 씨가 도착하는 날 아침 청와대 정무수석으로부터 "지금 정국 안정을 지키느냐 변조를 가져 오느냐의 기로에 있으니 잘 협조해 달라."는 전화가 왔다. 이어 문공부차관이 정부 발표 선을 절대로 넘지 말아 달라고 요청했고 저녁에 차관이 또 전화를 걸어와 도착 스케치 같은 것을 쓰면 안 된다고 다짐을 받았다. 전방위 총력전의 압박이었다.

김대중 씨가 도착했다. 홍보실 지정은 제목 2단이다. 우리 신문에서는 2단은 지키되 김대중 씨가 자택에 오자마자 김영삼 씨와 통화했다는 기사를 별도로 보탠다. 밤에 이것을 삭제해 달라고 해서 다음 판에서 따로 붙인 제목을 없애고 기사로만 연결시킨다.

다음날 아침 안기부 연락관이 나타나 "오늘부터 김대중 씨 기사 일체 불가"를 통고하고 갔다. 석간들에는 깨끗이 사라졌다. 저녁에 홍조실장의 전화가 오고 안기부 언론과장이 직접 찾아왔다. 과장은 "한 줄도 안된다. 우리 차원이 아니다."라면서 확답을 듣고 가겠다고 한다. 나는 지방판에는 일단 싣지 않겠다고 대답했더니 "그럼 시내판은 상대지를 보고 결정하겠다는 말이냐. 그 쪽에 가서 확답을 받겠다."면서 나갔다. 안기부 연락관은 남아서 우리 지방판이 나올 때까지 지키고 있었다.

지방판 강판 시간을 조금 앞두고 조간의 상대지 편집국장이 나에게 전화를 걸어 왔다. 어떻게 했으면 좋겠느냐는 상의다. 경쟁지끼리로서는 드문 일이다. 상황이 어렵지 않겠느냐고 했더니 그러면 자기들도 하는 수 없겠다고 한다. 본의 아닌 담합이 되었다.

우리 지방판에서는 기사는 다 빠지고 '정국왕래'의 가십란에 이민우 신민당 총재 등이 김대중 씨와 통화했다는 것이 한 토막 들어 있었다. 이것은 석간에 살아남아 있어서 우리도 넣기로 했던 것인데 통화 내용까지 넣은 것이 너무 길어 내가 대장을 보면서 일부 지웠다. 지방판을 보자 지키고 있던 안기부 연락관이 즉각 보고를 했고 언론과장의 다급한 전화에 결국 다음 판에서 삭제되었다. 이렇게 해서 김대중 씨 도착 관계 기사는 이날부터 완벽하게 봉쇄되었다. 한 방울의 누수도 없었다.

정부가 발행인이냐 -12대 총선

1985년 2월 12일의 12대 총선이 공고되었다. 문공부장관이 각사 편집국장들을 불러 모아 놓고 선거 보도에 대한 지침을 직접 내렸다.

(1) 선거가 타락하고 있지만 톱으로 보도하는 것은 삼가 달라. 타락을 경고하는 뜻도 있겠지만 조장하는 힘이 더 크다.

(2) 각 당에서 걸핏하면 상대방을 부정이라고 성명을 내는 것은 흑색선전이 많으니 확인해야 한다.

(3) 경찰에서 선거 운동을 하는 학생들을 연행했다는 기사가 나는데 관권 선거의 냄새가 나니 기사화를 자제해 달라.

(4) 각종 기공식 등 선심 행정을 나무라지만 이것은 선거 때면 어느 나라나 있는 일이고 정부의 프리미엄이 아니겠는가.

(5) 대통령이 여당 총재의 자격으로 지방 순시를 하면 야당 총재 발언은 크고 싣고 대통령 발언은 조그맣게 취급하니 불공평하지 않은가.

바로 그 다음 날 아침 우리 기동 취재반의 제1보를 모아 1면 톱으로 실었더니 장관 지침을 정면으로 위반한 것이라고 홍조실에서 달려왔다.

대통령이 중앙지와 지방지 별로 각 신문사 사장들을 청와대로 초청해 선거 협조를 당부했다.

문공부장관이 또 편집국장들을 소집한다.

(1) 신문들이 전체 12면 중 6면을 선거 기사로 깔아 과열시키고 있으니 줄여라.

(2) 유세장에서 나오는 원색적인 말들을 그대로 써서는 안 된다.

(3) 대통령 개인에 대한 모독 발언은 법에도 저촉된다.

(4) 유세장에서는 각 선거구에 여당은 1명이고 야당은 서넛이니 각각 한 마디씩 써 주면 공평한 것 같지만 실은 1대 4로 형평을 깨는 것이다.

장관은 매우 격앙된 어조로 "훈시"를 하고 나가버린다.

선거 전날에는 문공부장관이 각사 발행인들을 불렀다.

(1) 이미 충분히 보도되었으니 유세 기사는 그만 써라.

(2) 폭로, 상호 비방 등은 일절 기사화해서는 안 된다.

(3) 득표 예상 등은 안 된다.

(4) 관권 선거 등 선거 후유증을 유발하는 기사는 안 된다.

(5) 국가 원수 모독이나 체제의 정통성 비판도 안 된다.

선거 날이다. 하오 9시께부터 TV가 개표 상황을 보도하기 시작한다. 의외의 신민당 돌풍이었다.(민정 87, 신민 50, 민한 26, 국민 15석) 이튿날 아침 문공부장관이 또 편집국장들을 소집했다. 신민당을 충동질하여 정국을 불안하게 하지 말라는 것이다. 아무리 언론 통제 시대라지만 참으로 한심하다. 걸핏하면 장관이 신문사 발행인이나 편집국장들을 오너라 가거라 하니, 정부가 신문사 발행인인가, 편집국장이 문공부 소속인가. 남의 신문을 자기 것처럼 잘도 가지고 논다.

그 다음날 아침 한국일보를 보고 문공부장관이 노발대발했다. 1면에 신민당 이민우 총재가 승리의 손을 치켜든 사진을 싣고 2, 3면에 걸쳐서 통단 컷으로 "정치 변혁 몰고 온 신민 쇼크"라고 크게 벌렸더니 홍조실장이 선거 기간 동안 우리 신문의 위반 스크랩을 가지고 회장실로 달려왔다. 홍조실 담당관은 장관한테 박살이 난 뒤 그것을 전하러 나한테 왔다가 "지금까지 협조한 것이 협조가 아니라면 협조란 말의 뜻을 나는 모르겠다."는 말에 박살이 나서 되돌아갔다. 홍조실에서 다음 주부터 선거 기사의 톤을 낮추라는 "엄명"이 내려왔다.

내가 편집국장으로 재임하는 동안 문공부장관이 각사 편집국장들을 소집한 것이 단체로 20여 회, 개별로 5회 가량이다. 문공부장관은 그때그때 정부의 홍보 정책 시달을 위해 뻔질나게 플라자 호텔의 쿠르베의 '시용성' 그림이 벽에 걸린 2188호실로 불러냈던 것이다.

홍조실 팀 교체

12대 총선이 끝나면서 개각이 있었고 총리 이하 문공부장관, 문공부차관, 홍조실장 등 홍보 조정 라인이 한꺼번에 다 바뀌었다. 신임 문공부차관이 점심이나 먹자고 하여 단 둘이 만났더니 앞으로 홍조실 운영을 어떻게 했으면 좋겠느냐고 의견을 물었다.

나는 대답했다.

"지금 신문사는 벽에 거의 다 닿아 있다. 조금씩 밀려온 것이 이제 조금만 더 밀리면 벽에 부딪히게 된다. 더 큰일 난다. 최근 몇몇 신문사에서 젊은 기자들이 꿈틀거리기 시작한 것이 그 징조다. 터지기 시작하면 걷잡을 수 없게 된다. 지금 홍조실은 너무 콩 놓아라 팥 놓아라다. 제목의 글자 하나며 컷 무늬까지 간섭한다. 하루아침에 다 풀기가 어렵다면 우선은 큰 테두리를 정해서 그 안에서는 자율성과 다양성을 허용하고 그 테두리를 벗어날 때는 징벌하는 방향으로 전환해 가야 할 것이다."

차관은 "지금 언론을 조금이라도 풀면 고삐 풀린 망아지 같을 것이니 천천히 방향을 바꾸는 것이 옳지 않겠느냐"고 했다.

새 홍조실장에게도 식사를 같이 하면서 같은 말을 해 준다.

"지금까지의 홍보 조정 방침은 '선의 조정'이었다. 이제부터는 '면의 조정'이라야 한다. 사사건건 이 선 바깥으로 나가면 안 된다는 식으로 하지 말고 폭을 넓혀서 이 면 밖에 나가면 안 된다는 식이라야 할 것이다."

신임 문공부장관이 편집국장들을 불러 모아 인사말을 했다.

장관은 "여러분이 대한민국을 움직이는 사람들이다. 정부가 아무리 무슨 결정을 해봤자 여러분이 안 움직이면 아무 소용이 없다. 신문이 사회의 큰 흐름을 좇아가야지 지엽적인 문제를 본류처럼 보도해서는 안 된다. 신문 없는 정부냐 정부 없는 신문이냐고 하지만 정부도 있고 신문도 있어야 한다. 서로 타협한다기 보다는 서로 이해해야 한다."고 말했다.

마지막 결전 - 양 김씨의 6단 사진

1985년 3월 정치규제자들이 전면 해금되었다. 전두환 대통령의 방미를 앞두고 마지막까지 묶여 있던 14명이 마저 풀렸고 3김 씨도 포함되었다. 해금 발표 전날 새 문공부장관이 각사 편집국장들을 문공부로 소집하여 보도 지침을 직접 설명했다.

(1) 이번 해금은 체제라든가 인권 차원의 부담을 완전히 제거하기 위한 조치다. 정부가 자율·개방 정책의 일환으로 취한 능동적인 조치이니 대통령의 방미와 관련시켜 그 가치를 훼손시켜서는 안 된다.

(2) 이번 조치는 대통령이 각계의 의견을 폭넓게 듣고 정당 쪽의 건의도 받아들여 취한 결단이니 이 점을 부각시켜 달라.

(3) 3김 씨의 해금 전 활동을 대서특필해서 선전하는 것은 안 된다.

(4) 김대중 씨는 형 집행정지 상태에 있기 때문에 법률 저촉 부분은 그대로 남는다. 이에 대한 법무부 발표가 있을 것이나 크게 취급은 말라.

(5) 해금자들의 정치 활동을 너무 부각시켜 지원하는 것 같은 기사는 삼가 달라. 김대중 씨는 법률적으로 정치활동이 불가능한데 신문이 정치활동을 시켜 주면 안 된다.

해금이 발표된 날 석간들은 5개면에 걸쳐 이 기사로 가득 채웠다. 우리도 5개면에 펼친다. 1면 톱이 다른 신문들은 해금 발표 기사지만 우리는 해금된 3김 씨의 거취 기사로 올린다.

김대중·김영삼 양 김 씨가 실로 오랜만에 만났다. 이 역사적인 양김의 회동 사진을 얼마나 크게 취급할 것이냐. 당국의 지정은 3단이다. 석간은 첫 판에서 B지가 4단 가로로 키웠고 A지는 5단 세로로 더 키웠다. 다음 판에서는 B지가 지정된 3단으로 얌전히 내려왔고 A지는 과감히도 5단 세로 그대로다. 그러면 우리는? 나는 편집자에게 지시했다. "세로 6단이다." 조간의 X지 지방판을 보니 5단이었다.

새 홍조실장이 두 가지를 강력히 요구해 왔다. 양김 사진이 오버 페이스이니 다음 판에서 다른 조간인 X지 수준으로 5단으로 낮출 것. 김영삼 씨 부인을 소개한 사회면 '탈' 란의 박스 기사를 뺄 것. 나는 "숨을 한참 동안 못 쉬게 막았다가 쉬게 하면 갑자기 정상적인 호흡을 할 수 있겠느냐."고 대답했다.

종합편집부장은 홍조실 요구를 들어 주자고 했다. 새 홍조실장의 첫 주문을 묵살하기가 거북하기는 했다. 그러나 나는 무엇보다도 다른 조간의 수준에 맞추라는 데 분개했다. 다 같이 지정된 수준으로 내려오라면 몰라도 다른 조간도 위반한 것인데 어째서 위반한 다른 신문이 기준이라는 말이냐. 한국일보는 왜 매번 따라만 가라는 것이냐. 그리고 우리는 줄이고 그 조간은 우리 핑계를 대고 시내판에서 키우면 역전이 된다. 못 하겠다. 홍조실 파견원이 밤늦도록 곁에서 지키고 있었지만 '탈' 란의 제목만 고쳐 주고 사진은 6단 그대로 고수한 채 운전기는 돌아갔다.

결국 한국일보가 도하 신문 중 김영삼·김대중 회동 사진을 가장 크게 실은 신문이 되었다. 한국일보를 제재하기로 했다는 정보가 들어왔다. 홍조실장이 와서 회장을 만나고 갔다. 가지고 온 것이 레드카드일 것이다. 신문사에 대한 각종 불이익을 통고했다는 소문이 돌았다.

문공부차관이 사장을 문공부로 불렀다. 사회면 톱에 목동 무허가 건물 철거민들이 부구청장을 연금한 사건을 너무 키워서 철거민을 자극했다, 자매지 '주간여성'이 김영삼 씨 부인 인터뷰를 실었다, 자매지 '일간스포츠'가 스포츠 외에 일반 기사를 많이 실으니 창간 목적에 위배된다 등등, 자매지들까지 싸잡아서 문책을 하더라고 한다.

홍조실장이 일간스포츠 편집국장을 따로 불러 '3분 뉴스'는 발간 취지에 어긋나니 당장 빼라고 통고했다. 한국일보 방계 회사인 한주여행사가 판문점과 휴전선 땅굴 관광 허가를 취소당했다. 이 와중에 판문점 정전위에서 유엔 측 대표가 북한의 황해도에만 지하 요새가 100군데나 있다고 폭로하여 다른 신문들에는 크게 났는데 우리는 연락 착오로 한구석에 1단으로만 났다.

문공부장관이 사장에게 직접 서해에서 표류 중 우리 어선에 구조된 중공 어뢰정의 송환 교섭을 외신 기사로만 실으라고 요청해 왔는데 또 실수로 지켜지지 않았다. 악재가 겹쳤다. 홍조실장이 사장을 찾아와 그 동안 한국일보의 불협조 리스트를 놓고 갔다. 사내의 젊은 기자들 50여 명이 언론 자율화를 위한 긴급 모임을 가졌다. 그러나 일단 더 관망하기로 했다. 그 이전에 석간의 두 신문에서 기자들이 자기 신문의 보도가 미약하다고 편집국장에게 항의하던 중, 한 신문은 개각 전 "안기부장 총리 물망" 기사 때문에 편집국장이 안기부에 불려가고 다른 한 신문은 "미제 헬리콥터 밀매" 기사 때문에 편집국장이 보안사에 연행되는 바람에 주춤해졌다. 편집국장 길들이기 압박이 안팎에서 협공으로 죄어오고 있었다.

문공부장관이 안기부에 대고 한국일보를 한번 혼내 줄 테니 두고 보라고 했다고 한다. 내가 문공부장관의 면담을 신청했다. 여러 날째 응답이 없더니 장관실로 오라고 겨우 연락이 왔다.

내가 말했다.

"문제는 이전부터 한국일보에 대한 정부의 커트라인이 낮다는 데 있다. 다른 신문 수준을 따라 가려고 하면 한국일보가 그럴 수 있느냐고 한다. 왜 한국일보는 안 되느냐. 양김 회동의 사진만 해도 그렇다. 홍조실 지정이 3단이면 차라리 다 같이 3단으로 내리라고 해야지 왜 다른 신문이 5단이니 우리도 5단으로 따라가라고 하는가."

장관은 "지금 외부에서 한국일보에 대해 어떤 압력이 들어오고 있는지 아느냐. 한국일보를 보고 신민당 기관지라고 한다. 내 힘으로는 막는데 한계가 있다."면서 시종 굳어 있었다.

편집국장 퇴임

그 사흘 뒤의 월요일 아침 사장이 나를 불렀다.

"편집인을 맡아 주셔야 하겠습니다."

나는 온 몸의 피로가 싹 가셨다. 큰 짐을 내려놓은 것이다.

그래도 내가 왜 갑자기 그만두어야 하는 것인지는 알고 싶었다.

"내 인사에 외부의 작용이 있는 것입니까?"

"그런 것은 없습니다."

사장의 난처한 표정을 보고 더 묻지 않았다.

사장은 나의 편집국장 재임 동안 신문의 발행 부수가 20만 부나 늘었다면서 자신이 이번에 발행인을 겸하게 되고 나를 편집인으로 승격시켜 둘이 나란히 가는 것이라고 설명했다. 그렇다면 적어도 신문사의 자의적인 문책 인사는 아닌 것이다. 첫 판 신문이 나올 무렵 인사 발령이 사내에 공시되었다.

1983년 5월 15일 취임한 후 1985년 4월 1일까지 1년 10개월여의 편집국장 재임이었다. 김영삼 씨의 단식으로 시작된 나의 홍조실과의 대결은 김영삼 씨와 김대중 씨의 사진 한 장으로 끝났다.

이튿날 아침 회장실로 인사를 갔다. 회장은 빙긋 웃기만 했다. 회장이 새 문공부장관 취임 이후 "불편한 관계"에 짜증을 내고 있었다는 말이 들렸다. 이 기회에 마지막으로 소명해야 한다. 신문사가 알고 있어야 한다.

"내가 편집국에 와 보니 한국일보에 대한 정부 측의 커트라인이 너무 낮아 있었습니다. 정부 측에서 걸핏하면 한국일보가 왜 그러냐고 했습니다. 다른 신문 수준을 겨우 따라가면 한국일보가 앞질렀다고 생각합니다. 이 평가 기준을 좀 올려놓아야 했습니다. 주위에서는 한국일보가 왜 꾀를 부리지 못 하고 우직하게 해서 마찰을 일으키느냐는 충고들을 합니다. 그러나 잔꾀를 부리면 정부는 피해 갈 수 있어도 독자는 못 피해 갑니다. 정부 마음에는 들는지 모르지만 독자는 다 압니다. 독자 상대로 신문을 만들어야지 정부 상대로 신문을 만들 수는 없습니다. 우리 신문의 이번 43기 견습 기자 모집은 다른 경쟁지 조간과 시험 날짜가 꼭 같았는데 지원자 수는 우리 쪽이 훨씬 많았습니다. 면접 때 시험관들이 이들에게 왜 한국일보 쪽을 택했느냐고 물어 봤습니다. 이들은 한결같이 다른 조간은 신문이 왔다 갔다 한다, 정부를 비판하는 척 하다가 금방 정부 편이 된다, 한국일보는 꾸준히 중립을 지키는 것 같다, 대학가에서는 그렇게 정평이 나 있다, 이렇게 대답했습니다. 이 조간이 바로 히트 앤드 런으로 교묘히 잘 피해 정부의 미움을 안사면서 독자에게 어필한다고 홍조실에서 높이 평가한 신문입니다. 작년에 데모가 한창일 때에도 그 조간은 학생들의 규탄 대상이었지만 우리는 제외되었습니다. 우리가 학생들에게 군이 아첨한 것도 아닌데 학생들에게 인심을 잃지 않은 것입니다. 흔들리지 않은 한국일보의 자세가 백번 옳았던 것입니다.”

견습 기자 수험생들이 나를 변호해 주었다. 아무도 알아주지 않은 내 재임 동안의 한국일보의 자세를 한국일보에 입사하기도 전인 기자 지망생들이 알아 준 것이다. 신문사로서는 외부의 바람에 버드나무 가지처럼 유연하게 대처하지 못한 불만이 있었겠지만 나는 흔들리지 않는 신문이고 싶었다.

나는 한국일보의 커트라인을 높이려다가 결국은 그 커트라인의 줄에 걸려 넘어지고 말았다. 우리 신문 회장은 그 때까지 대통령 친형과의 친분을 신문에 연결시킨 적이 거의 없었지만, 이번 내 인사에는 정부 측의 요구에 정면충돌할 수가 없었을 것이다. 통제 하에서도 신문끼리는 혈투의 경쟁이던 시대에 무슨 난제가 있을 때면 가끔 몇몇 다른 신문 편집국장들이 내게 한국일보의 방침을 물어 왔다. 신문사 간에는 흔치 않은 일이다. 그만큼 한국일보가 보도 지침 돌파 작전의 선봉대였다는 것을 의미한다.

한국일보뿐 아니라 5공 치하의 언론에 대해서는 독자들의 질타도 있을 것이다. 그러나 당시 재갈 물린 입으로 외친 신문의 목쉰 함성을 과소평가하지는 못 한다. 날이면 날마다 참으로 눈물겨운 몸부림이었다. 같은 참호의 편집국장 전우들에게 경의를 표한다. 우리는 밀려나면 다시 밀려오는 파도처럼 싸웠다.

※ 이 글의 많은 부분은 나의 회고록 '신문의 길'(2016·깊은 샘)에서 인용된 것이다.

김성우 | 한국일보 주간한국 창간부장, 사회부장, 파리특파원, 편집국장, 주필, 편집인, 일간스포츠 사장, 논설고문.

진흙탕, 꽃바람 속 22년

다른 기자들이 30년, 40년 거의 한 평생 신문에 몸담은 것과는 달리 나의 기자 현역 시절은 겨우 22년에 지나지 않는다. 하지만 이승만의 자유당 말기에서 4·19와 5·16을 거쳐 박정희의 피살과 유신시대의 종말에 이르는 엄중한 시기에 정치부 기자로서 국회나 정당의 현장에서 일하게 된 것은 지금 생각하면 행운이었다.

김진배

목격은 특권이자 행운

신문 기자로서 큰 사건의 현장을 목격한다면 행운이오, 특권이다. 기자로서도 만나기 어려운 큰 인물을 마주 앉아 대화를 나누는 것은 또 다른 축복이다. 다른 기자들이 30년, 40년 거의 한 평생 신문에 몸담은 것과는 달리 나의 기자 현역 시절은 겨우 22년에 지나지 않는다. 하지만 이승만의 자유당 말기에서 4·19와 5·16을 거쳐 박정희의 피살과 유신시대의 종말에 이르는 엄중한 시기에 정치부 기자로서 국회나 정당의 현장에서 일하게 된 것은 지금 생각하면 행운이었다. 그 격동의 시기에 나는 거기에 있던 것만으로 여러 번 직격탄을 맞았다.

1959년 4월 30일 저녁 24파동 이후의 정국 수습방안에 대한 여야 사이의 팽팽한 대결을 취재하고 돌아오자 소공동 경향신문사 현관 앞 게시판에는 전지 한 장에 붓으로 쓴 큼직한 글씨가 화살처럼 박혔다. 경향신문

폐간 통고였다. 100 대 1인지 50 대 1인지 엄청난 경쟁을 뚫고 원하던 신문 기자가 되었다고 기고만장하던 것이 바로 넉 달 전이었다. 1960년의 3선을 노린 이승만의 폭정은 민주당 신파의 기관지처럼 행세하던 눈앞의 가시를 단숨에 뽑아버렸다. 나는 거기서 튄 모래 조각이었다. 동아일보 12년 동안에도 동아의 영광에 춤추었고 동아의 굴욕이 바로 내 해직으로 이어졌다. 한가하게 지내던 유신 말기의 경향신문 논설위원 자리가 전두환의 광주 학살과 함께 등장한 신군부의 집권으로 날아갔다. 최석채–이환의의 경영진이 물러나고 지난 날 동아일보에서 같이 국회에 나갔던 이진희 사장의 입성으로 논설위원에서 아무 할 일 없는 '안보통일위원'이라는 한직으로 밀려 났고 마침내 사표를 내기에 이르렀다.

어쩌다 나는 태풍의 언저리에 있어 먼지처럼 흩날렸고 어쩌다 비바람을 몰고 오는 화제에 오르기도 했다. 회고록이니 참회록이니 하는 걸 쓸 생각이 없는 내가 지금 젊은 날 신문 기자 시절의 이야기를 쓰는 것은 내 자랑이나 후회를 하려는 것이 아니다. 나는 그 뒤 국회와 정당에서 일했고 실직 10여년에도 자유 기고나 정치평론가의 이름으로 많은 글을 써서 생계를 이었다.

직장은 '놀이터'였다. 그 가운데서도 현장을 뛰던 신문 기자 시절은 순간순간이 감동, 감격, 분노, 환희의 연속이었다. 좋은 선배도 많았다. 자랑스러운 후배들을 잊지 못한다. 이런 저런 기억을 어디엔가 남기고 싶은 충격이 내 몸을 휩싼다. 선인들은 말했다. 노년의 어줍잖은 공명심을 경계하라고.

가인과의 대화

1959년 3월 경향신문은 정년으로 퇴임한 전 대법원장 가인(街人) 김병로 선생의 회고록 '수상단편'을 실었다. 그 분의 구술을 내가 맡았다. 선생님과 나 사이에 사방 한 자쯤 되는 조그만 상이 놓인다. 세로로 줄이 쳐진 200자 원고지를 상 위에 놓았다. 평소 내가 쓰던 잉크병을 상 오른쪽 구석에 놓았다. 내 철필 끝이 발사 명령을 기다리는 총구처럼 선생님의 목소리를 기다린다.

"다 됐소? 한번 히어 볼까"

'히어 볼까' 하는 전라도 말이 할아버지 말처럼 정겹다. 그제서야 옆으로 고개를 돌려 통에서 뭔가를 꺼내 입안에 끼었다. 언뜻 스치는 내가 본 최초의 의치였다. 이렇게 우리의 일과는 시작되고 두 세 시간 걸려 이틀치 원고가 완성된다. 하루걸러 오전 11시에 와서 오후 2시나 3시쯤 회사로 돌아간다.

"그러고 보니 벌써 나는 15세가 되었고…."

1901년, 20세기 꼭두새벽의 이야기인데 가도 가도 문장은 끊기는 데가 없다. 심지어 한 개의 문장이 원고지 3장을 넘기는데도 그냥 이어 부른다. 당신이 '거기서 끊고' 해야 마침 표를 찍었다. '줄을 바꾸어서' 해야 줄을 바꾼다. 말씀하시다 말고 "잠깐!" 하신다. 새로운 문장을 시작할 때면 의례히 휴식 신호처럼 나오는 말씀이다.

양담배 끝에 붙은 필터를 손가락 끝으로 잘라낸 다음 손칼로 반 토막으로 자르고 그 한 조각을 5센티 쯤 되는 아주 짧막한 파이프에 꽂는다. 마치 한약방에서 아주 비싼 약재를 조제 하는 현장을 재연하듯이. 미제 럭키 스트라이크는 '가인식 반 토막 권련'으로 변조된다. 아이들 사탕을 빨 듯이 아주 길게 빨아서 짧게 뱉어내는 모습을 신기하게 보았다. 선생님 이 담배 피우는 걸 보면 불현 듯 내 입술 언저리는 니코틴의 참을 수 없는 유혹에 빠진다. 밖에 나가 번개처럼 두어 모금 빨고 자리에 앉는다.

"노형, 어디를 들랑날랑 하시오"

"바람 쐬려고요."

"허, 안 봐도 다 알아, 담배 피우려고 나가는 거지? 술은 나랑 같이 마시 면서 담배는 왜 못 피워, 내 아주 이거 한 갑 줄게 여기서 피워요, 어서!"

"선생님, 제가 스물다섯입니다. 어떻게 할아버지 앞에서 피운단 말 입 니까. 장유유서다 뭐 이런 뜻이 아니라 그건 예의 이전에 아주 몸에 밴 습관인데…."

"허, 이런 쫌보가 있어?, 신문 기자라서가 아니라 젊어서는 탁 트인 맛 이 있어야히어. 습관은 뭐 말라 빠진 그런 습관이 있어. 노형 할아버지 앞에서 피우고 안 피우고는 노형 집 법대로 하고 내가 노형 할아버지 아 닝게 여기서는 피워봐!"

가인은 담배 한가치를 갑에서 뽑아 내 손에 쥐어주며 '사자표' 당 성냥 을 그어 금방 불 붙일 태세다. 나는 더 이상 버티지 못 했다. 뒤돌아서 두 어 모금 빨았다.

"어찌여, 아지가…."

"선생님, 어린 놈 어른 앞에서 담배 피우도록 하는 신종 고문입니다."

"하하핫, 신종 고문이라, 그렇게 좀 건방지고 당당하고 파격이라야 히어."

고리타분한 노인이 아니오, 법조문 하나에 얽매어 꼼짝 못하는 그런 법관도 아니란 말인가. 내가 가진 선입견이 일시에 무너졌다. 그 다음해

1960년 4월 19일 경무대 발포 명령 몇 시간 전 효자동 파출소 근처의 필자. 당시 국회 출입기자였다.

1960년 4·19혁명이 일어나 이승만 독재는 무너졌다. 그 해 봄에 3분의 2 이상을 차지하던 자유당이 몰락하고 여름의 7.29 선거에서 민주당은 신구파로 분열되어 각기 후보자를 냈는데도 거의 90%를 휩쓸었다. 4·19혁명은 이들의 전리품이 되었다. 전 대법원장 김병로는 고향인 전북 순창에서 출마하여 갓 40대의 젊은 변호사에게 참패했다.

군정하의 야당 영수

1963년 정초 이른바 구 정치인에 대한 정치활동을 다시 허용하게 됐다. 멀쩡하게 산 사람을 관속에 집어넣고 사방 못질을 탕탕 해서 암장한 송장들은 어느 날 일시에 관을 쳐부수고 나와 소리쳤다. "쿠데타 세력은 정치에서 손을 떼라."고. 박정희는 질겁했다. 손을 떼겠다고 했다. 이른바 '2.27 선서'다. 최고회의 핵심이 '무슨 소리'냐며 소리치자 박정희는 부랴부랴 이를 번의하고 만다.

이 무렵 야당의 총 본산은 엉뚱하게도 남산 밑 인현동 가인 김병로의 집이었다. 야당의 세력으로 치면 박정희에 의해 대통령 자리를 빼앗긴 안국동의 윤보선이요, 다음이 이승만의 몰락 과정에서 과도정부를 이끈 허정의 신교동이었지만 이 두 반 군정세력의 알력은 계파가 없는 인현동에 쏠렸다. 단일 야당의 간절한 소망 속에 이들은 한때 민정당(민주정치를 뜻하는 民政黨, 민주정의당의 약칭인 박정희의 民正黨과 더러 혼동한다)으로 뭉쳐 전 대법원장 김병로를 대표최고위원으로 추대한다.

여러 기자들이 인현동 가인 집 대문 밖에서 웅성거렸다. 나는 대문을 발로 차며 외쳤다.

"저요! 경향신문 김 기자요. 문 열어요, 문!"

나만 안에 들어갔다. 가인은 기다렸다는 듯이 '콤뮤니케'를 내야겠다고 말했다. 지난날 조선공산당이나 미 군정청에서 내던 성명, 근래에 들어 보지 못한 말이다. "네?"하고 내가 의아해하자 가인은 "성명을 내야겠는 데 초를 하나 잡아 보지, 지금 여기서⋯."

만년필을 꺼내 세로로 된 양면괘지 두 쪽을 기사 쓰듯이 번개 같이 썼다. 가인은 옆에서 그저 지켜보았다. 지난날처럼 불러주는 글이 아니어서 조금은 떨렸다. 쓸 때는 아무 말씀 안하시더니 "이것은 조금⋯." 하시며 당신 연필로 문장 옆에 조그맣게 물음표를 쳤다.

"폭군의 만행과 다름없다." "역사의 준엄한 심판을 받을 것이다." 박정희 장군은⋯." 이런 대목들이었다.

"어떻게 고칠까요?"

"노형, 이거 누구한테 하는 소리요? 폭군이라는 말은 폭군 앞에서는 쓸 수 없는 말이고 역사의 심판은 먼 장래의 일이요. 내가 누구한테 하는 소리여, 칼자루를 쥔 최고회의 의장에게 하는 소리지 그저 장군한테 하는 소리가 아니어. 정치는 빈정대면 안 되는 법이어, 그건 소인배들이나 하는 짓이지."

나는 다시 썼다.

"최고회의가 정치를 민간인에게 이양하겠다는 2.27 선서는 온 국민의 칭송을 받았을 뿐만 아니라 미국을 비롯한 자유우방으로부터도 환호를 받았다. 그런데 돌연 이를 뒤 짚는 조치가 국가재건최고회의 박정희의장 이름으로 나온 것을 우리 국민이나 우리 당은 도무지 이해할 수 없다. 동서고금을 막론하고 정치는 국민의 신뢰 없이는 지탱할 수 없는 것이 상도다. 우리나라는 민주 국가이고 민주 국가일 때만이 민주 우방의 지원과 지지를 받을 수 있다. 박정희의장은 이를 명심하기를 바란다." 이런 요지인듯하다.

김병로 대표최고위원의 콤뮤니케는 곧 밖에서 기다리고 있는 기자들에게 발표되었다. 이렇게 생각할 수도 있고 이렇게 고치는 수도 있구나 하는 것을 그때 느꼈다. 생각의 깊이와 폭은 글 쓰는 직업을 가진 사람의 필수 덕목이다. 가인은 이듬해 봄에 돌아가셨다. 1984년 그의 20주기를 맞아 나는 유진오, 고재호 선생을 모시고 추도회를 준비하고 '가인 김병로'라는 평전을 당신 영전에 바쳤다. 11대 국회의원 때다. 기자들은 나를 소가인(小街人)이라고 불렀다. 꼬마 가인이라는 뜻이다.

'5월의 바다'

사람 사는 세상은 여느 때와 마찬가지로 기쁘거나 슬픈 일이 엇갈리고 정치의 세계는 '쿠데타'라고 붙였든 '혁명'이라고 붙이든 간에 영욕이 엇갈렸다. 지난날의 정당이나 국회 출입 기자에 대한 시선은 덩달아 싸늘했다. 군대를 마치지 못했다 해서 신문사에서 쫓겨난 기자들은 연말이 가까워 거의 복직 되었으나 군사정부는 취재원에 대한 접근까지 허용하지는 않았다. 5·16 당시 부장을 포함하여 8명이던 정치부원 중 병역을 마친 사람은 서넛뿐이었다. 특히 최고회의 출입은 병역과 신원조회에서 아주 엄격한 심사를 거쳤다. 부랴부랴 다른 부서에 있는 기자를 정치부로 발령하여 메우는가 하면 말단 기자를 배치하기도 했다. 지난날 같이 국회에 출입하던 이환의 최서영 방일홍 씨는 나나 마찬가지로 지난날 국회의사당이 있던 태평로 국회기자실에서 서성대기 일쑤였다. 따분하고 지루한 나날이었다. 우리는 명색이 '재건운동 본부' 출입 기자였다. 군사정부는 고대총장 유진오를 재건운동 본부장으로 임명했다. 국가의식을 불어넣고 거리를 쓸고 문맹 퇴치를 한다는 명목으로 만든 관변단체였다. 2–3 주일 사이에 이 조직은 전국의 읍면에까지 미쳤다. 그나마 자생 조직은 아니지만 웬만큼 자율성이 있었다. 몇 사람 사회 저명인사를 초빙하기도 했으나 핵심은 모두 장군이거나 영관급 장교였다.

5·16 1주년을 앞두고 우리 정치부가 이런 저런 특집을 구상하는 가운데 나는 '5월의 바다'를 내세웠다. 대낮의 광란의 바다, 고요한 아침 바다의 정경, 바닷가에서 뛰노는 어린이들의 발랄한 모습, 아버지가 바다에서 목숨을 잃는 것을 보면서도 그 형제와 자식들은 다시 그 바다로 나갈 수밖에 없는 그런 절박함을 그리고 싶었다. 석양에 목포항을 떠난 우리 배가 제주항에 닿을 때는 아침 햇살이 눈부셨다. 5·16 뒤 병역미필로 해직되었을 때 나는 륙색과 등산용 버너를 챙겨 20여 일 동안 설악산과 오대산, 지리산과 변산에서 혼자서 캠핑을 했다. 그때 서귀포를 가든지 한라산 중턱이라도 오르고 싶었는데 항공료가 엄청나게 비싼 데다 날씨가 좋지 않으면 배편도 끊어져 며칠이고 발이 묶일 수도 있다는 말에 겁이 나 포기하고 말았었다. 그런 제주도를 어엿한 신문 기자 신분증을 가지고 출장을 가다니! 하늘이 내린 특권처럼 기뻤다. 제주에 내리자 제주 도지사 부속실에서 사람이 나왔다. 제주 지사는 해군 준장이었다. 내 취재 요

지를 듣더니 바로 재건운동 지부장을 불러 제주에 있는 2박3일 동안 숙식과 차량 편의를 지시했다. 재건운동 지부장은 해병 소령이라 했다. 모두 군복을 입고 있었다.

최고 권력자의 친국

처음 가본 제주도의 2박 3일의 밤과 낮은 모두가 신기했고 즐거웠다. 어디를 가든 누구를 만나든 그 계획은 내가 짰고 차와 숙식을 제공해준 재건운동 쪽에서는 아무런 간섭이 없음은 물론 부탁도 없었다. 나는 "기회다!" 하고 맘먹고 성산포를 가는 도중에 있는 조천면 어느 농가에 들려 '4·3의 참혹한 이야기'를 들었다. 그 뒤 다른 여러 곳에서 듣던 바도 그랬지만 이 집의 안방 벽에 걸린 사진틀 한 쪽에 조그만 명함만 한 중학생 사진 한 장이 끼어 있었다. 자기 큰 아들이라고 했다. "살아있었으면 그 놈이 선생님만 했을 텐데…" 하더니 금방 울먹였다. 중학교 1학년 생이 자기 집에서 자다가 참변을 당했다고 했다. 지금은 군인들이 정치를 하는 시대, 바로 묻지를 못하고 제주도에서는 5·16을 어떻게 보느냐고 조심스럽게 물었다. "그 때 군인하고 지금 군인하고 다르지 않습니까. 일을 낸 건 친일 경찰과 서북 청년단 사람들이고 그 뒤 군인들이 토벌 작전을 했지만 지금 제주도에서 정치하는 군인들은 거의 해군이나 해병대잖아요."

마실 물을 구하러 버력을 짊어지고 고개 넘어 몇 킬로를 가야 하는 사람들에게 우물을 파주고 글자를 모르는 문맹자가 유달리 많은 여자와 어린이들에게 글자를 가르쳐 주고 해병대 차로 소독약을 뿌려주는 그런 나라가 언제 있었느냐고 했다. 군사정부에 웬만큼 반감을 갖고 있던 나는 정권이나 정부에 대한 신뢰는 지역이나 사람에 따라 다른 것임을 실감했다.

서울에 돌아온 나는 단숨에 제주도의 재건운동 모습과 그 반응을 내 '깐'으로는 제법 생생하게 썼다. 실컷 구경한데다 주변의 칭찬까지 받으니 우쭐했다. 재건운동을 담당하는 '최고위원'이 내일 점심을 같이 하자는 연락이 왔다. '향진'이라는 무교동 일식집은 1년 전만 해도 집권한 민주당 신파의 국회의원이나 장관들이 이용한 고급음식점이었지만 세상이 바뀐 지금은 파리를 날리고 있었다. 군용 레인코트를 걸친 나보다는 한 10년 위로 보이는 한 사람이 일어나 나를 자기 맞은 자리에 앉혔다. 우리는 그 자리에서 서로 첫 인사를 했다.

제주도 기사를 잘 보았다며 제주 지사로부터도 보고를 받았다면서 엄지손가락을 들어 보이며 내 기사를 칭찬했다. 여기에서 나는 물었다.

"혁명 정부가 좋은 일을 많이 하고 있던데 그래 우물이나 파주고 문맹 퇴치나 하고 길거리나 쓸어주는 것이 국가를 재건하겠다는 국민운동인지 한번 여쭙고 싶었습니다. 최고위원께서 맡으신 직책이 '재건국민운동'이니 말입니다."

"사실 우리 최고회의로서는 앞으로 민정에 대비하여 여러 가지 연구를 하고 있어요. 과거 정권은 돈이나 이권 선전으로 국민을 현혹했습니다. 그런데 우리 혁명 정부는 국민의 어려움을 직접 살펴 이를 정책에 반영함으로써 앞으로 생길 민간정부와 혁명 정부와의 교량 역할을 하겠다는 겁니다."

"그럼 이건 사회 개혁운동이라기보다 일종의 정치운동이랄까, 그런 건가요?"

"정치운동은 아니고 '가교' 역할을 하겠다는 거지요."

담당 최고위원으로부터 이름이야 어떻게 붙이든 정권을 어떻게 연장할 것인지의 문제가 화두가 되었다니 신문사 데스크로서도 깜짝 놀랄 일이었을 것이다. 그 이튿날 경향신문 석간에 어제 이야기가 머리기사로 났다.

'재건운동 민간 정부와의 교량 역할'

주먹만 한 활자, 기사는 신문사에서 흔히 쓰는 엽서만한 크기의 줄 없는 흰 종이 대여섯 장 분량의 기사, 세 센텐스다.

재건운동 기사가 신문에 난 지 서너 시간 뒤 나는 꿈에도 생각할 수 없는 최고회의 의장실에 끌려갔다. 밑에 현관에서 중학교 친구가 찾는다기에 누군가 해서 그저 나갔더니 장교 두 사람에 사복 한 사람이었다. 말쑥한 위관 장교에 용모도 단정했다. 뭐 좀 물어 보자며 어물어물 하면서 지프차 안으로 밀어 넣었다. K 최고위원이 보자는 말이었다. 어제 만났는데 또 무슨 할 말이 있나 해서 의아했지만 그렇다고 특별히 거절할 일도 아닌 듯하여 그대로 따라갔다. 간곳이 염라대왕의 옥좌 앞이었다. 어깨 위에 네 개의 별이 번쩍번쩍 빛나고 가슴 한쪽을 덮은 최고위원 휘장이 유달리 크게 보였다. 어느새 어제 본 그 최고위원이 말똥(중령) 두개에 역시 묵직한 최고위원 휘장을 달고 들어와 '각하!' 하며 거수경례를 한다. 앉을 데가 없으니 나보다 좀 떨어진 자리에 서 있을 수밖에 없다. 깜짝 반가워 손을 내밀어 인사하려는데 정작 상대방은 싸늘하게 "당신 누구야?" 하고 묻는데 그 눈빛이 최고회의 의장 눈빛보다 사납다. 하룻밤 사이에 무슨 사달이 난 게 분명한 듯 느꼈다. 염라대왕의 친국이 시작된다.

"당신이 그 재건 운동 기사 썼소?"

"네…."

"누구 말 듣고 그 따위 되지도 않을 글을 써! 누구 만났소?"

"여기 옆에 서 계시는 최고위원..."

그러자 '가악카!' 하고 옆에서 날카로운 목소리가 귓전을 때렸다.

"당신이 나를 언제 보았다고 그래, 이 사람 완전히 미쳤어. 사람을 잘 못 보고 있어. 각하, 저는 이 사람을 만나기는커녕 알지도 못합니다. 이 사람이 급하니까 엉뚱하게 둘러 붙이고 있습니다."

"그런데 왜 하필 당신을 끌고 가는 거야, 그런 말을 했든 안했든 간에 알기는 아는 사이 아닌가?"

처음에는 다리가 후들 후들 떨리고 입에 침이 말랐지만 뉴스 소스가 어느 앞이라고 딱 잡아떼는 데는 나를 잡아온 염라대왕이 알아듣도록 이야기 하는 수밖에 없겠다고 맘먹었다.

"최고위원 말씀대로 저는 이 최고위원님을 알지 못 합니다. 며칠 전에 제주도에 출장, 재건 운동 관계를 취재해서 신문에 썼는데 최고위원실에서 아주 잘 썼다면서 점심 집에 저를 초대해 주셨습니다. 그저께 점심 때 일입니다. '다다미'가 깔린 일식집인데 최고위원께서는 방안에서도 레인코트를 벗지 않으셨습니다."

내 말을 듣던 염라대왕은 부관인 듯한 아까 나를 데려온 젊은 장교에게 저 사람 신문사에 데려다 주라고 지시했다. 대낮의 친국은 이렇게 일사천리로 싱겁게 끝났다. 최고위원은 커녕 최고회의 근처에도 얼씬 거릴 위치에 있지 않았던 왕년의 국회 출입 기자가 이런 토픽의 주인공으로 등장되다니 '허허!' 하고 싱거운 웃음이 절로 난다.

며칠 전 이 글을 쓰려고 경향신문 마이크로필름을 보다가 나는 깜짝 놀랐다. 문제의 기사는 1962년 5월 초 톱기사로 알고 있었는데 5월 1일자에 그런 기사는 보이지 않고 사이드 톱 5단이 백지로 되어 있었다. 귀신이 곡할 노릇이다. 가판에 나간 걸 당국의 요구로 아예 뺀 것인지도 모른다. 일제 때도 압수하거나 삭제할 때면 압수 대장이나 삭제 대장이 있었다. 총독부의 검열 시대에도 이런 절차가 있었는데 표면상 신문에 대한 검열이 없는 그 시기에 아예 기사를 빼버렸다면 그 기사가 어떤 기사였는지 어떻게 알 수 있을 것인가.

김종필 탈당 특종

1968년 봄만 하더라도 겉으로 보기에는 권력의 중추는 '박김 라인'이 쥐고 있는 것으로 보였다. 그러나 1968년 그에게 회복할 수 없는 역풍이 불어 닥쳤다. 그 조짐은 극적으로 나타났다. 그 해 5월 김종필 공화당 의장은 그의 부인은 물론 7-8명의 동료 의원 부인까지 대동하여 전세기를 내는 호화판 제주 여행을 한다. 20여명의 공화당 출입 기자들은 다른 때와 마찬가지로 이른바 수행 취재를 했다. 특별한 행사는 없었다. 한라산 중턱의 수십 정보 국유 임야를 임대하여 감귤을 심어 제주도의 감귤 산업을 일으키고 '5·16 사업'의 기반을 닦는 수익을 얻자는 '그랜드 디자인'은 그저 지나가는 말로 들렸다. 지난 수 년 동안 야당만 출입하던 나는 며칠 전에야 여당 출입의 기회를 얻었다. 다른 많은 동료 기자들이 묵고 있는 호텔 방에서 뒹굴 뒹굴 하는 동안 나는 JP의 밀착취재를 했다. 골프장이든 점심자리든 바둑판이든 가리지 않았다. 5·16 주체의 한사람이 구자춘 제주지사는 JP의 단골 파트너로 보였다. 제주 출신의 현오봉, 양정규, 진주 구태회, 논산의 양순직 의원 등 8-9명이었다. 관변이고 주민이고 사람 만나는 것이 정치다. 그런데 이 양반은 사람을 만나지 않았다. 심지어 같이 간 동료의원들과도 골프 치고 술 마시고 잡담으로 시간 보낼 뿐 이른바 '대권을 겨냥한' 낌새를 찾을 수 없었다. 할 일 없는 신선이거나 케이오 펀치를 맞은 챔피언이랄까.

일은 터졌다. 제주에서 돌아오자 우리는 깜짝 놀랐다. 현역의 김용태, 최영두 의원 등이 관련되었다는 이른바 '복지회 사건'의 전모가 무슨 '반정부 내란 음모 사건'처럼 신문 1면과 3면을 뒤덮었다. 공화당 당사는 조용한 듯이 보였다. 지난날의 혁명 동지고 현역 의원이고 할 것 없이 잡혀가 닦달을 당하는 그런 상황에서 정작 태풍의 핵은 아무 일 없는 듯이 당무회의를 주재했다.

"오늘 당무회의는 묘지 문제를 다루느라 진통을 겪었습니다. 양지바르고 판판한 땅은 온통 묘지여서 이거 공장을 지을 수 있나 고속도로를 반듯하게 낼 수 있나…." 김재순 대변인은 기자들에게 그럴듯하게 둘러 부쳤다. 말도 아닌 소리였다. 하지만 기자들은 믿고 그대로 쓰는 수밖에 없었다.

친분이 있는 몇 사람 김종필 직계 당무위원들에게 전화를 걸었다. 한결같이 부재중이라 했다. 집을 지키던 부인이 넌지시 "아마 골프 가지 않았을까요?"

귀가 번쩍 띄었다. 워커힐 쪽으로 회사 지프차를 몰았다. 차는 뜸했다. 먼지 속에 헤드라이트를 켜고 맞은편에서 달려오는 차가 번쩍 스쳐지나갔다. 조수석이 비었고 그 뒤에 누군가 앉아서 신문을 펼치고 있는 듯이 보였다. 고급 외제차, 썬 그라스? "맞다, JP차다!" 나는 옆자리 운전기사에게 큰 소리로 외쳤다. "차 돌려!, 저거 김종필이다." 동아일보 깃발에 헤드라이트를 켠 군청색 지프차는 청구동 김 의장 집 앞에서야 승용차 꽁

무늬에 바짝 붙었다. 쪽문으로 들어가려는 당의장의 팔을 꽉 잡고 그에게 말했다.

"아이쿠 어떻게 더운지, 아이스커피 한 잔 주시오"

"내일 오시오, 아무 때나. 오늘은 안 돼"

의장의 말에 이어 비서가 내 팔을 잡으며 애원하듯이 말렸다.

"아이스커피 한 잔 마시러 여기까지 왔는데 이럴 수 있어? 당신은 상관하지 마! 문전 박대는 있어도 집안에 들어온 사람 쫓아내는 법 없어. 의장님께 말씀드리는데 왜 비서가 야단이야!"

당의장은 국회에서나 당에서나 더러 만나 '저놈이 동아일보구나' 하는 정도로 아는 사이였다. 하지만 육군 공보장교 출신의 이 충성스럽고 얌전한 비서와 말 붙여 보기는 처음이었다. 할 수 없다는 듯이 당의장이 말했다.

"나도 커피 생각이 나, 차 한 잔 하고 딴 소리는 안 하기요..."

"그럼요, 그럼요! 땡큐 썰,"

응접실에 들어서자 아이스커피가 나오기 전에 불쑥 물었다. 첫 창에 치명상을 입히지 못하면 창이 아니다. 인터뷰도 마찬가지다. 그의 앞에 앉아 있을 시간이 3분이 될지 5분이 될지 예측할 수 없다. "잠깐!" 하며 다른 방으로 튀면 만사 허사가 되고 만다.

"의장님, 당을 할 겁니까, 안할 겁니까? 왜 당의장 그만 두고 쉬겠다는 겁니까. 혁명의 지도자가 그렇게 할 일이 없어 이판에 묘지나 다루고 골프나 치고···. 당의장님이 뭐 실직잡니까?"

"안하겠습니다. 다아 그만 두었습니다!"

그는 뱉듯이 단숨에 말했다.

"아니 당의장 자리를 그만두었습니까, 사퇴하겠다는 겁니까?"

"사퇴요? 왜 사퇴합니까, 탈당했습니다! 당신 말대로 이제 오늘부터 실직자지!"

가무잡잡하고 축 처진 그의 눈초리가 새삼 무섭게 보였다. 그의 손가락이 턱자 위를 더듬는다. 나는 내 라이터를 켜 담뱃불을 붙여드렸다. 세치 혀로 황새를 잡은 셈이었다. 10여분 뒤 그와 헤어지기 전에 그는 내게 부탁했다. 내일 모래 자기가 참석할 예정으로 있는 부산 보이스카우트 행사까지는 자신의 공직 사퇴를 덮어달라고 말했다. '오프 더 레코드'로 해주기를 바랐다. 나는 완곡하게 거절했다. "목수가 집을 짓는데 자기가 살려고 짓겠느냐."는 말은 그때 나온 말이다.

그와 헤어져 바로 비서실 전화통을 들었다.

"김종필 당의장은 청구동 자택에서 기자와의 단독회견에서 모든 공직을 사퇴했다고 밝혔다."

호외용으로 단숨에 네 센텐스 400여 자를 불렀다. 신문사에 돌아오자 벌써 신문지 4분의 1 크기의 호외가 나왔다. 바로 그와의 인터뷰를 일문일답으로 자세하게 썼다. 수첩 대신 내 머릿속에 입력된 기억은 생생했다. 다른 신문이나 방송은 뉴스의 주인공을 만나지 못해 한 줄도 쓰지 못했다. 유력한 외신들은 동아일보를 인용 보도했다. 이 특종의 폭발력은 박정희와 관계없이 단행된 데 있다. 박정희는 혁명(쿠데타)의 지도자이자 집권당의 총재이고 현직 대통령이다. 그런데도 그와 상의하거나 내락을 받지 않고 단행된데 있었다. 박 대통령은 전방 시찰 중이었다. 그의 정계 은퇴 보고를 받고 부랴부랴 조시형 정무수석을 청구동 당의장 집으로 보냈으나 김종필은 그를 만나지 않았다. 그는 쥐도 새도 모르게 그 전날 김진봉 비서를 자신의 선거구인 부여로 보내 '탈당계'를 냈다. 당원 자격을 상실한 그에게 당 총재고 국회의원이고 할 것 없이 다른 절차가 필요 없었다.

남산 지하실 – '신동아'의 차관필화

한국기자협회가 주는 기자상(제2회) 수상자의 한 사람으로서 모처럼의 동남아 여행은 신혼여행 같았다. 나는 마치 해외 원정에서 돌아오는 개선장군처럼 김포 공항에 내렸다. 당에서 나왔다는 말쑥한 청년 두 사람이 입국장으로 나와 여권과 '방역 카드'를 달라고 했다.

"번거롭게 이것저것 쓸 것 없이 바로 나갑시다.

집권당이라는 게 이렇게 좋은 것인가 싶었다. 2층 어떤 사무실에 들러 담배도 피우고 커피도 마셨다. 말쑥한 지프차가 사무실 앞에 대기하고 있었다.

"여행에 많이 피곤하시죠?"하며 나를 지프차 뒤 좌석 한가운데 앉히고 그들이 내 양쪽에 앉았다. 말씨가 공손하고 대접이 아주 파격이었다. 여야 사이의 차별은 익히 아는 바다. 그렇다고 출입 기자까지 이렇게 모시는 법이 다를 수 있을까 싶었다. 피곤해서 등을 비스듬히 기대고 졸고 있는데 차가 멈추었다. 눈을 떠보니 아, 이게 어디인가? 광화문 동아일보 현관 앞이 아니라 남산의 중앙정보부 정문이었다. 나는 며칠 사이에 어마어마한 필화 사건의 주범이 되어 중정 요원에 의해 이렇게 압송 되었다.

사건은 아주 단순했다. 그러나 파장은 어마어마했다. 정치부의 국회 캡이자 공화당 출입 김진배와 경제부에서경제기획원을 출입하는 박창래가 차관 기사를 쓴 필자다. 이들이 누구 말을 듣고 어떤 자료를 인용한 것인가. 인용된 자료의 정확성이나 인용된 국회와 정부 요인들의 위치로 보아 흔히 있는 추측 기사가 아니라 무언가 권력 암투의 부산물이 아닐까, 이를 캐내는 것이 정보부의 임무였던 듯하다. 정계나 관변에서는 마침 몇 달 전에 동아일보가 JP 정계 은퇴를 특종한 예도 있어 혹 그쪽과 연관이 있지 않은가 보기도 했다. 대일 청구권자금, 차관을 구실로 업자로부터 특혜에 따른 정치자금을 뜯고 이를 최고의 실권자 네 사람이 관리하는 구조적 부패 체제에 대한 폭로는 우선 그 양에서부터 전례 없는 파격이었다. 200자 원고지 100여장의 분량이다.

무엇보다도 공화당 사무총장과 국회 재경위원장의 이름이 흑막의 실세로 거론된 데다 단 한 번도 궂은일에 이름이 오른 일이 없는 청와대 비서실장(이후락)과 중앙정보부장(김형욱)까지 마치 진짜 '4인 체제'로 표시된 것이 권부의 격분을 샀다고 한다. 중국 문화혁명 시절의 '4인방'을 본떠 공화당이나 국회출입 기자들은 흔히 '4인 체제'라는 말을 써왔다. 하지만 진짜 영양가 높은 최고의 권력자이며 가히 신성불가침처럼 여겨온 이들을 '부패 1당처럼' 활자화 된 것은 이것이 처음이자 마지막이었다. 공동 필자의 한 사람인 나를 포함한 10여 명의 기자와 부장, 출판 주간과 신동아 부장, 주필이 잡혀가고 이 가운데 홍승면 주간, 손세일 부장, 천관우 주필의 목이 날아가고 발행인이 김상만에서 고재욱으로 바뀌었다. 막 동경 특파원에서 돌아와 정치부 차장으로 앉아 있는 유혁인까지 어느 날 새벽 정보부로 잡혀와 호된 조사를 받았다. 그는 혜화동 집까지 뒤져 수 십 권의 일본 잡지와 책들을 압수해왔다. 최고회의와 청와대를 오래 출입한 유혁인은 특히 대통령의 신임이 유별난 사람이었다. 얼마 뒤 그는 청와대 정무수석으로 발탁되었다. 어떻게 이런 사람이 그런 곤욕을 받았을까. "혁인이는 엉뚱한 유탄에 맞았어." 지난 몇 년 동안 동아일보 정치면과 경제면을 쥐고 흔들던 김성열 부국장(뒤에 사장)의 말이다.

맨 처음 나에 대한 수사는 신동아 '차관' 기사의 내용이 아니라 한 200페이지 되는 '세계의 학생운동'이라는 일본말로 된 국판 포켈 북의 입수 경위부터 시작 되었다. 항공사에서 준 어깨에 메는 조그만 손가방의 세면도구와 담배 몇 갑 사이에서 조그만 책 한 권이 나왔다. 다른 짐들은 아직 찾지 못한 처지였다. 내 앞에 앉은 수사관은 마치 중학교 교감 같은 의젓한 풍채에다 어울리지 않게 '왕년의 김상돈' 같은 '카이저수염'을 하고 있었다. 나보다 한 10여년 위, 50 가까워 보였다. 목차며 서문을 자세히 보던 '카이저'는 "호, 좋은 책이군, 이거 어데서 샀소?" 하며 지나가는 말처럼 물었다. "책방에서요.""호, 좋은 책인데, '아오키 쇼보'라, 이 출판사에서 좋은 책 많이 내지. 잠깐 이 책 조금 보는 동안 담배도 피우고 커피도 달라 해서 마시고…." 그 옆에 다부진 수사관 둘이 시종처럼 붙어 있는데 말로만 듣던 정보부 지하실 풍경이며 대하는 품이 살벌하지 않다. 담배 한 대 피고 커피 한 잔 마시고서 금방 잠이 들었는지 카이저수염이 내 어깨를 흔들어 깨웠다.

"이 책 누가 주었소, 어디서 샀소?"

"책방에서 샀습니다."

"아오키 쇼보우, 이거 공산당 전문 출판사요. 당신은 이 출판사가 어떤 출판사인지 알고 있었겠지?

"아, 그렇습니까, 그런 출판사라면 이런 책 안 살 건데…."

"그런데 어떻게 이런 못된 공산당 책을 산거요?"

일은 신동아 차관 특집에서 났지만 지금은 나를 **빨갱이**로 의심하고 있는 듯 했다.

"당신 같은 나이에 일본 책은 잘 못 읽겠지. 일본말 알아요?"

"더러 짐작으로 떠듬거리기도 하지만 이런 책은 못 봅니다."

"그럼 누구 부탁 받고 산거요?"

저승사자가 천사가 될 줄이야!

책을 부탁한 사람은 나보다 먼저 정보부에 잡혀와 있을지도 모른다. 아무 연관이 없지만 저쪽에서 신임하는 사람을 대면 그 사람이야 별 일 없을 것이고 그 덕에 나도 누명을 벗게 된다. 한참 동안 머뭇거리다 피곤해서 바로 생각나지 않는다고 둘러 붙였다.

그 순간 쾅! 하고 소리가 났다. "이 노옴! 여기가 어딘 줄 알고, 이 녀석아, 이놈아, 신문기자를 해 쳐 먹는 놈이 며칠 일이 생각 않나? 이 녀석아, 너는 그 놈 말 듣고 임무를 완수 했어. 그놈이 부탁한 공산당 책을 사다가 바치려고 여기까지 들고 왔단 말이야. 너 이놈 그 놈이 간첩인지 아닌지는 모를 수도 있지. 하지만 그 놈이 누구인지는 알거 아니냐 말이다."

그 책이 어떤 책인지는 아직 보지 못해 나는 몰랐다. 이 책은 실상 내가 20여일 전 출국하기 전에 아사히신문에 난 신문 광고를 보고 다른 몇 권의 책과 함께 책방에서 산 책이다. 10여권의 다른 책들은 다른 짐과 함께 보세창고 트렁크 속에 있다. 그 이튿날 새벽 4시 조금 지나 내가 있는 방에 나를 신문하던 수사관을 따라 유혁인 차장이 들어왔다. 책을 부탁한 사람이 누구인지 대질 신문을 하자는 것이었다. 나는 거절했다.

"유 차장은 제 상사입니다. 누구 말을 믿든지 그건 그쪽에서 알아서 할 일이고 내가 한 말은 전에 한 말과 같습니다."

"이자식이! 너는 유혁인이가 부탁했다고 하고 유혁인이 이놈은 그런 부탁을 한일이 없다고 하는데 그럼 그때 정황을 자세하게 이야기해야 할 것 아니야, 네가 대질 신문을 거부하면 네 죄를 인정하는 거나 마찬가지야. 알았어?"

"김 형, 잘 생각해보시오. 무슨 책인지는 모르지만 일본 책이라면 신물이 나는데 모처럼 일본 가는 김 형한테 그런 심부름까지 시킬 생각이 어떻게 나겠소. 이 책 하나로 여기 사람들이 책을 부탁한 사람이나 사가지고 온 사람을 아주 심각하게 보고 있단 말이오. 여기 사람들은 그 일만 해온 분들 아닙니까."

대질 신문은 내 거부로 실패했지만 그들로서는 감이 잡혔는지 유혁인 씨에 대해서는 물론 나에게도 더 이상 추궁하지 않았다. 한 10여 년 뒤던가 나 때문에 곤욕을 겪은 유수석에게 고개 숙여 사과했다.

"괜찮아요, 괜찮아, 나를 댔으니 그만큼 수습됐지 다른 친구 제대로 댔으면 그 친구 죽었어, 나를 그토록 혹독하게 다룰 때 김 형은 얼마나 놀랐겠어. 거기가 그런 데야."

정치자금의 출처와 분배

카이저는 신동아에 쓴 내 기사에 좍 쳐진 빨간 줄을 하나하나 짚어가며 나를 신문했다. 마치 속기하듯이 다른 수사관이 옆에서 문답을 받아서 적는다.

"선거와 돈– 이 돈이 과연 어디에서 나왔을까. 돈의 출처는 대략 세 가지 루트, 즉 첫째 상업차관, 연불 수입, 현금차관 등 크게 보아 외국 빚에서 떨어지는 커미션, 둘째 500억 원 이상에 달하는 정부에서 사들이는 물품과 공사계약에서 떨어지는 커미션, 셋째 3,000억 원 내외에 달하는 산업은행 저리 융자 등, 이 중 적어도 3–5%는 집권층으로 들어가고 극히 일부의 돈이 야당으로 새어나간다. ……공화당의 한 실력자는 선거가 끝난 뒤 1,000만 달러 이상의 차관을 얻었거나 연불수입 현금차관을 받은 업자는 그래도 상당한 '성의'를 보이고 실토한 바 있다."(원문 그대로)

밑줄 친 다른 쪽을 캐묻는다.

"작년 (1967년) 여름 집권층 정치자금 관리인이 누구냐는 의문이 제기되었다. 공화당의 정치자금은 누구 혼자 관리하는 것이 아니라 4인이 공동 관리한다는 설이 있었다. 그러나 이 4인 공동 관리도 구체적으로 어떻게 기능하고 있는지는 밝히지 못했었다." (원문 그대로)

이 구절 하나만 가지고 아마 10시간 이상 승강이가 벌어졌다. 청와대나 정보부를 정치자금 창구로 보는 놈이 누구냐는 것이었다. "아, 어떤 새끼가 이후락 비서실장과 우리 부장님(김형욱)을 끌고 가?"라고 족쳐 댔다. 나는 직책을 썼지 아무개아무개 하는 사람의 이름을 박아서 쓰지는 않았다고 골백번을 되풀이했다.

"지금 당신이 쓴 원고를 우리가 갖고 있어. 압수해서 증거를 갖고 있단 말이다. 그래도 부인해, 이 새끼야. 이거 안 되겠어."

"좋소. 그 원고 봅시다. 원고를 보면 알 것 아닙니까." 누군가가 동아일보 전용 200자 원고지에 쓴 두툼한 원고 뭉치를 들고 와서 수사관 책상 위에 올려놓았다.

카이저는 보란 듯이 다그쳤다.

"이놈아, 여기가 어디라고 우리가 증거를 가지고 말하는데 부인해?"

"그게 증겁니까? 내가 누구 명예를 훼손했다는 겁니까? 어디어디다 하는 국가 기관의 명예가 있습니까. 나는 한 달 전에 원고를 써서 신동아 쪽에 넘겼을 뿐 아직 책(신동아 1968년 12월호)에 내 기사가 어떻게 나왔는지 보지 못하고 있습니다."

"네가 쓴 원고에는 이름이 나와 있어. 어디 감히 함부로 국가 중추기관의 장을 들먹이고! 고얀 놈!"

이런 판 속에 나는 할 말을 잃었다.

"이보라우, 확실한 증거를 들이대는데도 억지 쓰는 놈은 공산당 간첩밖에 없어. 이놈 간첩 같은 놈!"

이 무렵 공산당이니 간첩이니 행여 혐의라도 뒤집어쓰는 건 내란이나 살인범 보다 더 잔혹한 고문이 가해져도 시비가 없었다. 나는 목소리를 낮추며 진짜 죄지은 사람처럼 말했다.

"선생님은 그걸 증거라고 말씀하시는데 그건 원고 뭉칩니다. 원고가 출판물입니까, 인쇄된 책이 출판물이지. 원고가 출판물이 되려면 여러 단계를 거치게 됩니다. 제가 어떻게 썼든지 간에 편집하는 과정에서 글자를 붙이기도 하고 빼기도 하고 고치기도 합니다. 신문이나 잡지의 독자는 인쇄돼온 출판물을 읽지 원고를 읽지는 않습니다."

내 말이 끝나기 전에 카이저는 책상을 쾅 쳤다.

"이놈, 다른 방으로 데리고 가!"

우락부락한 수사 요원은 첫마디부터 지금까지 얌전하게 생기거나 근엄하기까지 한 수사관과는 달랐다. 첫마디부터 "너 이 새끼 6.25 때 의용군 갔다 왔지?"

"너 이 새끼 대창 들고 사람 몇이나 죽였어?" 그건 약과다.

"네 애비는 인민 위원장 했지? 대를 이어 김일성한테 충성하고!"

"그러지 마십시오. 6.25 나던 이듬해 나는 총을 들었습니다. 열일곱의 나이에 에무왕(M원 총)에 수류탄 들고 공비 토벌했소. 의용 경찰로 전투를 했습니다. 아버님은 6.25는커녕 해방 전에 돌아가셨습니다. 그렇게 말씀하시는 거 아닙니다. 물어볼 말이 있으면 제대로 물어 보세요"

"이 새끼가!" 하더니 넓적한 손바닥이 내 좁은 뺨을 때렸다.

"이 개 같은 새끼, 너 같은 새끼는 내가 죽인다!" 의자를 번쩍 들어 책상 위에 내 던지더니 꼿꼿하게 서서 소리 쳤다. "너 이 새끼 6·25 때 뭐 해먹은 놈이야!"

옆에 있던 두어 사람이 나를 의자에 앉히며 '이 새끼 미쳤어' '미쳤어' 하면서 내 어깨를 쳤다. 터무니없는 폭언이나 폭행은 그것으로 끝났다.

지금 생각하면 아찔한 일이었다. 그 몇 년 뒤거나 정보부보다 더 혹독한 기관에 걸렸다면 나는 반신불수가 되었을지 모른다. 다른 신문과는 비교할 수 없는 압도적 발행 부수와 거칠 것 없는 기개는 정보부에 끌려온 기자 한 사람의 '처리'를 이 정도로 멈추게 한 것이다.

그 당시 동아일보 논조를 이끈 천관우 주필은 한창 북새통 속에서 신동아 필화사건 수사에 대해 "상을 줄 일이지 벌을 줄 일이 아니다."라고 사설을 썼다. 이 사설 하나로 며칠 뒤 천 주필은 회사에서 쫓겨났다. 정권의 탄압으로 발행인을 바꾸는 판에 주필 추방은 정권으로 보면 소탕 작전의 예상치 않은 전과였다. 홍승면 출판국장과 손세일 부장은 처음 신동아 차관 사건으로 정보부에 잡혀 갔다가 차관 필화는 뒷전에 두고 엉뚱하게 그 몇 달 전에 신동아에 실린 '중소분쟁과 북괴'라는 미국 미주리대학 조순승 교수의 논문을 문제 삼아 반공법 위반으로 구속 기소됐다. 공동 필자의 한 사람으로서 국내에 있어 맨 처음 잡혀간 박창래 기자는 모진 고초를 겪었으나 사건이 일단락되자 계속 경제부에서 일했고 나는 출판부로 쫓겨났다가 조사부-경제부를 거쳐 2년 만에 정치부에 복귀했다.

자유언론투쟁으로 해직

1971년의 대통령선거는 동아일보로 보면 1968년 말의 신동아 필화에 따른 치욕을 씻는 좋은 기회였다. 동아일보는 박권상을 편집국장으로 파격 기용했다.

이 양반은 부임한지 며칠 만에 정치부장 이웅희를 외신부장으로 정치부 차장 최영철과 박경석을 외신부 차장과 경제부 차장으로 보냈다. 중앙청과 여당을 나가던 선임기자 이진희도 외신부로 발령했다. 경제부 차장이던 나는 정치부 차장으로 복귀했다. 주일 특파원에서 돌아온 남시욱, 기획부 차장으로 있던 조규하도 같은 정치부 차장으로 돌아왔다. 표면상 수평이동으로서 크게 문제 될 일이 아닌 듯이 보였다. 그러나 사달은 크게 붙었다. 어떻게 지방부장을 정치부장을 시키느냐, 어떻게 '금수저 같은' 청와대와 여당 출입 기자를 한꺼번에 '퇴출'시킬 수 있느냐는 것이었다. 이진희는 그날 바로 사표를 내고 서울신문 정치부장으로 갔다. 최영철은 한동안 외신부 일을 보다 이병희 무임소장관실 보좌관으로 갔다. 정치부 차장을 지낸 유혁인은 진즉 일약 청와대 정무수석으로 발탁되었다. 이들은 모두 나와 같은 시기에 정치부에서 일한 쟁쟁한 기자들이었다. 뿔뿔이 헤어져 청와대와 정부 그리고 정부가 지원하는 신문사에서 두각을 나타낸 것은 5년, 10년 뒤의 일이다. 언론계 사람들의 권력 지향은 4·19 전에는 거의 없었다. 이들이 그쪽으로 줄을 이어 가게 된 것은 5·16 뒤, 1963년 민정 이양을 앞두고였다. 내가 경향에서 동아로 옮긴 이 해 10월 초, 정치부 이만섭 기자가 공화당의 박정희 유세 팀에 합류, 공화당 전국구 의원이 되었다. 이어 1967년 7대 국회에 신동준 정치부장이 역시 공화당 전국구 의원이 되었다. 1981년 전두환의 대통령 취임과 함께 편집국장 이웅희는 청와대 대변인으로 발탁되었다. 동아일보는 오랫동안 정부 여당에 고분고분하지 않는 야당지로서 1948년 정부 수립 이후 1980년대에 이르기까지 30여 년 동안 전국 최고의 발행부수를 유지했으며 그 권위는 독자들의 유별난 지지를 받았다. 동아일보는 격동기에 강했고 또 약했다. 탄압과 저항의 결과로 보기도 하고 시대에 대한 인식의 차이인지도 모른다.

1998-2010년의 10 여 년 동안 동아일보 출신 네 사람이 국회의장이 되었다. 김대중 대통령 때 이만섭, 김원기 의장에 이어 노무현 대통령 때 임채정, 그리고 이명박 대통령 때 김형오 의장이었다. 이 가운데 이만섭과는 국회에 같이 출입했고 김원기와는 동아일보 기획부에서 같이 일했다. 임채정과는 1975년 해직의 고배를 같이 마셨다. 김형오 의장은 내가 퇴사 후여서 그가 국회에 들어오고 나서야 알았다. 이낙연 총리도 내가 퇴사 후다.

'야당지 하면 동아일보' 할 정도로 동아일보의 기사나 논조는 야당색이 짙었는데도 야당으로 간 동아 출신은 드물었다. 그 첫 테이프가 김원기였다. 줄곧 사회부에 있다가 정작 국회의원에 출마한 때는 지방 부장이었다. 그는 김대중 총재가 이끄는 평민당의 원내 총무로서 5공청산과 광주학살의 진상규명의 사령탑이 되었다. '동아투위' 출신 가운데 맨 먼저 국회에 들어온 사람이 임채정이다. 그는 아스팔트 위에서 화염병을 들고 권력과 맞서다 옥고를 치른 투사형이자 반체제의 중심인 '민통'의 사무처장이었다.

1975년 3월 8일 나는 이른바 '기구 개편'이라는 이름으로 자유언론투쟁의 선봉에 섰던 120여명의 기자들을 집단 해고하기 며칠 전 동아일보에서 쫓겨났다. 2년 전 정치부 차장에서 기획부장으로 옮기자 나는 폭압 속에서 눈치나 보는 정치부보다 자유로운 기획부로 옮겨온 것이 도리어 잘되었다 싶었다. 기획부라는 부서는 다른 신문사 편집국에는 없는 직제다. 기획부는 편집국장을 직접 보좌하는 편집국의 수석 부서다. 내가 기획부장으로 있는 동안 편집국장은 박권상, 김성한, 송건호 등이었다. 이분들은 각기 색깔이나 취향이 크게 다른 분들이었다. 하지만 내게는 아주 잘 해주셨다. 내가 기획부장으로 있는 동안 '비화 제1공화국'(큼직한 사진 곁들여 원고지 12장, A4 두장 정도)을 실어 아주 호평을 받았다. 나는 해방 전후사에 상당한 식견을 가지고 있었다. 정치부 기자 초년 시절부터 나는 '해방 전후사'에 대한 글을 쓰는 데 재미를 붙였다. 그 길을 터준 사람이 경향신문 사회부장을 지낸 오소백 선배다. 1965년 해방 20년을 맞아 오 선배는 '해방 20년'(1965년 세문사 발행)이라는 연감류의 두꺼운 책을 내며 주로 현역 기자 20여명을 동원, 각 분야별로 한 챕터씩 쓰게 됐는데 내가 맡은 것이 '헌법 20년'이었다.

'어떻게 지내십니까'

이른바 '유신' 이후 세상은 완전히 암흑이 되어 영구집권을 보장받은 유신정권은 잔학 행위를 밥 먹듯이 하고 있었고 다른 많은 신문들이 덩달아 유신의 나팔을 불어 대거나 어쩔 수 없이 부화뇌동하는 속에서 광화문 네거리 5층의 동아일보는 한 줄기 빛을 내뿜고 가느다란 샘물을 흘려보냈다. 우리는 그런 자부심에 들떴다. 거긴들 어찌 유신체제 밖이겠는가. 하지만 동아일보 젊은 기자들이 당당하게 대낮에 편집국에서 '자유언론실천'을 선언한 이후 기자들은 권력에 굴종하기를 거부하고 의례 자기 집처럼 드나들며 편집국장이나 주요 부장 책상 옆에 딱 붙어 간섭하던 정보부 사람의 사내 출입을 막았다. 동아일보 광고 탄압―백지 광고―소장 기자들의 편집국과 공장 농성―대거 해직으로 소용돌이 친 탄압과 굴종은 그동안 '동아투위'의 끈질긴 내막 폭로로 꽤 알려졌다. 다만 광고 사태 직전에 있었던 '어떻게 지내십니까' 시리즈는 아직도 묻혀 있어 몇 마디 쓰고자 한다.

1975년 11월 정보부원의 편집국 출입을 실력으로 막은 동아일보는 1단, 2단으로나마 학원의 반유신 데모나 반체제 인사들의 유신 철폐를 요구하는 집회를 신문에 냈다. 다른 어떤 신문도 시도하지 못한 통쾌한 일이었다. 제1야당인 신민당의 국회활동은 더러 톱기사도 되고 당수나 대변인의 논평 같은 것도 삐죽하게 정부 여당의 틈바구니에서 구색을 맞추었다. 하지만 반체제 인사 가운데 유독 김대중만은 그의 정치적 발언은 물론 자기가 나가는 교회 미사에 나가고 동교동 시장을 둘러보는 것 마저 철저하게 보도가 통제됐다. 그는 이름은커녕 성조차 빼앗겼다. 어쩌다 1단으로 조그맣게 '동교동'이라거나 '씨'로 표시되었다.

연재물이나 특집을 주관하는 책임을 가진 나는 송건호 국장에게 넌지시 말했다.

"윤보선, 김대중 같은 분들 이제 아예 등장시킵시다."

"어떻게요?"

"어떻게 지내십니까, 제목은 이렇게 부드럽게 붙이고 인터뷰 내용도 동정에 국한시키고 사진 큼직하게 넣어서 아예 1면에 말입니다."

"그렇게 해도 될까…."

"그렇다고 저쪽(정보부) 허가 받고 낼 수야 없지요. 다만 아래층(고재욱 회장 김상만 사장)에는 그 취지를 말씀 드리세요. 이것이 언론이 해야 할 일이고 우리 동아일보만이 할 수 있는 일이라고 말입니다."

"그 어른들이 하라고 하겠어요? 그냥 김진배 씨가 하세요."

바로 그 이튿날 동아일보 1면 왼쪽에 '김대중 씨'의 이름 석 자 밑에 몇 년 만에 이름을 되찾은 주인공의 사진이 3단으로 났다. 그 이튿날 윤보선 전 대통령이 나가고 어김없이 그 자리는 '어떻게 지내십니까?' 자리가 되었다. 유신의 주인공도 이렇게 고정된 지면을 차지한 일이 없다. 김대중(김성익 기자)-윤보선(박인섭)-유진오(안성열)-정구영(안성열)-백낙준(강성재)-함석헌(김명걸)-윤제술(박순철)-장준하(이시헌)-천관우(이부영). 반체제 사령부의 조직표 같은 이들의 명단은 내가 혼자 만들었고 인터뷰를 할 기자 선정이나 싣는 순서도 내가 혼자 정했다. 옆 사람도 믿기 어렵거니와 이견이 있을 땐 잡음이 따르기 때문이었다. 이러한 특집을 할 때면 으레 이를 예고하는 사고를 낸다. 어떤 취지로 언제부터 몇 면에 실리게 된다고 조금은 허풍을 떠는 것이 상례다. 우리는 그런 상례와는 전혀 다른 길을 택한 것이다. "나 잡아가시오!" 외치는 것이나 마찬가지고 당장 아래층에서 "너 정신 있는 놈이냐!"는 식의 불호령이 떨어질 판이기 때문이다.

그런데 이게 웬일인가. 내게 들려오는 소리는 아무 것도 없었다. '남산'(흔히 정보부를 이렇게 불렀다.)에서도 아래층 회장, 사장실에서도 심지어 직속 상사인 편집국장으로 부터도 잘했다고 격려하는 말도 괜찮겠느냐고 걱정하는 말도 없었다. 언론자유의 선봉에 선 몇몇 후배 기자들이 내 자리까지 찾아와 "잘 했다"고 엄지손가락을 들어 칭찬했다. 화장실이나 복도에서 만나면 다들 내 등을 두드리거나 손을 잡아 격려 했다. 시리즈의 주인공한테서도 말이 없었다. 그 무렵 여기 등장한 여러 사람이 법에도 없는 연금 상태에 전화는 100% 도청 당하고 있었다. 내 기획부장 자리 전화도 마찬가지였다. 단 한 사람 '해위'(윤보선 전 대통령의 호)로 부터 전화가 걸려 왔다. 어떻게 돼서 김대중 씨가 자기보다 먼저 나가게 됐느냐고 불만이었다.

어떻든 지금 생각해도 파격이었고 그 파격은 잘 했다 싶다. 이들 두 분이 같은 반체제의 최고 지도자임에는 분명하다. 대통령을 지낸 사람과 대통령을 하려는 사람 사이에는 하늘과 땅 차이다. 하지만 대통령을 하고 못하고는 둘째로 출마라도 할 가능성이 누가 더 많은가, 아니 영구 집권의 헌법기반 위에 올라서 있는 박정희와 대결하는데 누구를 제1인자로 보고 있는가. 지금 우리는 정보부도 무시하고 발행인 편집인의 눈치도 보지 않고 이 기사를 싣고 있다. 그렇다면 비상한 상황에서 탄생시킨 주인공의 서열이 종전의 서열이나 상식, 관례에 따르지 않는다 해서 무엇이 이상한가.

이 '안녕하십니까!' 시리즈는 1974년 12월 9일 월요일부터 12월 23일 월요일까지 9회에 걸쳐 연재되었다. 나는 사방의 끔찍한 무반응에 공포를 느꼈다. 정작 동아일보에 광고 탄압의 태풍이 덮친 것은 그 이듬해 1

월이었다. 정작 목이 날아갔어야 할 날은 3월 8일보다 꼭 석 달 전인 그 전해 12월 9일이 아니었을까.

'비화 제1공화국' 시리즈를 주관하고 있던 나는 그날 3월 8일, '4·19혁명'의 필자로 예정된 심재택 기자와 함께 전 과정 수반 허 정 선생의 신교동 집을 방문, 앞으로 며칠 동안의 인터뷰 예정을 상의 했다. 어둑어둑할 무렵 3층 편집국 들어가는 입구에 걸린 게시판에 좌 인사발령이 붙어 있었다. 무심코 지나가는데 화장실에서 나오던 누군가가 "아, 이 사람 자네 이름도 있어."해서 언뜻 보니 10여명의 해직자 가운데 조금 앞자리에 내 이름이 뚜렷하게 올라 있었다. 심의실 다음에 내가 있는 편집국 기획부, 여성부, 과학부, 출판국 출판부 등을 폐지한다는 사규에 따라 여기에 해당되는 사원 전부를 해직한다는 내용이었다. 나는 억울하다는 말 한마디 못하고 12년 동안 일하던 동아일보에서 쫓겨났다.

분하기 짝이 없었다. 그로부터 며칠 동안에 노조 설립에 앞장선 기자를 비롯한 기자, 아나운서, 프로듀서 할 것 없이 한꺼번에 120 여 명을 해직했다. 해직 기자는 물론 이에 동조한 젊은 기자들은 며칠 동안 신문사 정문 앞에 늘어서 데모를 하며 성명을 통해 회사를 규탄했다. 송건호 편집국장은 해직자들의 해직 취소를 요구하다 받아들여지지 않자 스스로 사표를 던져 자유 언론의 선봉에 서게 된다. 언론에 대한 제약이 극에 달했을 때 동아일보 기자들은 굳게 뭉쳐 언론의 자유를 웬만큼 복구시켰다. 그러나 지금은 어떤가. 신문사가 정보부에 굴복하여 언론 자유를 지킨 기자들을 추방했다. 글을 쓸 무기를 다른 사람 아닌 사주에게 빼앗기고 그 진지를 잃어버린 처지에 무엇으로 어디에서 싸울 것인가. 많은 기자들이 신문사에서 쫓겨난 뒤에도 처절한 투쟁을 벌이다 투옥되었다. 나는 무기와 진지가 있을 때는 싸웠다. 그러나 지금 빈손으로 어디에서 싸운단 말인가.

경향 논설위원으로

정보부와 신문사가 합작하다시피 쫓아낸 기자를 어느 신문사에서 써줄 것인가, 앞이 캄캄했다. 그렇다고 어디 부탁할 만한 데도 없었고 해보지 않은 보따리 장사를 할 재주도 없었다. 20대 후반과 30대의 전부를 언론의 밭을 갈아온 나도 이제 마흔 두 살. 소일 하러 갈 데도 마땅치 않고 찾아오는 사람도 뜸했다. 그런 어느 날 국회 출입하면서 알게 된 임홍빈 선배가 점심이나 하자고 연락이 왔다. 바로 정동 그의 사무실에서 만났다. 경향신문 논설주간인데 자기가 광복 30년(1975년)을 맞아 '시련과 영광의 민족사'라는 화보를 곁들인 46절지 크기(신문지 4분의 1)의 거창한 책을 만들고 있는데 편찬실 고문 격으로 좀 도와주었으면 좋겠다는 말이었다. 오소백 씨랑 '해방 20년' 책도 만들고 '비화 제1공화국'도 연재하고 한 경험을 살려 좀 도와달라는 부탁이었다. 편찬실 한쪽에 조그만 책상 하나 놓고 기획도 하고 자료도 모으고 남의 글 더러 고치기도 하는 일이라고 했다. 보수는 동아일보에서 받는 월급 반 정도인데 괜찮겠는가, 기간도 앞으로 한 서너 달이면 끝낼 것 같은데 그래도 괜찮겠느냐는 것이었다. 전에 받던 월급의 반 아니라 3분의 1이면 어떻고 네댓 달 아니라 한 달이면 어떤가, 나는 흔쾌하게 받아드리고 열심히 일했다. 점심은 의례임 주간과 같이 했고 저녁이면 오랜만에 소주도 곁들였다. 여기에서 일한지 한 서너 달 쯤 됐을까 문화방송 경향신문 사장 이환의 씨가 우리 편찬실에 들렀다. 나를 보자 깜짝 놀라며 "아니 김 형이 왜 여기 있소." 하며 "사람이 어디 그럴 수 있소, 내 방이 바로 코 닿는 덴데…."

경향신문이 복간 뒤 우리는 정치부에서 같이 국회를 출입했다. 나이나 경력이나 나보다 조금 위지만 유달리 점잖고 의젓했었다.

"참 팔팔한 사람이 여기에서 저런 궂은일이나 하고…."그는 혼자 말처럼 말했다. 큼직한 임 주간 책상 옆에 낡은 소파가 덜렁 놓여있지만 그는 서서 내 등을 치며 나를 물끄러미 쳐다보았다. 죄진 일도 없는데 고개 숙였고 아무 말도 하지 않았다. 그와 나는 10여 년 동안 전혀 다른 길을 걸어왔다.

며칠 뒤 사장실에서 전화가 왔다기에 들렀다. 9월 말쯤이던가, 10월 초던가.

"어데 갈만한 곳 있소?"

"어데를 가겠소?"

"아, 참 그렇겠구먼. 내 당신 문제를 생각해보았는데 여기 논설위원으로 왔으면 어떨까 해서. 여기는 당신 알다시피 동아일보와는 좀 달라요. 우리 옛날 같이 일하던 친정으로 알고 오면 어떻겠소."

이 사장 말마따나 5·16장학재단에서 운영하는 경향신문에서 논설위원으로서 내가 할 일은 별로 없었다. 그러한 일을 할 사람은 따로 있었고 내가 그쪽을 넘볼 생각도 없었다. 농업 문제, 한일 관계, 각종 기념식, 국내외 인물 등 나대로 할 일은 내가 찾아서 했다. 그럭저럭 한 4년을 소란스런 세상과는 아랑곳없이 지내는 가운데 정국은 박정희 암살-광주 학살로 가파른 고비를 맞았다. 1980년 초 경향신문은 언론계 가운데서 제1차 접수 대상이 됐다. 최석채 회장, 이환의 사장의 두 톱 체제로 운영하던 경향신문은 이진희 사장의 취임을 전후하여 쑥대밭이 되었다. 편집국 장 서동구가 민주당의 김대중 조세형과 연계가 되었다고 조작하여 체포, 구금하는가 하면 회장, 사장, 전무 등 중역들을 무더기로 해임했다. 그때 주간은 김병수 였다. 영문을 모르는 사람들은 내가 엉뚱한 곳으로 발령 이 났지만 앞으로 사장 덕을 볼 것이라고들 제 멋대로 추측했다. 하지만 그와 나와는 10여 년 동안 동아일보 정치부에서 국회나 공화당에 같이 나 간 일이 있지만 어떻든 여러 가지로 껄끄러운 사이였다. 좋다거나 나쁘 다거나 하는 말로는 표현하기 어려운, 꼬집어 말하자면 '별 관계없이' 지 난 사이다.

정작 사단은 엉뚱한 데서 터졌다. 새로 발령이 난 '안보통일연구소' 연 구위원 사무실은 전에 최석채 회장이 쓰던 방이었다. 혼자 쓰는 방인데 방이 꽤 넓은 데다옆에 바로 목욕탕이 붙어 있었다. 1980년 초 그때만 하 더라도 이런 시설은 드물었다. 방 한쪽 서가에는 말하자면 안보관계 책 이 잘 정리 되어 가지런히 꽂혀 있는데다 평양에서 나오는 신문과 잡지, 일본의 조총련이나 좌익 출판사에서 나오는 여러 책들(그 때 말로는 한 마디로 북괴 불온문서), 거기에다 정보부의 공식 대외 홍보기관인 '내외 문제연구소'가 발췌한 북한 방송 녹취록이 책상 위에 어지럽게 쌓여 있 다. 내 직책은 그런 책이나 문건들을 꼼꼼하게 보고 이른바 '총력안보'에 보탬이 되라는 것인데 실제로는 한 번도 제대로 본 일도 없고 더구나 연 구 같은 건 해볼 생각조차 없었다. '3급 비밀'이니 '4급 비밀'이니 하는 도 장에 분류 번호까지 있는 문건들에는 '광주학살'이며 '전두환 살인정권' 같은 표제 밑에 사실인지 모략인지 모를 내용이 가득 채워져 있었다. 이 런 걸 나는 제대로 본 일이 없다. 그걸 보고서 어쩌다 아는 체라도 한다면 끌려가서 골로 가는 건 물론이오, 도대체 박정희 유신시대보다 더 고약한 세상이 된 판에 그런 걸 구실삼아 떠들어 대는 '반 모략전'을 가소롭게 보았기 때문이다. 그날 오후도 여느 날처럼 점심에 소주 두어 잔 걸치고 사무실에 돌아와 양말 벗고 책상 위에 두 다리 걸치고 쿨쿨 낮잠을 자고 있었다.

누군가가 흔들어 깨어보니 내 책상 앞에 육군 장교 한 사람과 사복 둘이 빳빳하게 서 있다. 나를 잡으러 온 사람인지 무얼 물어보러 온 사람인지 짐작이 가지 않아 주섬주섬 양말을 신고 넥타이 매고 책상 앞에 있는 소파로 안내했다. 그 책임자인 듯한 육군 장교(아마 중위인 듯하다)가 선 채로 물었다.

"당신이 여기 책임자요?"

"그렇습니다만…. 어디서 무슨 일로 오셨습니까?"

"보안사서 검열 나왔소. 회사 신분증과 '비밀 취급 인가증' 좀 볼까요?"

신분증을 보여주었더니 건성으로 "논설위원이구만." 하며 다시 물었다.

"비밀 취급 교육은 언제 어디서 받았소? 비밀 문건을 이렇게 공개해 놓아도 되는 겁니까."

"치우기는 치워야 할 텐데 실상 어떻게 처리하는지 잘 몰라서 알 만한 사람에게 물어보고 치우려다 이렇게 됐습니다. 죄송합니다."

종이를 주며 부르는 대로 쓰라는 것이었다. 경위서다.

"본인은 1980년 월 일 문화방송 경향신문 '안보통일문제연구소' 연구위원으로 발령을 받아 근무 중인 바 비밀 취급인가를 받지 못하여 비밀문서에 대한 관리를 태만히 하여 여러 문건을 본인의 책상 위에 놓아두어 타인이 볼 수 있게 하였음. 이에 대한 형법상, 국가보안법상, 비밀 취급규

정상 어떠한 벌도 감수할 것임."

퇴근하기 직전 사장실에서 들어오라는 연락이 왔다. 동아일보 정치부 동료로서 만났던 이진희 씨는 문화방송 경향신문 사장이 되어 나를 자기 방으로 호출했다. 꼭 6년 만에 처음의 불편한 대면이었다.

방에 들어서자마자 그는 상기되어 있었다.

"어찌 이렇게 나를 창피를 줄 수 있단 말이오. 저쪽 사람들이 나보고 경위서를 쓰라는 거요. 왜 아무 것도 모르는 사람을 중요한 국가 기밀을 취급하는 안보 연구 위원을 시켰느냐, 그런 사람을 발령한 사장이 어떻게 책임지겠느냐는 거요. 이거 무슨 창피요!"

"다들 논설위원 목을 자르라는 걸 그래도 내가 사장으로 왔는데 그럴 수는 없다 해서 한직으로 돌려놓았는데 이제 저 사람들이 가만 두지 않을 거요. 김형이 쓴 경위서를 내보이며 당장 사표를 받으라는 거요. 한 1주일 여유를 줄 테니 어디 일자리 알아보시오. 가보시오"

1975년 언론 자유 투쟁하다 동아일보에서 쫓겨난 데 이어 비밀문서를 책상 위에 늘어놓은 죄로 경향신문에서 쫓겨났다. 박정희의 '유신 마지막 발광을 하던 동아일보는 굴종을 택했고 전두환의 학살 여파는 경향신문을 어용지로 만들었다. 제도 언론 22년, 그 암흑의 시기에 거기에 남아 있었던들 내가 신문 기자로서 무엇을 할 수 있었을까. 제도 언론에서 떠난 지 38년, 지금 생각하면 아찔하다.

김진배 | 동아일보 정치부 기자, 경향신문 논설위원, 국회의원(2선).

박정희와 김대중

1970년 9월 29일 제7대 신민당 대통령 후보 지명 대회가 열린 서울 시민회관. 40대 기수 김대중 후보는 결선 투표에서 김영삼 후보를 누르고 역전승했다. 패한 김영삼 후보가 승자의 손을 들어 축하하고, "나는 최선을 다해 승자를 도우겠다"고 말해 장내에서 박수가 터져 나왔다. 나는 감격적인 그 현장에서 그날의 상황을 취재했다.

김한길

내가 만난 김대중 - 40대 기수·대선후보

1970년 9월 29일 제7대 신민당 대통령 후보 지명 대회가 열린 서울 시민회관. 40대 기수 김대중 후보는 결선 투표에서 김영삼 후보를 누르고 역전승했다. 패한 김영삼 후보가 승자의 손을 들어 축하하고, "나는 최선을 다해 승자를 도우겠다"고 말해 장내에서 박수가 터져 나왔다. 나는 감격적인 그 현장에서 그날의 상황을 취재했다.

지명 대회가 있기 한 달 전 김대중 의원은 경주 김유신 장군 묘를 찾아 참배하고, 이대우 신민당 경북도지부 부위원장 등 간부들과 다과회를 갖고 환담했다. 필자와는 김해 김씨 종친 기념 촬영을 했다. 1971년 3월 27일 오전 10시에는 김대중 신민당 제7대 대통령 후보가 신민당 경북도 대통령 선거 연락소 현판식에 참석했다. 이어 오후 2시 경북 의성에서 첫 유세 포문을 열었다.

나는 20여 일 뒤인 4월 23일 부산 해운대 A 호텔에서 김 후보를 만났다. 영남일보 정치부 차장 때이다. 김 후보는 이날 오후에 있을 부산 유세(구덕운동장 보조 경기장)를 앞두고 이곳에서 부인 이희호 여사와 휴식을 취하고 있는 중이었다. 공화당 박정희 후보와 막바지 공방이 가열되고 있을 무렵이었다. 사전에 전화 연락을 해서인지, 다른 절차 없이 바로 방문할 수 있었다. 노크를 하자 기다렸다는 듯이 반갑게 악수를 하며 맞이했다.

1971년 3월 27일 오전 10시 김대중 신민당 제7대 대통령 후보가 신민당 경북도 대통령 선거 연락소 현판식에 참석, 활짝 웃고 있다. 우홍거 도지부 위원장 등 간부들이 참석했다. 이어 오후 2시 경북 의성에서 첫 유세 포문을 열었다.

이희호 여사에게도 "대구의 야당기자"라고 소개했다. 연일 이어진 강행군 탓인지(?) 얼굴엔 피로감이 역력해 보였다. 그러나 몇 가지 질문이 나오자 답변은 단호했다.

"박정희 대통령은 부정 축재자 명단을 국민 앞에 공개하고 처단해야 한다. 주 월남 국군의 철수로 병력사정이 호전되고, 제일보충역이 47만이나 되기 때문에 신민당이 계속 집권하면 법대로 복무기간을 2년으로 단축하겠다."

그리고 3선 개헌 환원, 중앙정보부 폐지, 향군 및 교련 폐지 등 12개 항의 공약을 밝혔다. 공약은 집권 후 기필코 실천하겠다고 다짐했다.

나는 김 후보의 다음날 광주 유세 취재를 위해 그날 오후 항공편으로 미리 광주로 갔다. 광주 시내 유림호텔에 여장을 푼 일행 4명은 호텔 나이트클럽에서 대작하며 피로를 풀었다. 밤이 늦어 숙소로 가려는데 K 기자가 "저 아가씨들이 우리 선생님(김 후보) 찍어주면 오늘밤 팁 하나도 안 받고 몸까지 다 서비스하겠다 한다."며, 열성팬들의 지극 정성에 입을 딱 벌렸다. 계속 따라오는 그들에게 "우리는 원래 김 후보를 지지한다. 김 후보를 찍을 테니 믿어 달라."고 설명해 겨우 돌려보냈다. 24일 오전 9시 호텔에서 기자회견을 마치고, 유세장 취재에 나섰다. 과연 열광적이었다. 남녀노소 구름떼 같이 몰려든 청중은 모두가 '일전불사'의 전사들처럼 열기를 품고 있었다. 취재 후 귀로에서 기자들은 "이번엔 박정희 후보가 당선되기 힘들겠다."라며, 며칠 뒤에 결정될 선거를 예상해 보았다.

1970년 김대중 의원(가운데)이 경주 김유신 장군 묘역 앞에서 필자(왼쪽)와 김해 김씨 종친 촬영을 했다.

1970년 김대중 의원(화살표)이 경주 김유신 장군 묘역에서 경북지역 신민당 간부들과 환담하고 있다. 김 의원 오른쪽 안경 낀 분이 이대우 도지부 부위원장, 왼쪽이 필자.

박정희 후보에 고배 – 유신헌법 10여 년 정치 중단

제7대 대통령 선거 결과는 공화당 박정희 후보가 6,342,828표로 당선되고, 김대중 후보는 5,395,900표로 차점을 했다.

그는 이후 유신헌법(72년) 확정 등으로 정치가 중단돼 10여 년 후인 87년엔 13대, 91년 제14대 대통령 후보로 대권 도전을 할 수 있었다. 군사독재에 항거, 내란음모혐의로 사형 선고를 받고, 일본 호텔에서 공작원에게 납치되어 수장(水葬)될 고비를 넘기고, 가택연금, 수감, 석방 등 30년 고난 끝에 되찾은 기회였다. 그러나 또 고배를 마셨다.

나는 김대중 민주당 제14대 대통령 후보를 1992년 10월 29일 새로 제작된 유세차에서 단독 인터뷰를 했다. 김 후보가 경기 북부지역으로 첫 출발하는 날이었다.

이날 오전 9시 30분 서울당사에 도착하자마자 출발한 차 안에는 김 후보가 입구 쪽에 별도로 마련된 자리에 앉아 있었고, 조세형, 이해찬(전 국무총리)등 당 간부들이 동승해 있었다. 대구일보 편집부국장 겸 정치부장 때이다. 인사를 나눈 뒤 마주 앉은 나는 주요 정책 등을 바로 질문했다. 김 후보는 50분 동안 즉석 인터뷰인데도 막힘없이 하나하나 설명해 나갔다.

"집권하면 민자, 국민 양당을 포함한 거국 내각을 구성, 정책 협정을 통해 2년 정도 정치 휴전을 이루어 정국을 안정시키겠다. 이 2년 동안 중소기업 중심의 시장 경제 체제를 확립하고, 부정부패와 정경유착을 뿌리 뽑겠다"… "화해와 대화 믿음의 3대 기본정신에 근거한 대화합의 정치를 펴 그 힘으로 우리나라를 97년까지 세계 8강 대열에 우뚝 서게 하겠다."…

김 후보는 한 달 가까이 전국을 누비며 선전분투했으나 실패하고 말았다. 그 해 12월 18일에 실시된 14대 선거결과 같은 40대 기수였던 김영삼 후보 (민자당)에게 고배를 마셨다. 그는

1992년 김대중 민주당 제14대 대통령 후보가 주문 제작된 새 유세차에서 필자(오른쪽)와 단독 인터뷰를 하고 있다. 조세형, 이해찬 의원 (전 국무총리) 등 당 간부들이 동행했다.

"평범한 시민으로 돌아가겠다."며 정계 은퇴를 선언했다.

사형선고, 납치 등 30년 민주화 투쟁 1997년 七顚八起 제15대 대통령 당선
노벨 평화상 수상은 국가 위상 높여

군사 독재에 항거, 사형선고, 도쿄호텔 납치, 선거 등 30년 민주화 투
쟁을 해온 그는 1997년 새정치국민회의 후보로 제15대 대통령에 당선됐
다. 칠전팔기(七顚八起)불굴의 용기, 집념의 승리자가 됐다.

김대중 대통령은 지난 2003년 2월말, 5년 임기를 마치고 퇴임했다. 정
부 출범 당시 외환위기라는 국가적 위기의 어려움을 '국민의 금 모으기'
참여 등으로 극복했으며, 분단 반세기만에 북한을 방문, 남북 화해 기틀
을 마련했다. 특히 김 대통령의 노벨평화상 수상은 국가 위상을 더 높인
경사였다.

김대중 대통령은 2009년 8월 18일 서거했다. 필자와는 민주화 투쟁시
기 동안 인연이 많았다. 삼가 고인의 명복을 빌며, 영부인 이희호 여사의
건강과 행운을 빈다.

김한길 | 영남일보 정치부장, 서울신문 경북취재부장, 대구일보 편집부 국장 겸 사
회부장

평양발 남행열차에서 벌어진 '활극'

북한이 기본합의서 채택을 서둔 것은 그들이 진정으로 남북 간 화해를 원했기 때문이 아니라 당면한 고립과 위기를 벗어나기 위한 방편에 불과했던 것이다. 북한의 의도가 이러했는데도 기자들이 남북관계 진전을 바라는 소박한 소망에서 기사 보도를 하지 않기로 약속한 것은 너무 순진한 생각이었다.

도준호

평양서 개성까지 철길 거리는 168km다. 우리의 KTX로는 1시간도 안 걸리는 거리지만 북한 특별전동열차로는 3시간 반이 걸린다. 이 철도는 일본강점기 때 부설한 이래 한 번도 제대로 보수하지 않았고, 그나마 단선에 불과하기 때문이다. 개성에서 판문점까지는 버스로 채 10분도 안 걸린다.

우리 측 제의로 1990년대 벽두부터 시행된 남북고위급회담이 평양에서 열릴 때면 남측 대표단의 도정은 판문점에서 버스를 타고 개성에서 내려 북한이 제공한 특별전동열차를 타고 평양으로 갔다. 내려 올 때는 역순이었다. 8차까지 열린 회담은 홀수 회담은 서울에서, 짝수 회담은 평양에서 열렸다.

남측 대표단이 이 철길을 따라 여행할 때면 북측대표들은 열차가 너무 늦게 가는 것이 민망했던지 "남측대표들을 안전하고 편안하게 모시기 위해 열차가 천천히 간다."고 궁색한 변명을 하기도 했다.

남북고위급회담은 비록 막판에 북한이 의도적으로 조성한 난관으로 인해 이행되지는 않았지만 지금까지 남북이 채택한 합의서 가운데 가장 잘 된 남북화해와 불가침 및 교류협력에 관한 기본합의서 채택, 발효과정이었다.

당시 소 연방의 해체와 동구 공산권 몰락, 서독의 동독 흡수 통일로 인해 조성된 국제정세는 북한을 철저한 고립무원의 처지로 몰아넣었다. 그때 김일성은 일본 마이니치신문과의 인터뷰에서 "하늘이 무너져도 솟아날 구멍이 있다"고 할 정도로 북한의 위기감이 팽배해 있었다. 그중에서도 남한에 의한 흡수통일에 대한 두려움이 가장 컸다. 그러나 북한은 위기를 벗어나기 위한 돌파구로서의 남북회담에서도 순순히 응하지 않고 철저히 이중적 행태를 보였다. 종전과 달리 회담 판을 깨는 일은 없었으나 주민들을 조직적으로 동원, 남측 대표단을 괴롭히거나, 회담 지연 전술을 쓰는 등 꼼수를 부렸다. 이 가운데 가장 말썽을 부린 회담이 필자가 취재단의 일원으로 참가한 4차 고위급회담이었다. 이 회담은 회담자체가 2차례나 연기되었다. 회담은 당초 1991년 2월 25일부터 3박 4일간 평양에서 열리기로 되어 있었다.

회담 당일 이른 아침 정원식 총리를 비롯한 남측 대표단과 50명의 방북 취재단은 서울 삼청동 남북대화사무국에 모여 설레는 마음으로 북행을 준비하고 있었다. 그때만 해도 북한은 우리에게 '낯선 땅'이었고, 동시에 '경계의 땅'이었다.

그 전 해 2차 고위급회담에 참가한 본사 사진부 기자가 여의도 술집에서 친구들과 술자리서 북한 이야기를 하다가 술집 주인이 간첩으로 신고하는 바람에 경찰에 잡혀가 조사를 받는 해프닝이 벌어질 정도로 '위험한 땅'이기도 했다. 사전에 아무런 낌새를 보이지 않던 북측은 이날 아침 "북침 훈련인 팀스피리트 훈련을 개시하는 상황에서는 남측과 회담을 할 수 없다."며 북한방송을 통해 일방적으로 회담 연기를 발표했다. 황당했다. 남측이 매년 방어 훈련으로 이 훈련을 실시하는 것은 다 아는 사실인데도 그것을 이유로 댄 것이었다.

회담은 7월로 연기됐다. 7월이 되자 북한은 남한에서 발생한 콜레라를 문제 삼아 또 다시 연기했다. 북측이 방역체계가 북한보다 월등한 남한의 콜레라를 문제 삼아 또 다시 회담을 연기한 것은 어쩔 수 없이 회담에 응하긴 했지만 내부적인 입장 정리가 끝나지 않았기 때문으로 분석된다.

그래서 4차 고위급회담은 당초보다 8개월 늦은 그해 10월 22일부터 25일까지 3박 4일 동안 평양에서 열렸다. 첫날 저녁 목란관에서 열린 북측 연형묵 정무원 총리 주최 만찬에서 정원식 총리가 답사를 통해 북측의 불안감을 없애기 위해 '남한 주도의 흡수통일은 생각하지도 않으며 있을 수도 없다.'고 말한 것이 도리어 남한이 진짜 흡수통일을 노리는 것이 아닌가 하는 참석자들의 의구심을 자아내어 한때 웅성거림이 일기도 했으나 분위기는 비교적 부드러웠다.

이날 밤 자정을 넘어 남측 대표단과 기자단이 묵고 있는 백화원 초대소에 북측 기자들이 들이닥쳤다. 남측 기자단장을 맡고 있던 필자의 상대역인 김천일 민주조선 기자를 비롯하여 악명 높은 김상현 기자 등 수 명의 기자들이다. 밤늦도록 그들이 가져온 술과 안주를 먹어가며 웃고 떠들며 보낸 것은 지금 생각해도 추억거리다.

자유로운 우리 언론과 달리 북한노동당 선전 선동 도구에 불과한 북한 기자들이 북한 당국의 허락 없이 왔을 리 없지만 그들과 밤늦도록 웃고 떠든 것은 색다른 경험이었다. 김천일 기자는 그때 환갑이 넘었다고 했다. 그는 잔정이 있는 사람이었다. 목란관 만찬이 열리기 전 그곳을 찾아온 딸과 사위를 필자에게 소개시키기도 했다. 그로부터 20여 년이 흐른 지금 그날 밤 백화원 초대소 필자의 방에서 벌어졌던 술자리가 가끔 생각나며 그가 아직 살아 있을지 어떨지 궁금해진다. 그러나 이튿날 본회담이 끝난 후 인민문화궁전 2층에서 열린 남측의 이동복 대변인과 북측의 안병수 대변인을 상대로 한 기자회견은 전날 백화원 초대소의 화기애애한 분위기와 달리 철저한 체제 대립이었다. 남측의 젊은 기자들이 안병수 대변인을 공격하는 선봉장이었다.

이동복 대변인은 북측 기자들의 거칠고 노골적인 공격을 잘 받아 넘겼다. 북측을 압도했다. 2차 회담에서 남측의 대변인인 임동원 통일부차관이 북측 기자 질문에 쩔쩔 매던 것과는 딴판이었다. 회담은 그때까지 정치-군사 문제 우선 해결을 주장한 북측과 교류-협력 우선을 주장한 남측 안을 통합해 합의서 명칭을 화해와 불가침 및 교류협력합의서 단일 명칭으로 하기로 하고 형식과 문안 구성은 5차 서울 고위급회담 이전에 끝내기로 했다.

북한주민들은 철저히 적대적이었다. 이들은 외형적으로는 평범한 북한주민이었지만 북한 당국의 조종을 받아 동원된 사람들이었다. 광복거리, 지하철 부흥역, 학생소년궁전, 청춘거리, 제일백화점, 조선영화촬영소, 보통강변의 냉면 전문점인 옥류관 등 어디를 가나 이들이 따라다니며 북한체제를 선전하고 남측대표단, 특히 기자들을 괴롭혔다. 이들은 한눈에 알아 볼 수 있을 정도로 같은 사람들이 기자들이 가는 곳마다 나타났다.

이들은 기자들을 만나면 "선생님 한마디 물어 보갔시오."라며 "남측이 흡수통일을 기도하면 전쟁밖에 없다.” “임수경 양을 왜 석방하지 않느냐.” “주한미군을 왜 몰아내지 않느냐.”는 등의 말로 기자들에게 말싸움을 걸었다. 또 “통일 영웅인 이인모를 왜 북한으로 보내지 않느냐.” “방북 신청을 한 남측 대학생들을 왜 북한으로 보내지 않느냐.” “팀스피리트 훈련을 왜 중단하지 않느냐.”는 등 당시 남한사회에서 문제가 된 일을 끄집어내며 시비를 걸었다. 김일성대학과 김책공업대학생들이 앞장섰다. 이들에게는 대학생다운 합리성이나 이성적인 판단은 아예 존재하지 않았다. 현장에는 안면 있는 북한 기자들도 있었으나 애초부터 말릴 생각이 없는 듯 했다. 멀찍이 떨어져 모른 척 하고 팔짱만 끼고 있었다.

다음날 북한 방송에는 남측기자들이 북한 주민들의 항의에 한마디 말도 못했다는 식으로 보도했다. 남측 기자들을 철저히 내부단속의 도구로 이용한 것이다.

기자는 북한에 갔다 온 후 쓴 방북기의 리더를 ‘남과 북의 벽은 생각보다 훨씬 더 높고 두꺼웠다. 평양에서 열린 4차 고위급회담장 안의 분위기는 모처럼 얼음을 녹일 징후를 보이긴 했지만 회담장을 한 발짝만 벗어나도 차갑고 두꺼운 얼음이 ‘만년설’처럼 얼어붙어 있는 듯한 분위기였다.’고 적었다. 동원된 군중이 무서웠던 것이 아니라 이들 군중을 자신들이 원하는 방향으로 일사불란하게 조종할 수 있는 북한 수령 체제를 생각하니 소름이 끼쳤다. 외형적으로는 교류다 협상이다 하지만 수령체제는 그야말로 ‘만년설’ 같은 존재였다.

3박 4일 동안의 회담을 끝내고 25일 남행열차에 몸을 실었다. 올라갈 때와 마찬가지로 차창 밖으로 드러나는 황량한 풍경은 몹시 착잡한 심경에 젖게 했다. 산하는 우리와 같은 산하인데도 산은 헐벗었고, 포장도로는 아예 찾아 볼 수도 없으며, 쓰러져 가는 농촌 집들의 풍경은 우리의 1960년대 시절을 연상케 했다. 귓전에 들리는 것은 느린 전동차의 철거덕 철거덕 거리는 소리뿐이었다.

열차가 떠난 지 1시간쯤 지났을 때다. 국방일보 기자가 심각한 표정을 지으며 방북기자단 대표들이 앉아 있는 칸으로 왔다. 그의 말인즉 평양을 떠날 때 삼촌이라는 두 사람이 찾는다 해서 맨 뒷 칸에 앉아 그들과 이야기를 주고받으며 내려 왔는데 아무래도 북측의 공작에 말려든 것이 아닌가하는 불안감을 떨쳐 버릴 수 없었다는 것이다. 생면부지의 사람들이 갑자기 삼촌이라며 가족 이야기를 들먹이자 당황스럽기도 하고 이 일이 나중에 밝혀지면 자신에게 비난이 돌아오는 것도 감당하기 어려운 일이라는 생각도 들었다는 것이다. 이것은 분명 남북 합의 위반이었다. 2차 평양회담에 수석대표로 참석한 이북 출신 강영훈 총리가 한밤중에 자신의 방으로 찾아 온 친척을 만나고 역시 같은 이북 출신인 임동원 통일부차관이 누이동생을 만났는데 이것이 뒤늦게 알려지면서 문제가 됐다. 북한 당국의 공작적 행동을 비난하고 회담에 영향을 줄 수 있다는 비판 여론이 일면서 추후 회담에서는 그런 일이 없도록 남북이 약속한 것이다.

이때부터 열차 안은 발칵 뒤집혔다. 그 사람들을 찾기 위해 기자단 대표를 중심으로 많은 기자들이 우르르 몰려다니며 이 칸 저 칸을 뒤졌다. 열차 문을 열고 곳곳을 뒤지며 소란스럽게 돌아 다녔다. 아무리 찾아도 찾을 수 없었다. 다른 칸은 다 문을 열 수 있었지만 맨 뒷칸은 문이 열리지 않았다. 고래고래 고함을 치면서 문을 열라고 했으나 문은 끄떡도 하지 않았다.

남측 대표단도 나중에 이 사실을 알았으며 남측 대표단을 전송하기 위해 동승했던 북측 대표 안병수 대변인이 뒤늦게 알고 쫓아 왔다. 그는 필자를 붙들고 사정했다. 제발 문제 삼지 말아 달라며 이것이 문제가 되면 남북대화가 깨질 우려가 있다면서 보도하지 말기를 간곡히 부탁했다. 그 당시 그의 당황한 표정과 흙빛으로 변한 얼굴은 지금도 뇌리에 남아 있을 정도다.

기자단 대표들이 즉석 회의를 열었다. 어떻게 할 것인지에 대한 결론을 내는 데는 오랜 시간이 걸리지 않았다. 안병수 대변인의 그 처절한 표정 때문이었는지는 몰라도 기자들의 사명이 사실을 사실대로 보도하는 것이지만 모처럼 조성된 남북 대화를 깨지 말자는 무언의 합의가 이뤄졌다. 기자들 모두의 뇌리 속엔 어떻게든 남북관계가 잘 풀려야 한다는 소망이 담겨 있었던 듯 했다. 그렇게 해서 그 일은 없었던 것으로 하고 50명의 기자 전원에게 이 사실을 알렸다.

서울로 귀환한 후 며칠 동안 아무 일이 없었다. 그런데 어느 날 주돈식 당시 편집국장이 필자를 불렀다. 연합통신에 국방일보 기자의 북한 친척 면담 사실이 보도됐다면서 어떻게 된 일이냐고 물었다. 사실대로 이야기했다. 그래도 일어난 사실에 대해 보도하는 것이 기자의 정도가 아니냐며 보도를 하자고 했지만 기자단장으로서 한 약속을 깰 수 없다고 했다.

필자의 태도가 너무 완강하기에 주 국장은 사장실로 올라가 사정을 설명하고 필자를 불러 올렸다. 세 사람이 설왕설래가 계속 되는 중에 주 국장이 대안을 제시했다. 당신이 직접 기사를 쓰지 말고 어차피 연합통신에 기사가 나왔으니 연통 기사를 쓰면 당신의 책임도 면하는 것이 아니냐는 것이었다. 이렇게 해서 그 기사는 '연통' 이름으로 눈에 덜 띄는 5면 간지 기사로 처리됐다.

다른 신문들은 연통 기사를 받지 않아 이 사건은 크게 여론화되지 않고 그대로 묻혔다. 연합통신에 기사가 나오게 된 경위는 방북취재단의 일원인 K 기자가 당시 현소환 사장과의 어떤 모임에서 이 일을 이야기하는 바람에 기사화된 것이었다.

그해 12월, 서울에서 5차 남북고위급회담이 열렸다. 첫날 저녁 신라호텔에서 정원식 총리주재 만찬이 열렸다. 4차 방북기자단도 초청받아 참석했다. 리셉션 라인에서 북측 대표들과 인사를 나눴다. 리셉션 라인에서 정원식 총리와 함께 서 있던 연형묵 정무원 총리가 내 손을 꽉 잡으며 암묵적으로 고마움을 표했다. 안병수 대변인도 마찬가지였다. 연 총리는 부하들로부터 남행열차에서 있었던 일의 자초지종을 다 들었던 것 같았다.

순간 묘한 기분이 들었다. 사사건건 남측에 대해 시비를 거는 이들에게도 인간의 피가 통하는구나 라는 생각이 문득 들었다. 고맙다는 말을 공개적으로 할 수 없는 입장에서 그들은 손을 통해 감정을 전해 온 것이다.

세월이 지나면서 남행열차에서 벌어진 북측의 공작행위를 보도하지 않기로 결의한 행위가 잘한 행동이었는가에 대한 회의를 갖게 한다. 평양 4차 회담에서 동원된 북한주민들로부터 그렇게 시달림을 받고 북한의 실상이 어떠한가를 똑똑히 느꼈으면서도 남북관계가 잘 풀리기를 바라는 소망에서 그 사실을 보도하지 않았지만 결과적으로 기자들은 본연의 업무를 방기했다는 비난에서 자유롭지 못한 것이 아닌가 하는 자괴감이 든다.

1990년 9월부터 시작된 남북고위급회담은 불과 3년도 안 되는 시간 안에 남북화해와 불가침 및 교류협력에 관한 기본합의서를 채택, 발효시키고 구체적 실천을 위한 남북정치분과위원회, 군사분과위원회, 교류협력분과위원회를 구성해 실천방안을 논의했으나 북측은 마지막 단계에서 사사건건 트집을 잡으며 한 발짝도 나갈 수 없도록 했다.

북한이 기본합의서 채택을 서둔 것은 그들이 진정으로 남북 간 화해를 원했기 때문이 아니라 당면한 고립과 위기를 벗어나기 위한 방편에 불과했던 것이다. 북한의 의도가 이러했는데도 기자들이 남북관계 진전을 바라는 소박한 소망에서 기사 보도를 하지 않기로 약속한 것은 너무 순진한 생각이었다.

또 기사 보도를 하지 않은 것에 대한 고마움을 표시한 연형묵 정무원 총리 등에 대해 느낀 감정은 남북관계 개선과는 아무런 관련이 없는 것이었다. 기자는 기자다워야 한다는 것이 뒤늦게 얻은 교훈이었다.

도준호 | 조선일보 경제부차장, 제2사회부장, 부국장 대우 북한부장, 정치부 부국장, 논설위원, 신문편집인협회 남북교류위원장, 명지대 초빙교수.

'언론윤리위법 파동'과 '유배유학'

> 신문 기자들은 펜촉에 잉크를 찍어 원고지도 아닌 헌 통신지 뒷면에 손으로 기사를 썼다. 이렇게 만들어진 원고를 받아든 공장에서는 문선공들이 납 활자 상자 앞에 늘어서서 크고 작은 납 활자를 한 자 한 자 손으로 뽑아 모아, 조판을 했고, 판이 다 되면 그 위에 물에 적신 두꺼운 지형 용지를 얹어 이를 롤러로 눌러가지고는 활자 자국을 만들어, 윤전기에 장착하기 적합하도록 꾸부린 다음, 펄펄 끓는 납 물을 그 위에 부었고, 열이 식어 연판이 굳어지면 드디어 이것을 윤전기에 걸어 신문인쇄를 시작했다.
>
> 박현태

　그때는 컴퓨터도 없었고, 인터넷도 없었다. 흑백 TV는 있었으나 언론의 주역은 여전히 신문이었다. 신문 기자들은 펜촉에 잉크를 찍어 원고지도 아닌 헌 통신지 뒷면에 손으로 기사를 썼다. 이렇게 만들어진 원고를 받아든 공장에서는 문선공들이 납 활자 상자 앞에 늘어서서 크고 작은 납 활자를 한 자 한 자 손으로 뽑아 모아, 조판을 했고, 판이 다 되면 그 위에 물에 적신 두꺼운 지형 용지를 얹어 이를 롤러로 눌러가지고는 활자 자국을 만들어, 윤전기에 장착하기 적합하도록 꾸부린 다음, 펄펄 끓는 납 물을 그 위에 부었고, 열이 식어 연판이 굳어지면 드디어 이것을 윤전기에 걸어 신문인쇄를 시작했다. 지금으로는 상상도 못할 원시적 방법으로 신문이 만들어졌다. 그러나 이것은 그리 오래된 옛날이야기가 아니다. 불과, 50여 년 전 우리 신문 이야기이다.

　그 무렵 우리나라에서 이른바, '언론윤리위원회법 파동'이라는 것이 벌어졌었다. '파동'이라는 이름이 붙을 정도였으니 결코 작은 일은 아니었다. 당시로는 세상이 발칵 뒤집혀질 정도로 파장이 큰 사건이었다. 박정희 정부는 '언론 때문에 도무지 일을 할 수 없다'고 생각한 나머지 국회의 여야를 설득하여, 의원입법으로 '언론윤리위원회법'이라는 것을 만들어, 이를 시행하려 했다. 언론계의 자율성을 보장한다는 취지에서 각 언론단체의 장들의 동의를 얻어 시행하되, 심의위원회는 신문 발행인 대표 1인과 방송국장 대표 1인, 5년 이상의 경력을 가진 기자 1인, 그 외에 교육자 대표, 종교인 대표, 변호사, 경제인 각 1인이 참여하며, 심의위원회 의장은 언론인 출신이 아닌 위원이 맡는다고 되어 있었다.

지금 생각하면, 상당히 온화한 언론규제법이었다. 그러나 이것은 우리나라 건국 후 최초의 언론규제 입법이었던 만큼, 언론계에서는 맹렬한 반대운동이 일어났다. 당시 나는 한국일보에 정치부 기자로 재직했고, 이 신문 수습 기자 출신들의 친목단체였던 '제2화요회'의 대표인 '총무'였다.

우리나라에서 처음으로 나온 '신문연감'이라고 할, 1968년 판 '한국신문연감'(한국신문협회 간행)을 들춰보니, 그것은 1964년 9월의 일이었다. 64년 9월 2일자 동아일보 1면 톱기사에는 다음과 같은 기사가 실렸었다.

한국일보사 기자들은 2일 언론윤리위원회법이 위헌적 악법임을 선언하고, 동사 발행인이 취했던 관제(官製) 윤리위 소집의 찬성 의사를 즉각 철회하라고 요구했다. 윤리위 소집에 발행인이 찬성한 한국일보사와 동사의 코리아타임스, 서울경제신문 기자 전원은 2일 별항과 같은 결의문을 채택하고 정부 탄압에 대한 언론계 투쟁대열에 가담했다.

결의문

1. 한국일보 발행인은 관제 윤리위원회 소집에 찬성한 의사표시를 즉각 철회하라.

2. 정부는 일부 신문에 가하고 있는 불법 부당한 보복조치를 즉각 중지하라.

3. 이상 요구의 관철을 위하여, 우리는 필요한 모든 행동을 서슴지 않을 것임을 밝힌다.

서울 시내 배달용인 이 신문 2판에서는 '이수영(李壽瑩) 공보장관 언론 탄압에 반발하여 사표 제출, 정부, 딜레마에 빠져'라는 기사가 톱 자리에 앉혀지고, 이어 '재야인사들도 궐기, 학계, 종교계 등 총망라, 자유언론수호대회 열기로'가 앞세워지고, 한국신문편집인협회와 한국기자협회의 환영 성명이 부기되었다.

한국신문편집인협회는 한국일보, 코리아타임스, 서울경제신문 기자 일동이 발행인의 자의에 항거하여 언론자유를 수호코자 채택한 9월 2일자 결의에 감동되었으며, 이것은 사필귀정을 믿는 우리 전 언론계의 투쟁목표에 진일보하는 큰 족적이었음을 확신한다.

본 협회는 '발행인이 이탈을 성명하는 것은 어디까지나 발행인 개인이 결정한 행동'이라고 한 9월 1일자 언론윤리위법 철폐투쟁위원장 담화에 입각하여, 전 언론계가 더욱 전열을 굳게 하고 최후의 승리까지 함께 용진할 것을 거듭 다짐하는 바이다.

또 한국기자협회는 한국일보, 코리아타임스 및 서울경제신문 기자단이 채택한 9월 2일자 결의를 전적으로 지지하며, 이는 언론 정도를 걷고 있는 일선 기자들의 당연한 귀결이었음을 확인한다.

관제 윤리위원회법 반대 투쟁대열에서 발행인이 자의로 이탈한 배신행위에 항거한 3사 회원들에게 뜨거운 성원을 보내며, 앞으로 더욱 단결하여 우리의 승리를 쟁취하는 날까지 용진할 것을 다짐하는 바이다라는 성명을 발표했다.

지금은 조간이 되었지만 당시 동아일보는 석간이었다. 마감 직전에 전달된 타 신문사 기자들의 결의문을 주저 없이 1면 톱으로 앞힐 당시의 상황도 상황이려니와 기자단체의 상원이라 할 수 있는 편집인협회의 성명 중에 한국일보 기자 일동의 결의에 '감동되었으며' 라는 표현이 있는 것만 보아도 이 결의문의 비중을 실감케 한다. 그 후 중앙과 지방의 모든 신문들이 잇달아 같은 결의를 하게 되었지만, 결의문의 전문(前門)과 3개 항은 문구 하나 틀리지 않고 한국일보 것을 그대로 답습하였었다.

사실, 이 결의문은 나의 작품이었다. 앞서서도 잠깐 언급했지만 나는 그때 한국일보 내에서 은근히 압력단체 구실을 하고 있던 '제2화요회(火曜會)' 총무였다. 제2화요회란 매주 화요일 아침 편집국에 전 사원을 모아놓고 발행인 겸 사주인 장기영 사장이 자신의 신문철학과 경영 방침을 강론하던 '화요회'에 빗대어, 자신들은 '제2 화요회'라는 기백으로 만들어진 이 회사 수습 기자 출신들의 친목단체였다. '회장'이라는 직함은 없고, 총무와 간사 약간 명으로 운영위원회를 구성하고 있었다. 요즘 모르는 사람이 없는 관훈클럽이 그 대표를 총무라고 지칭하는 것과 궤를 같이 하는 것이었다.

언론윤리위원회법 파동이 일어나고 있을 무렵, 장기영 사주는 부총리 겸 경제기획원 장관으로 출사하고 있었고, 신문사 경영은 한국일보에서 불과 1백 미터 거리에 있는 장관실에서 장 부총리가 리모트 컨트롤을 하고 있는 가운데, 다만 발행인과 사장 직함은 김종규 씨가 맡고 있는 형편이었다. 따라서 박정희 대통령의 강력한 의지로 입법이 추진된 언론윤리위원회법에 대하여 한국일보가 이의를 제기할 입장이 못 되었다. 뿐만 아니라, 언론계에서는 장 부총리가 이 법 제정에 적극 앞장섰다는 풍설까지 있어, 창립된 지 한 달 미만이었던 한국기자협회 등이 이를 규탄하고 나설 움직임까지 보이고 있는 상황이었다. 그래서 사내 일부 인사들은 한국일보가 기자협회를 탈퇴함으로써 장 부총리를 고립에서 구출해야 한다는 논의를 제기하기에 이르렀다. 당연히 그러한 움직임을 선도해야 할 조직은 제2 화요회 뿐이었다.

그리하여 더위가 혹심한 어느 날 저녁, 어떤 전임 총무의 주선으로 회사 근처 중국집에서 대책회의가 열렸었다. 그러나 나는 기자협회 탈퇴를 반대했다. 한국일보, 코리아타임스, 서울경제신문 등 매체 수가 많아 기자협회 회원 수가 가장 많은 한국일보가 적극적으로 나서서 기자협회의 방향을 바로잡아줄 생각은 않고, 슬그머니 물러나 앉는다면 모양이 좋지 않고, 그와 같은 행동은 오히려 장 부총리와 한국일보의 입장을 더욱 난처하게 할 뿐이라는 것이 나의 주장이었다.

방향은 1백80도 바뀌었다. 다음 날 저녁, 회사 구내식당에서 범 한국일보 기자총회가 열렸고, 이 자리에서 한국일보 기자 일동의 이름으로 언론윤리위원회법 반대결의를 하기로 하고, 문안 작성 소위원회를 구성했다. 나는 당연히 문안 작성 소위원장을 겸하였다. 그러나 짧은 전문과 3개항의 결의문을 쓰는데 시간이 걸리지는 않았다. 내가 쓰고, 다른 사람들이 동의를 하면 그만이었다. 문제는 기자들의 서명을 받아 모으는 일이었다. 다음 날 아침에 각자 맡은 분야별로 서명을 받아가지고 한자리에 모이기로 하고 헤어졌다. 밤늦게 집으로 돌아오니, 서명을 받아오기로 되어 있는 동료 중 몇 사람이 전화를 걸어왔다. 정말로 이 운동을 강행하겠느냐는 것이었다. 어떤 사람은 아무래도 희생자가 날 것 같다면서 나에게 재고를 요청했다.

이튿날 아침 일찍 회사로 나갔더니 밤사이에 분위기가 많이 냉랭해진 것을 알 수 있었다. 가까운 동기생에게 내가 직접 서명을 권유했으나 거절당했다. 정한 시간이 되어도 서명 받는 일을 분담한 동료들이 거의 모이지 않는다. 이때 나는 결심을 했다. 그까짓 서명이야 받건 안 받건 상관없다. 어제 총회에서 결의했으니 서명은 요식행위에 불과하다. 준비된 결의문을 프린트해서 각 신문에 돌리기로 작심을 한 것이다. 통신 2개사와 조, 석간 합쳐서 신문 수가 5~6개에 불과하던 시절이었으므로 한 사람이 걸어 다니더라도 한 시간이면 충분하다. 이리하여 결의문은 뿌려지고, 그 중 한 부가 동아일보로 간 것이었다.

그러고 나니, 회사에는 난리가 났다. 나는 사장실로 호출되었다. 가보니 김 사장과 고병순 업무국장과 박용선 총무국장이 좌청룡 우백호처럼 사장 양옆에 앉아 있었다. 그들은 날더러 회사 지프차를 내줄테니 한 바퀴 돌아 신문사에 뿌려진 결의문을 회수해 오라는 것이었다. 사장은 말했다. 언론윤리위원회 소집에 찬성한 것은 법에 정한 발행인 고유의 권한인데 기자들이 이를 '자의'라고 비난한 것은 월권이 아니냐. 그러므로 남자답게 회수해서 그 부분이라도 수정해야 할 것이 아니냐는 것이었다. 또 업무국장은 애원했다. 이보게, 자네들이 이렇게 떠들면 앞으로 한국일보는 못 팔아먹어라고 나는 대답했다. 나는 기자총회의 결의에 따라 행동한 것뿐이다. 그 결의에 대해 철회할 때는 어떻게 한다는 결의는 없었다. 그러므로 철회는 내 마음대로 할 수 없고, 다시 총회를 열어서 결정할 문제이다라고. 이러고 있는 사이, 동아일보 윤전기는 이미 돌고 있었던 것이다.

이 일을 하면서 나는 사람들의 미묘한 심리에 대하여 많은 것을 배울 수 있었다. 결국, 언론윤리위원회법은 1주일 뒤인 9월 9일 박 대통령의 시행 보류지시로 시행이 보류되고 말았다. 만약, 이때 내가 반대결의를 강행하지 않았다면, 다른 신문사 기자들의 반대결의도 나오지 않았을지 모르며, 막상 시행이 보류된 후에 한국일보의 입장이 말이 아니었을 것이다.

그 후 나는, 한 번도 이 결의를 나 혼자 주도했다는 말을 동료들에게조차도 말한 적이 없다. 했으면 한 것이지 구태여 내 입으로 이렇다 저렇다 할 필요를 느끼지 않았다. 나중에 1974년인가에 '한국일보 20년사'가 간행되었으나 그 때도 나는 잠자코 있었다. 내가 말을 안하는데 그 때의 곡절이 정확히 기록될 리가 만무하다. 나는 이 지면을 통하여 처음으로 그 당시의 이야기를 기록하고 있는 것이다. 그 때 사람들은 많이 살아 있다.

그 때나 지금이나 언론에 문제가 없는 것은 아니다. 그러나 그렇다고 해서 타율규제가 옳다고 할 수는 없다. 타율보다는 자율이 낫다. 만약, 자율적으로 규제할 능력이 없다는 것이 증명된다면, 타율을 불러올 수밖에 없을 것이다. 나는 지금도 언론계가 자율할 수 있는 자질이 있다고 믿고 있다.

그러나 이 일을 하고 난 후, 나는 은근히 회사 간부들로부터 고분고분한 사람이 아닌 사람, 페르소나 논 그라타로 분류되고 이듬해인 1965년, 한국 최초의 언론인 해외 연수 지원 재단으로 성곡언론재단이 설립되자, 내 의사와는 관계없이 회사 간부에 의하여 그 제1기 장학생으로 추천된 것은 이러한 나의 사내 이미지와 무관하다고 볼 수 없다. 말하자면 좀 멀찍이 떼어놓자는 계산, 일종의 '유배유학'이었던 것이다.

어찌 됐건, 나는 부장급 이상이어야 한다는 재단 규정에 명시된 지원자

격 기준에도 미달인 정치부 '차장 대우' 신분으로 당시 우리 언론계 최고
의 거물 논객이던 조선일보 주필 선우휘 선생과 함께 일본 도쿄대학 대학
원을 다녀왔고, 그것이 계기가 되어 귀국 후 석사, 박사코스를 밟았으며,
나중에 그러한 경력 때문에 수원대학교 교수, 부산 동명대학교 총장 노
릇을 할 수 있게 되었다.

돌이켜 보면 나의 일생은 이전삼전, 지그재그의 연속이었다. 그럼에도
불구하고 큰 상처 없이 오늘에 이른 것은 오로지 신불의 가호가 있었기
때문이었다.

박현태 | 서울경제 편집국장, 한국일보 논설위원, 국회의원, KBS 사장.

13대 대통령 선거 개표 컴퓨터 조작설 유감

나는 요즘 정치권에서 끊이지 않고 나돌고 증폭시키는 여러 음모설 조작설 등을 신문이나 방송을 통해 접하면서 그 음모 조작설이 그 설의 진실 여부와는 관계없이 그 설로서 가지는 임무가 있고 그 임무를 다하고 나면 용도폐기되거나 없었던 것처럼 사라진다는 느낌을 갖게 된다.

배학철

지금부터 31년 전의 일이다. 1987년 12월 16일 제13대 대통령 선거가 있었다. 당시 여당에서 노태우 후보가, 그리고 야당에서 김영삼, 김대중, 김종필 등 소위 3김 씨가 후보로 나서 6·29 선언으로 민주화된 환경에서 역사적인 민주적 자유선거가 실시되었다. 그런데 선거 유세 과정에서 으레 벌어지는 크고 작은 의혹과 음모 등 폭로들은 있었으나 별 큰 탈 없이 투표가 끝났는데 문제는 개표 과정 특히 개표 방송에서 터져 나왔다. 소위 TV 개표방송 컴퓨터 조작설이다.

나는 당시 KBS 보도본부장으로 이 개표 방송의 책임자였다. 개표 방송에는 KBS와 MBC가 공동으로 참여했다. 양사가 각 개표소에 취재 인력을 파견하여 후보별 득표수를 취재하고 분석 자료 등을 공유하는 등 개표 방송을 공동으로 꾸렸으나 최종적으로 문자 도표 영상 등으로 Make up 해서 TV로 송출하는 과정은 각자 독자적으로 진행한 것으로 기억된다.

그런데 개표방송이 끝난 뒤 일부 야당과 천주교 정의구현사제단에서 소위 "대통령 선거 개표 컴퓨터 조작" 의혹설을 제기했다. 여기서 필자는 그 주장의 허구를 새삼 자세히 논박하려는 것은 아니다. 다만 그 개표방송을 컴퓨터로 조작했다고 주장하면서 그들이 보여준 행태의 이중성과 무책임성 그리고 언론의 방관자적 보도 자세를 말하고 싶을 뿐이다.

당시 야당 후보들은 개표 결과가 컴퓨터로 조작됐기 때문에 무효라며 선거 무효 투쟁을 벌이겠다고 나섰고, 정의구현 사제단은 선거가 끝나고 두 달이나 지난 88년 2월에 "개표 과정의 컴퓨터 조작설이 사실이라는 증거를 포착했다."는 성명을 발표했다. 그들은 더 나아가 "이런 선거를 통해 당선된 자가 국민의 정당한 대표가 될 수 없음을 선언 한다."고도 했다.

그들이 조작의 근거로 내 세우는 사례를 보면 개표가 끝나기도 전에 개표 결과를 TV에 보도하는 경우가 많았고, 일부 시간대 선관위와 TV의 개표 결과가 달랐고, 특정 후보의 득표수가 시간이 경과하면서 오히려 줄었고, 무효투표 수도 시간이 가면서 줄어들었고, 총 투표자 수도 여러 번 수정되었다 등등이었다.

그들은 이 사례들을 분석해 볼 때 이 선거는 사전에 지역별 후보별 득표수를 컴퓨터로 조작해서 이 조작된 프로그램에 따라 TV 개표 방송을 진행하고, 선관위는 선관위의 집계를 시차를 두고 TV 집계에 접근시켜 발표함으로써 결과적으로 TV의 조작 방송에 합법성을 부여하려 했다는 것이다. 이들의 주장에 항목별로 일일이 대응하는 것은 이 시점에서 무의미할 것이다.

다만 그들의 주장은 개괄적으로 말해서 후보별 득표 수집과정에서 나타난 일부 오류와 이 오류를 바로 잡는 과정에서 나오는 차이 또는 예측

프로그램과 실제와의 차이 등등을 이해하지 못했거나 악의적으로 해석했기 때문이라고 생각된다. 너무나 엄청난 의혹 제기였다. TV 개표방송 과정에서 나타난 일부 오류들은 한마디로 수작업에서 오는 불가피한 것들이었다.

당시 개표방송에는 245개 전국 개표소에 KBS와 MBC에서 각 1명씩 2명, 모두 500명 정도의 집계 요원이 파견되어 개표 과정을 일일이 손으로 취재해서 전화로 KBS 공개홀로 보냈고 영등포 여상 학생 160여명이 이 집계 현항을 받아 컴퓨터 전산처리에 전달했었다. 이때 개표방송에 동원된 인력은 외부 전문 인력 까지 합해 3천여 명에 이르렀다. 개표소에서는 취재 과정에서 선관위의 최종 집계와 취재요원의 1차 취재 결과에 차이가 있을 수 있었고 또 취재결과를 전화로 송수신하는 과정에서도 오류가 있을 수 있었다. 그를 수정 보완하면서 개표 방송을 진행하는 것은 너무나 당연한 과정이었다. 그런데 그것을 왜곡 발표한 것이다.

선거 후 2달이나 지나기 까지 의혹을 부풀리고 선거 무효를 주장하는 상황에서 KBS는 그냥 두고만 볼 수 없었다. 정의구현 사제단에 개표방송의 전말을 설명하고 의혹을 해소할 수 있는 기회를 갖자고 제의를 했다. 사제단 성명이 나온 후 한 달 뒤인 3월 18일 정의구현 사제단을 초청해서 소위 조작설에 대한 해명 설명회가 열릴 예정이었다. KBS는 사제단이 참여하면 이 설명회를 공개리에 투명하게 진행하려 했었다.

그런데 막상 시간이 되니 사제단의 대표 신부나 책임 있는 관계자들의 모습은 보이지 않고 간사란 사람과 컴퓨터 전문가란 사람 2명만 나타났다. 그들은 신부들이 불참하게 된 이유는 말하지도 않고 KBS의 해명 자료만 받아가겠다는 것이었다. 나는 단연코 그들의 요구를 거부했다. 책임 있는 관계자는 나타나지도 않고 우리가 신뢰할 수도 없는 인사가 불쑥 나타났는데 그들에게 자료를 내어 줄 수는 없었다. 한마디로 정의구현 사제단에 농락당한 기분이 들었다.

후에 듣기로는 그들은 공개 설명회를 원치 않았다고 한다. 그건 무슨 뜻인가? 결국은 컴퓨터 조작설의 진실이 공개되는 것을 두려워했던 것 아닌가 추측된다. 그들은 그 뒤에 다시 컴퓨터 조작설을 들고 나오지 않은 것으로 알고 있다. 한편 최근에 조갑제 씨가 3김 씨에 관한 에피소드를 SNS에서 소개하는 걸 들었는데, 조씨가 당시 후보였던 김대중 씨에게 컴퓨터 조작설을 주장하면서 왜 재검표를 요구하지 않았느냐고 물었더니 김대중 씨는 묵묵부답이었다는 거였다.

당시 신문이나 방송은 컴퓨터 조작설을 보도하기는 했지만 그 진위를 능동적으로 추적해서 밝히려는 시도는 보이지 않았다. 신문은 그저 양쪽 주장을 주장하는 대로 나란히 게재했을 뿐 실체적 진실을 파헤치려 하지 않았다. 어느 시사 월간지는 "컴퓨터 개표 조작설 공방"이란 제하에 양측 주장을 무려 20여 페이지에 걸쳐 자세히 게재했으나 그들만의 자체 취재는 없었다.

사실 컴퓨터가 조작을 했든 아니든 본질적으로 문제 될 일은 아니다. 후보의 득표수는 선관위의 최종 집계로 판별되고 당선자도 선관위의 발표로 확정되는 것 아닌가? 그 선관위의 발표를 못 믿는다면 여야 참관 하에 재검표를 하면 간단히 해결 될 문제인데 야당이나 사제단은 왜 개표 방송 조작설로 선거 결과를 흔들려 했는가?

나는 요즈음 정치권에서 끊이지 않고 나돌고 증폭시키는 여러 음모설 조작설 등을 신문이나 방송을 통해 접하면서 그 음모 조작설이 그 설의 진실 여부와는 관계없이 그 설로서 가지는 임무가 있고 그 임무를 다하고 나면 용도폐기되거나 없었던 것처럼 사라진다는 느낌을 갖게 된다.

과연 음모설, 조작설 등 세간을 떠들썩하게 흔들었던 설들이 명명 백백 진실을 드러내고 마감한 예는 얼마나 되는지 모르겠다. 횡행하는 설들에 애꿎은 국민들은 이리 저리 끌려 다니고 오직 그 설의 진원지에 있는 정치인들은 결속을 다지며 이득을 보는 경우가 많지 않을까? 그리고 예나 지금이나 신문 방송은 물론이고 유사 언론 매체까지 합세해서 '설 설 설' 하면서 의혹을 증폭시키는 데 열을 올리고 있지만 실체적 진실을 파헤치려는 노력은 보이지 않는다. 있는 사실을 객관적으로 보도한다는 명분만으로 진실 추구를 외면한다면 그것이 과연 언론의 본령을 지키는 일인가 묻고 싶다.

배학철 | KBS 보도본부장, 미주한국방송 사장, 대구방송 사장.

4·19에서 언론 통폐합까지

난 이 한 가지는 자신 있게 말할 수 있다. '우연'이란 것이 인생을 좌우하진 않는다고! 오히려 내 인생의 '축은 선택이라고!

봉두완

그때 나는 올챙이 기자였다. 바깥세상이 어떻게 돌아가는지도 모르는 올챙이에게는 모든 게 엄청난 격동기의 쓰나미였다. 4·19 학생혁명의 촉매제가 된 경무대(현 청와대) 발포사건의 현장에서 연세대, 고려대 학생들이 여기저기서 곽영주 경무관(대통령 경호실장) 팀이 쏘는 총탄에 맞아 쓰러지는 현장에서 나는 어디 가서 어떻게 상황을 파악하며 취재를 해야 하는지 망연자실 정신을 잃은 채 떨고 있었다.

저쪽 50~100m 앞에서 데모 군중이 하나둘 씩 쓰러질 때 나는 적선동 파출소 앞에서 모든 상황을 지켜보며 발만 동동 구르고 있었다. '탕, 탕, 탕…' 총소리가 푸른 하늘에 메아리치자 나는 엉겁결에 파출소 옆 골목 담에 몸을 숨기며 뛰는 가슴을 억누르고 있었다. 그게 내가 경찰 기자로서 맨 처음 겪은 6·25 같은 격동기의 에피소드였다. 그 후 정치부로 옮겨 그때의 처절했던 상황을 이야기할 때면 꼭 따라다니는 말이 있었다.

'저 봉두완이란 놈 말이야. 총소리가 탕탕 나니까 제일먼저 파출소 뒷

골목으로 튀더라구…'

시경 캡을 하는 선배나 다른 동료 기자들은 반 농담조로 아무렇지도 않게 농담을 할 때마다 나는 '그게 아니라 난 파출소 옆 담에 그냥 기대고 있었어!' 하고 소리 질러 반박하고 싶었지만 이미 그것은 쏟아진 물이었다. 사실 나는 전쟁터를 버린 군인이었다.

4·19 학생데모, 이승만 대통령 하야, 허정 내각, 장면 민주당 정권, 5·16 쿠데타 등으로 이어지는 격동기의 풍랑 속에서 나는 떠내려갈 뻔했다. 그 엄청난 정치적 격랑 속에서 올챙이는 정말 까딱했으면 한순간에 떠내려가 저쪽 논바닥 무명인사의 묘에 묻힐 뻔했다.

시험이라는 시험은 다 떨어졌는데 어쩌다 대학 영문과에 때늦게 합격했고, 또 대학 졸업반 때 치른 견습 기자 시험에 다른 7명과 함께 합격한 게 나의 인생 코스를 이렇게 확 바꿔 놓을 줄은 꿈에도 생각지 못했다.

올챙이 기자로 경찰에 출입한다는 것은 정말 고달팠다. 이승만 대통령이 하야하고 허정 임시내각이 들어서면서 미국의 영향력이 눈에 띄게 증폭되고 있었다. 따라서 주한 미 대사관의 움직임은 언론의 주요 관심사항이 될 수밖에 없었다. 그런 상황은 나에게 기회를 만들어 주었다. 하루는 편집국장이 나를 불러 세우더니 다짜고짜 묻는 것이었다.

"이봐, 봉 기자! 사쯔마와리(경찰기자) 한 지 얼마 됐지?"

"몇 달 됩니다."

"몇 달이 얼마나 되었냐고?"

"거의 6개월 다 돼갑니다."

"그래? 자네 무슨 영문과 나왔다지?"

"네."

"영어는 좀 하나?"

"네, 그냥 좀…"

"좀이 얼마야? 미국 사람들 하는 소리 알아들어?"

"네, 대충은…"

"영어를 제대로 좀 하는 놈이 하나도 없으니까 내가 자네더러 묻는 거 아냐?"

"네, 그러니까 남들만큼 알아듣고 좀 쓸 줄도 알고…"

"야, 이 사람아, 그 정도는 나도 하겠다. 원… 쯔쯔쯔! 대학 2학년 때 무슨 전국 영어웅변대회에서 대통령 상 받았다며?"

"네!"

"그럼 됐어. 이봐, 정치부장!"

정치부장을 불러 내일부터 당장 미국 대사관 취재를 시키라는 엄명이 떨어졌다. 정치부에 가서는 외무부와 경무대(청와대), 중앙청을 출입하게 되었다.

당시 미국 아이젠하워 행정부가 한반도 정치 상황을 우려하는 갖가지 성명과 대책을 발표하게 되자 단연 서울에 있는 미국 대사관은 뉴스 메이커의 중심부였다. 그래서 나는 엉겁결에 사회부에서 정치부로 옮겨 외무부를 출입하는 고흥욱(고흥길 중앙일보 편집국장의 형) 선배를 따라 나섰는데 그때 모습은 마치 장날에 팔려가는 소를 뒤따라가는 개와도 같았고, 어쩌면 수행원 같기도 하고, 여하튼 나는 그때부터 정치부 똘마니 기자로 정처 없이 돌아다니기 시작했다. 다행히 한국일보 서인석 선배(미 UPI통신 특파원 출신)께 구내식당에서 커피 한잔 사드리면 '이건 이렇고 저건 저렇고' 별 표정도 없이 내뱉듯이 몇 마디해 주는 게 고작 그날의 상황 브리핑이었다.

　그때 세상은 하루가 다르게 요동치고 있었다. 허정 내각의 과도정부에서 장면 총리의 민주당 정권이 들어설 때까지, 그 과정은 한마디로 춘추전국 시대와도 같았다. 내가 그때 대학을 졸업하고 어디 영어선생이나 했더라면 큰일 날 뻔 했다. 기자랍시고 여기 저기 하룻강아지처럼 돌아다녔기에 그나마 우물 안의 개구리가 튀어나와 어지러운 세상 돌아가는 걸 볼 수 있었지 않은가! 아, 나는 정말 할 말이 없다. 그저 하느님께 감사할 따름이다. 초근목피로 연명하는 백성들의 원성은 하늘을 찌르는 듯했고, 4·19 의거 학생들은 국회의사당 단상을 점령하기에 이르렀다. 우리 사회는 '혼란' 그 자체였다.

　4·19 이후 수립된 제2공화국을 칭할 때 흔히 장면 정권이라 부른다. 4·19의 이념을 구현하기 위해 채택한 내각책임제에서 권력의 정점은 국무총리인 장면이었기 때문이었다.

　1960년 8월 16일, 민주당 구파였던 윤보선 대통령은 민주당 구파인 김도연(金度演)당수를 총리에 지명했으나 인준에 실패하면서 18일에 신파(新派) 장면(張勉) 박사를 총리로 지명하여 국회(중의원)의 인준을 받게 되었는데, 그때부터 민주당 구파는 '신민당'이라는 간판을 내걸고 야당으로 변신했다.

　그때가 1961년.

　어느 날 나는 대전에 있는 63병원에 군의관으로 배속되어 있는 나의 가장 친한 경복고 동창 이철 중위와 유태연 박사(서울고)를 만나고 서울로 돌아오는 호남선 막차 안에서 우연히 김도연(金度演) 신민당 위원장 일행을 만나게 되었다. 그들은 광주지구당 결성을 마치고 서울로 올라가던 길이었다.

　나는 반가운 김에 냉큼 자리로 가서 먼저 인사를 건넸다.

　"안녕하십니까? 위원장님, 동화통신 정치부 봉두완 기잡니다."

　"여, 젊은 친구! 그래 어디 갔다 오는 길인가?"

　기자라는 말에 모두들 자리를 내어주며 적당히 반겨주는 것이었다.

　"광주에 다녀오시는 길이시죠?"

　"음, 일이 잘 됐어. 광주에선 근데 말씀이야. 안 되겠어! 이대론 정말 안 되겠단 말이야!"

　"무슨 말씀이신지?"

　"모르나? 장면 정권 말이야. 정말 무능해요. 쭉 돌아보니까 영~ 안 되겠단 말씀이야."

　기차가 천안역에 당도했을 때 나는 얼른 요즘 돈으로 2만, 3만원 하는 호두과자를 한 무더기 샀다.

　"손자들 갖다 주십시오."

　"아니, 이 사람 이거 미안해서 어쩌나…."

　"저도 연희전문 출신입니다. 이만섭 동문하고 같은 정치부에 있습니다."

　"아니, 우리 연희 동문이구만…. 헛헛허."

　손자들 자랑으로 화제가 잠시 바뀌더니 이내 화제는 자신을 배신한 정권에 대한 불평으로 돌아왔다.

　"그 장면 말이야… 정권 잡은 지 벌써 반년이 넘었다고. 그런데도 정국이 수습되긴커녕 세상이 더 어지러워. 참 무능해! 우리가 신민당을 결성하는 건 그래서 하는 거여! 집권체제를 갖춰 놔야지…. 장면 정권을 도괴

할 날이 얼매 남지 않았다 이거야….”

특종이었다.

이건 현 정권을 향한 단순한 비방이 아니었다. 기차가 서울역에 도착하자마자 나는 대충 인사를 하고는 곧장 본사(소공동)로 달려갔다. 그리고는 부리나케 기사를 써 내려갔다.

‘김도연 신민당 위원장은 26일 오후 장면 정권의 도괴 시기는 바로 이때라고 천명하고…’

다음날 한국일보와 동아일보 등 모든 조간신문은 1면 톱기사로 크게 다뤘다.

‘따르릉.’

그날 아침 예상했던 대로 전화가 걸려 왔다.

드디어 올 것이 왔구나!

바로 얼마 전까지 경향신문 정치부장으로 있던 송원영 총리 공보비서관의 차분하고 약간 떨리는 목소리가 수화기를 통해 전해져 왔다. 나는 교무실에 끌려가는 학생처럼 장면 총리의 방으로 발길을 옮겼다. 언제나 부드럽고 인자한 모습의 그는 오히려 담담한 표정이었다.

“이 사람아, 이게 무슨 소린가! 이런 식으로 기사를 마구 써대면 어떡해!”

명 앵커맨으로 국민의 이목을 집중시키기 시작한 동양방송 ‘뉴스전망대’ 시절.

대통령 특사 자격으로 교황청을 방문. 교황 ‘요한 바오로 2세’를 알현하는 모습.

중학교 교장 선생님의 모습이었다.

방미, 방카 기간 백악관 방문 시 레이건 대통령과 환담을 나누며.

1960년대 중반에 내가 한국일보에서 야간 데스크를 볼 때 길재호 공화당 사무총장 일행이 베트남 주둔 맹호사단(사단장 윤필용 소장) 장병 위문 방문차 갔을 때 엔진 고장으로 불시착하는 위기일발의 엄청난 사고가 발생했다. 수행기자(갈우철 기자)는 천신만고 끝에 그 기사를 보냈는데…. 나는 그때 미국 해군 정보함 납북 사건으로 미 태평양함대 소속 항공모함이 북한 수역까지 발진했다는 긴급뉴스(Bulletin News)를 1면 톱기사로 갈아치우느라고 정신없이 공무국을 들락거리느라 사이공 발 갈우철 기자의 긴급뉴스를 책상 위 고무판 밑에 넣었다가 낙종한 일이 있었다. 그때 조선일보는 끝까지 한마디 안 하다가 새벽 시내판에만 슬쩍 집어넣는 바람에 나는 결국 낙종하여 한 방 먹고 말았다. 그날 아침 9시 30분부터 시작하는 편집국 '화요회'는 주로 장기영 사장이 편집국장 책상에 앉아 밤낮 무슨 선거 유세하는 식으로 혼자 떠들다 끝나는 희한한 '회의'였는데, 이날만큼은 상황이 달랐다.

"편집국장(홍유선)!"

홍 국장은 언제나 편집국 입구에 홀로 앉아 매 맞을 준비만 하고 있었다.

"저 봉두완 말이야… 특종기사 빼 먹은 놈 말이야… 저걸 의원면직 하면 다른 신문사가서 또 취직해 가지고 또 회사 망칠 테니까… 의원 면직, 그러지 말고 '파면!'이라고 써 붙여요! 당장."

편집국은 숨소리도 안 들릴 정도로 조용했다.

그때 내가 반 쯤 일어서서 한마디 했다. "누구 맘대로!"

조용하던 숨소리가 갑자기 "와!" 하며 터졌다.

그러더니 쿠바산 시거를 입에 물고 마이크를 잡고 있던 왕초(장기영 사주)는 장내 분위기가 가라앉자 한마디 했다.

"저것이… 저것이… 에이, 저놈 봉두완이…" 하더니 "편집국장, 다음 토의 안건이 뭐야?"하며 아무 일도 없었던 것처럼 분위기를 바꾸는 것이었다.

신심이 두터운 가톨릭 신자로 동성고등학교 교장선생님 출신이었던 장면 총리는 그때 화가 잔뜩 났을 텐데도 그 근엄한 얼굴에 분노와 미움 같은 표정은 전혀 찾아 볼 수가 없었다. 나는 머리를 숙이며 조용히 말했다.

"네, 그게 실은 어제 우연히 열차 안에서…"

"아니, 알았어요. 열차 안에서 우연히 만나 취재한 것이겠지만, 이게 그게 아니야… 그런 식으로…"

끝까지 화를 참는 지도자의 모습을 나는 정면으로 쳐다볼 수가 없었다.

그날부터 기자실 선배들과 관료들은 갑자기 어색하고 이상한 눈으로

미 민주당 대통령 후보 지명전에서 참신한 이미지로 돌풍을 일으켜 차기 대통령 선거에 도전할 '게리하트' 의원과 함께.

나카소네 수상의 방한 시 인사를 나누며.

나를 보는 것 같았다. 그동안 정부 관리들조차도 대충 상종하던 그들이 나에 대해 관심을 보이는 것 같았다. 중앙청 출입기자단 간사였던 지갑종 선배(연세대−일일신문 정치부)가 한마디 했다. "야, 너 기죽지 말고… 그냥 밀고 가! 잘했어!" 지갑종 선배 하숙집(관훈동)에서 사단법인 [관훈클럽]이 탄생한 것은 유명한 에피소드로 남아 있다.

얼떨결에 장면 정권을 그렇게 흔들고 난 다음, 4·19 총소리에 겁에 질려 도망쳤던 올챙이는 드디어 허파에 바람이 든 개구리처럼 이리 뛰고 저리 뛰고, 정신없이 날뛰다가 70년대 TBC 앵커맨 때는 자칫 했으면 독사 뱀한테 물려 죽을 뻔하기도 했다.

자유당 말기에서부터 1980년 TBC 방송이 KBS에 통폐합될 때까지 근 22년간 기자 생활은 정말 이 어수룩한 봉두완에게는 축복의 나날이었다. 빛나는 인생 역전이었다.

두서없이 얘기했는데…. 여기까지 보면 내가 살아 온 삶은 누가 봐도 좀 엉터리− 치밀한 계획 같은 건 아예 찾아 볼 수도 없다. 그때그때 대충대충 그렇게 지냈던 것 같다. 정치부장이나 편집국장, 주필 같은 걸 한 번도 해보지 못했다. 우선 그런 엄청난 일을 할 능력이나 실력이 전혀 없었다. 그래도 제일 빨리 기자답지 않게 뛰었던 것은 4·19 때 총소리 탕탕 나자 제일 먼저 재빠르게 도망친 것이 아마 나의 '민완 기자' 실력을 대변하는 것이나 아닐지?

그러나 난 이 한 가지는 자신 있게 말할 수 있다. '우연'이란 것이 인생을 좌우하진 않는다고! 오히려 내 인생의 '축'은 선택이라고! 이거다 싶으면 과감히 나아갈 수 있는 힘과 용기! 그리고 또 한 가지, 내가 갖고 있는 장점 중 하나는 성실하다고나 할까? 듣기 좋은 말로 '성실'이지 친한 사람들 표현대로 하면 '여우'처럼 약삭빠르지 못하고 '곰'처럼 우직하다는 건데. 글쎄올시다, 봉두완의 인생은 그냥 하늘이 명령하는 대로 우직하게, 순수하게 남을 위해 살아가는 그런 삶을 목표로 여기까지 달려 왔는데, 글쎄, 벌써 85년의 세월이 흘렀다니…. 참 오래도 살았다.

봉두완 | 관훈클럽 총무, 한국일보 워싱턴 특파원, 중앙일보 논설위원, 동양방송 논평위원(TBC 앵커맨), 북한대학원대학교 석좌교수, 11대·12대 국회 외무위원장

실패한 신문 기자

나는 지금도 나를 경제 기자로 키우겠다는 부장의 뜻을 저버리고 첫 직장을 떠나온 것을 깊이 뉘우치고 있다. 만일 이 부장 아래서 경제 전문 기자로 컸다면 내 인생은 지금과는 완전히 다른 길을 걷고 있었을 것이다.

서병호

내가 대학을 졸업하고 군대를 제대한 해가 1963년이니 꼭 50년 전이다. 우리 세대를 흔히들 4·19 세대라고 부른다. 1960년 학생들이 주축이 되어 자유당 정권을 무너뜨리고 이승만 대통령을 하야시킨 세력이다. 이로써 내각제의 민주당 정권이 들어서게 되었다.

하지만 이도 잠시, 바로 1년 후 5·16 군사혁명으로 온 세상이 바뀐다. 내가 사회생활을 시작하던 때가 바로 이 변혁의 시대이다. 졸업, 제대 후 취업을 해야 하는 상황인데, 군사정권의 혁명공약 중 하나인 경제개발 5개년 계획이 1962년 시작되어 기업체가 늘어나고 일자리가 생기기 시작하였으나 여전히 일거리는 흔치 않았다.

지금의 청년 실업이 심각하다고 하나 그때도 지금 이상으로 힘들었다. 내게는 두 가지 정도의 선택이 있었다. 대학원에 진학해 공부를 더 하느냐, 아니면 신문사로 진출하느냐였다.

하지만 대학원은 박사학위를 따고 교수가 되는 문리과대학의 정규 코스로 평생 공부를 할 각오가 되어 있어야 하는데, 대학 4년 동안 공부에 집중하지 않았던 터라 자신이 없었다. 게다가 집안형편이 공부를 뒷받침할 수 있는 상황도 아니어서, 아카데미즘(academism)보다는 저널리즘(journalism)으로 내 길을 선택했다.

70 대 1 경쟁 뚫고 동양통신 기자로

1961년 5·16 군사혁명이 일어난 그 시점, 나는 논산훈련소에서 전반기 훈련을 받고 있었다. 지금 젊은이들도 그러하겠지만 당시 젊은이들도 군 복무는 아까운 시간낭비라 여겼다. 그런데 돌이켜보면, 2년 반 동안의 군 생활은 내게는 오히려 큰 도움이 되었던 것 같다. 인내심, 자신감, 취업 시험을 준비할 수 있는 시간과 환경을 내게 제공해 주었던 것이다.

사단사령부의 밀폐된 상황실 근무, 미 1군단의 작전지시를 번역하면서 익힌 군사용어와 영어에 대한 자신감, 고참 시절 취업 참고서를 독파할 수 있게 해주었던 약간의 여유, 이 모든 것이 내 취업에 결정적 도움이 되었다.

1963년 말 군복을 입은 채 중앙고교에서 동아일보 기자 시험을 쳤다. 국어는 고문이 출제되었고 작문은 '전보'에 대해 작문을 하라는 문제가 나왔다. 보기 좋게 낙방이었다. 오기가 생겨, 신문사 입사 시험은 닥치는 대로 다 쳐보리라는 각오로, 이를 악물고 시험 준비를 했다. 모든 신문 사설의 논지를 통째로 외우기까지 했다.

다음해 1월 동양통신 기자 모집 광고가 떴을 때는 한 번 더 기회가 생겼다는 생각에 얼마나 반가웠는지 모른다. 과목 역시 평소 준비를 많이 한

영어, 논술, 상식이라 자신이 있었다. 논술은 주제 후보군 중 '미국 원조와 자립경제'를 선택했다. 신문 사설에서 여러 번 다루어진 주제여서 매우 익숙해 거침없이 자신 있게 써내려갔다.

영어도 한 문제 정도 틀렸을까, 거의 다 정답을 썼다. 필기시험 결과는 합격. 70 대 1의 경쟁을 당당히 통과했다. 필기시험에서의 자신감이 이어진 것인지, 뒤이어 군복을 입고 치른 면접시험도 통과하고 당당히 최종 합격통지를 받아들었다. 합격통지를 받고 얼마나 기뻐 날뛰었는지, 지금 생각해도 속이 시원하고 가슴 벅찬 일생일대의 성취이자 쾌거였다.

하늘을 찌를 듯한 기백과 자신감으로 통신사 기자 생활을 시작하게 되었는데, 나는 내가 이렇게 당당히 기자로 사회생활을 시작할 수 있게 된 것은 앞서 말한 대로 군대생활이 뒷받침됐기 때문이라고 확신한다. 나는 내 인생 항로에 좋은 영향을 미친 군대생활이 고맙다. 나아가 대한민국 정부에도 고마움을 표하고 싶다.

군대에서 몸으로 배운 인내는 인생의 고비마다 닥치는 위기와 시련을 견디게 하는 내성이 되어 준다는 것이 내 생각이다. 나는 우리 젊은이들이 군복무는 결코 시간의 낭비가 아니라 시간의 활용임을 명심했으면 좋겠다. 험난하고 기나긴 인생을 살아갈 수 있도록 우리 자신을 다듬고 키우게 하는 훌륭한 훈련장이라 생각하길 바란다.

신문 기자는 매력 있는 직업

신문 기자는 매력 있는 직업이다. 기자는 자유롭게 우리 사회, 나아가 세계 곳곳의 현장을 발로 뛰어다니면서 취재를 하고, 지위고하를 막론하고 만나고 싶은 사람을 만나 기사를 만든다. "펜은 칼보다 강하다."는 경구를 굳이 들먹이지 않더라도, 기사 한 줄이 때로는 쓰나미보다 더 큰 위력을 발휘하기도 한다.

물론 그에 상응하는 사회적 책임이 뒤따라야겠지만 기자만큼 보람 있는 직업도 드물다. 언론사는 전공 불문하고 완전 자유경쟁으로 기자를 뽑기 때문에 누구나 도전할 수 있는 직업이기도 하다.

때문인지, 갈 곳 없었던 대졸 젊은이들이 시험장을 몰려 다녔다. 내가 문리대 캠퍼스에서 보던 낯익은 얼굴들이 꽤나 되었다. 이중 갈천문, 최시중, 김용범 등이 동양통신사로 왔다. 학교에서의 경쟁 대상이 사회에서도 경쟁자가 된다는 평소 나의 지론을 확인하는 장면이다. 당시 동양통신에는 나를 포함해 10명이 합격하였는데, 이중 갈천문이 단연 돋보였다. 반듯한 태도와 글재주로 타의 추종을 불허하는 뛰어난 친구였다. 하지만 애석하게도 '갈공(葛公)'은 오래 전에 불의의 사고로 우리 곁을 떠났다. 천국에서 필요한 인물인지 일찍 스카우트 되어 간 것이다. 그때만 해도 통신사라면 무선통신을 취급하는 텔레콤 회사가 아닌지 묻는 친구도 있었는데, 통신사는 외신부가 주축이 된 언론사다. 나와 동기생들은 한 달 간 외신부 번역 견습을 끝내고 각 부서로 발령이 났다. 나는 희망대로 서울대 상대 출신인 정용진과 함께 경제부에 배속되었다.

그때 경제부는 쌍용그룹 오너인 김성곤 국회의원의 사돈인 이승보 부장이 완전히 장악하고 있었다. 희망과 기대에 차서 들어간 경제부에서의 첫 업무는 전화당번과 부장의 심부름이었다. 첫술에 배부를 수는 없는 법! 묵묵히, 열심히 일하다 보니, 드디어 내게도 출입처 배정이 이루어졌다. 부장이 나에게 배정한 출입처는 정부기관이 아닌 업계였다.

전경련, 대한상의, 무역진흥공사 등 경제단체와 시장을 돌며 기삿거리를 물고 오라는 명령이었다. 당시 경제부 기자라 하면 주로 정부기관을 출입하는 것으로 생각되던 터라, 이게 무언가 하는 생각도 잠시 들었으나, 다시 생각해보니 나는 내 출입처가 마음에 들었다. 경제단체를 커버하는 기자는 부지런하기만 하면 얼마든지 훌륭한 기사를 만들 수 있었던 것이다.

후회 없는 외신부 기자

나는 남대문에 위치한 코트라(KOTRA) 기자실을 거점으로 주위에 있던 경제단체들을 돌아다녔다. 코트라 해외주재원이 보내온 우리 수출품에 대한 현지 클레임을 정리하여 기사를 쓰면 중앙지에서 2~3단 크기로 받아쓰기 시작했다. 우리 수출품의 질적 제고를 위해서도 클레임 기사는 언론에서 크게 다루어야 한다는 것이 내 생각이었다. 또, 통신사가 보도 자료나 발표문을 기사화하는 것으로는 언론의 관심을 끌 수 없는 만큼, 타사가 다루지 않는 뉴스거리를 발굴하는 일에 집중했다.

한번은 경제기획원 장기영 부총리가 기자 회견을 자청해 생필품 값을 10% 인하하겠다고 발표한 적이 있다. 쌀, 쇠고기, 고무신 같은 생필품 값을 정부가 내리고 올릴 수 있을까 하는 의문을 갖고 나는 남대문 고무신 도매상을 몇 군데 찾아가 보았다. 상인들은 이구동성으로 '정부의 희망사항일 뿐, 평균 100원씩 하는 흰 고무신 값을 90원으로 내릴 수는 없다.'고 단호하게 얘기들을 했다.

나는 시장 상인들의 반응을 기사화 했다. 부장도 재미있는 기사라고 칭찬했고 그 기사는 도하 석간 2면에 2~3단 크기로 게재됐다. 그러나 경제 기획원에서 해당 기사가 사실이 아니라는 해명을 해왔고, 부장은 이를 내게 전하면서 앞으로 기획원 관련 기사는 신중히 다루라고 경고를 했다. 정부 발표에 대한 의문이 가시지 않아 후속보도까지 기획했지만 회사 분위기에 눌려 포기했다. 흰 고무신 값은 내려지지 않았다.

어쨌든 경쟁사는 쳐다보지도 않는 업계로 눈을 돌려 새로운 기사 개발을 해낸 이승보 부장의 혜안을 높이 평가하고 싶다. 작은 필화사건에도 불구하고 부지런히 업계를 쏘다니며 기사를 써내고, 기사 쓰는 맛을 조금 알게 될 무렵, 갑자기 외신부로 발령이 났다. 외신부는 밤에 일하고 낮에 잠자는 부서이다. 밤 10시경부터 새벽 3시까지 쏟아져 들어오는 외신을 2~3명이 나눠 번역한다. 기자라기보다 번역사가 정확한 표현일 것이다. 백악관, 국무성, 국방성 3대 뉴스 삼각지에서 현지 시간으로 아침 10시에 기사가 폭주해 들어온다. 새벽 5시 전에 각 라디오 방송국 외신부에 주요기사를 불러준다. 중요한 급전(bulletin)이 있을 때마다 기사 카피를 들고 조간 신문사 편집부로 직접 배달도 한다.

통신사 깃발을 단 지프차를 타고 야간 통금시간에 신문사를 돌 때면 마치 대단한 일을 하는 것 같은 착각을 하게 되기도 한다. 당시 조선일보 편집부 차장으로 야간 편집 데스크인 최병렬은 고교 동창관계여서 그에게 'UPI-동양' 기사를 잘 다루어 달라고 부탁한 적이 한두 번이 아니었다. 어느 통신사 기사가 인쇄 및 방송매체에 크게 그리고 많이 게재되는가가 통신사로서는 사활의 문제였기 때문이다.

하지만 저녁 출근, 아침 퇴근의 외신부 근무를 다람쥐 쳇바퀴 돌 듯 몇 개월 하니까 건강이 나빠지고 친구들과도 멀어지면서 외톨이가 되는 것 같았다.

통신사 기자라는 직업의 매력이 점점 사라져 가고 있었다. 이를 알아챈 듯, 이승보 부장은 나를 다시 경제부로 배속시켰다. 하지만, 그때는 이미 새로 창간되는 중앙일보 외신부로 가기로 결정하고 있을 때였다. 게다가 1965년 9월 22일 중앙일보 창간을 앞두고 나는 하루 빨리 중앙일보 창간에 참여해야했다. 부장에게 이직 의사를 밝히자 그는 대노하면서 "희망대로 경제부로 다시 데려왔는데 이렇게 배은망덕할 수 있느냐."며 자리를 박차고 나가버렸다. 무마 지시를 받은 임철규 차장이 부장이 자기 출입처인 상공부를 나에게 넘기고 데스크만 보려고 하는데 왜 그 깊은 뜻을 모르냐고 안타까워했다.

임 차장은 "어느 신문사든 외신부는 춥고 배고프기 마련"이라며 "상공부가 어떤 부서인데 굴러온 복을 걷어차느냐"고 설득을 계속했다. 그러나 나는 지면이 있는 신문사에서 일하고 싶다고 최종통고하고 일어섰다.

경제 기자로 키우겠다는 부장의 뜻 저버려

중앙일보 외신부로 옮기고 며칠 지난 후 국장석에서 큰 소리가 났다. 작은 키에 다부진 체구의 이 부장이 이원교 편집국장에게 따지고 있었다. 나중에 국장에게 불려가 들은 이 부장의 항의 내용은 "서 기자는 본인 희망대로 경제부로 발령이 났는데 중앙일보로 왔으니 이중 플레이를 한 자이므로 당장 해직시켜야 한다."

또한 "이런 배은망덕한 자는 한국 언론계에서 매장시켜야 한다."는 것이었다. 이 국장은 전 직장을 깨끗하게 정리하지 않아 말썽을 일으킨 자는 채용할 수 없다고 야단을 쳤다.

　나는 지금도 나를 경제 기자로 키우겠다는 부장의 뜻을 저버리고 첫 직장을 떠나온 것을 깊이 뉘우치고 있다. 만일 이 부장 아래서 경제 전문 기자로 컸다면 내 인생은 지금과는 완전히 다른 길을 걷고 있었을 것이다. 창간 당시 중앙일보 외신부는 서울신문에서 온 박경목 부장을 필두로 조선일보 이광표 차장 그리고 이현석, 임상재, 신상갑 3명의 고참 기자와 김영희, 장두성 그리고 내가 주니어로 스카우트되어 진용을 갖췄다. 부장이 해설 기사와 읽을거리 기사 제목을 정하면 그 기사를 소화하고 쓸 수 있는 기자에게 배정한다.

　나와 장두성, 그리고 견습으로 들어온 정규웅은 기사 배정을 받지 못했다. 나는 읽는 속도가 느려 뒤처지는 편이었으나, 반면 한 번 읽은 내용을 소상하게 파악하는 능력이 있어 도움이 되기도 했다. 미국 유학 후 귀국해 중앙일보 이사로 근무하던 이건희 씨가 편집국 각 부를 견습하면서 외신부에서도 약 1개월 정도 같이 있기도 했는데, 그는 거의 말이 없었다. 중앙일보 외신부 근무 당시 기억나는 작업 중 하나는, 부장의 아이디어로 세계 주요국의 정보기관에 관한 시리즈물을 다룬 것이다. 자료를 구하기가 쉽지 않고 해당국의 대사관에서 협조를 해주겠냐며 취재의 어려움을 호소했으나 부장은 "넌 할 수 있다."며 나를 몰아붙였다.

　1965년 10월 19일자 중앙일보 4면에 '정보전선'이라는 제목으로 첫 회분 '소련의 KGB'가 게재되었다. KGB가 활용하는 미인계 첩보 활동은 나름대로 흥미로운 기사거리였다.

　이어서 영국의 MI6, 미국의 CIA, 프랑스의 SDECE, 서독의 FIS, 그리고 이스라엘의 모사드 등 6개국을 며칠 간격을 두고 연재하였다. 수박겉

핥기 식이기는 하지만, 외부에는 비밀에 붙여져 있던 주요국 정보기관의 활동상이 연재되자 언론사뿐 아니라 독자들의 반응이 적지 않았다.

올챙이 기자가 6회에 걸친 연재물을 쓴다는 것도 흔한 일이 아니었고, 기사에 대한 반응까지 좋으니 통신사에서는 느껴보지 못한 희열을 맛보았다. 이 연재물로 매달 편집국에서 주는 노력상도 받았고 부상으로 받은 상금을 털어 동료 기자들과 회식을 하는 기쁨도 누렸다.

외신부 주당들의 무용담 귀에 쟁쟁

기자 생활이 익숙해질 무렵, 퇴근 후 출출할 때는 기자들이 모이는 내수동 명월관이나 대한일보 뒷골목 주점을 찾아 회포를 푸는 것이 일과처럼 됐다. 이 대목에서 외신부 주당들의 무용담을 빼놓을 수 없다.

하루는 김영희, 임상재, 장두성 그리고 내가 명동의 한 맥주홀에서 실컷 마신 후, 술값이 모자라 내 시계를 풀었다. 하지만, 시계 하나로는 턱없이 부족해 김영희 시계도 내놓았다. 그런데 주인이 받아주지 않았다. 시비가 붙고 종업원들과 난투극까지 벌어지자 명동파출소 경찰관과 중부서의 경찰차가 와서 우리를 중부서로 연행해갔다.

현금이 없어도 시계나 소지품을 맡기고 곧잘 술을 마시던 시절인데 억울하다는 느낌이 들었다. 우리는 경찰이 관할지구 업소를 과잉보호하는 것 아니냐며 따지기 시작했고, 우리가 기자라는 사실을 안 경찰이 그 정도 선에서 적절히 무마하려 했으나, 내가 격분해서 한 경찰관을 주먹으로 쳐버리는 바람에 그 경찰관의 앞니가 나갔다.

내가 그렇게 주먹 힘이 센 줄 그때 알았다. 하룻밤을 경찰서 구치소에서 보내고 벌금 5천원, 이빨 치료비와 위로금으로 2만원을 주고 합의를 했다. 전과 기록이 되어 버린 이 벌금형은 배고픈 외신부 기자들에게서 나오는 일종의 자학적 만용이 아니었나 싶다.

기자 생활에서 큰 경험이자 전기가 될 수 있었던 것을 놓친 적도 있다. 박 부장이 정규웅 기자 상가에서 월남 특파원 티켓이 사회부에서 외신부로 넘어왔는데 갈 생각이 없느냐고 내게 의사를 타진해왔다. 놓치기 아까운 기회다 싶어 며칠을 고민하였으나 가지 않는 것으로 결정을 하고 부장에게 통고했다. 당시 결혼을 앞두고 있었는데 양가 가족들이 모두 전쟁터에 특파되는 종군 기자는 안 된다고 반대를 했고 나 역시 전쟁이 확산되는 마당에 굳이 갈 필요가 있겠는가 회의가 생겼던 것이다. 나대신 장두성 기자가 특파되었고, 이로써 나는 좋은 기자가 될 두 번째 기회를 놓쳤다.

기자로 성장해 나가는 길에서 스스로 도전을 포기하고 이탈했다는 표현이 정확할 것이다. 동양통신에서 경제부 기자로 커나갈 수 있는 기회와 중앙일보 월남 특파원 기회를 다 버리고 스스로 실패한 기자의 길을 택한 셈이다. 이 무렵, 한비 밀수사건으로 이병철 회장이 일선에서 물러서고 두 아들이 경영 일선으로 나섰다. 이들은 삼성에 새로운 피가 필요하다고 판단하고 중앙일보 주니어 기자와 견습 출신 기자 중에서 희망자와 기업체에 적성이 맞는 자를 골라냈다.

기자들이 촌지에 의존하여 살아갈 수는 없다는 생각이 들기 시작하던 나는 급여수준이 높다는데 귀가 솔깃했다. 또 외신부에서 해외 소식만 전하면서 세월을 보내는 것은 억울하다는 생각도 들던 상황이었다. 별다른 반대도, 붙드는 사람도 없이 중앙개발회사로 전직했다. 그토록 갈망하면서 천직으로 여기던 기자직을 버리고 기업체 사원으로 변신한 것이다. 기자로서의 내 인생은 여기서 막을 내렸다.

열정과 갈망으로 시작하였으나, 짧게 막을 내린 나의 기자 생활! 돌이켜보면, 나는 단견에 사로잡혀 긴 마라톤 경주를 준비하지 못했다. 앞날을 속단하여 채 펴보기도 전에 꽃봉오리로 져버린 모습이다. 그러나 기자로서 입신하는 데 실패했으나, 기자 생활은 지금껏 내게 자랑스러운 기억으로 남아 있다. 뉴욕타임스의 칼럼니스트 제임스 레스턴은 자신의 삶을 관통했던 말로 두 가지를 꼽았다. 진실과 마감시간. 나 역시 진실을 좇아 동분서주하며 사람들을 만나고 데드라인을 지키기 위해 긴박하게 하루하루를 보내던 시절이 있었다.

지금은 아득히 먼 옛일이지만, 그 시절의 열정과 에너지는 이후 내 삶의 어떤 시기보다 뜨겁고 넘쳤었다. 그리고 내 인생의 다음 장을 열어나가는 데 기름진 토양이 되어 왔다. 이 자랑스러운 기억은 앞으로도 내 삶의 든든한 자양분이 될 것이다.

서병호 | 동양통신 외신부 기자, 중앙일보 외신부 기자, 주영대사관 공보관, 한국방송광고공사 사장, 인하대학교 언론정보학과 객원교수, PP협의회 회장.

사람 내음 물씬하던 그 시절의 편집국

요즘 사람들에게는 우리의 정서에 쌓아진 이 사람 냄새의 퇴적층쯤은 오랜 항해 끝에 배 밑에 기생하는 갑각류나 해조류처럼 씻어버려야 할 것으로 보고, 웃기고 보잘것없는 고물이라고 여기겠지만 이 보물단지 같은 기억의 시절을 그들이 어찌 알겠는가.

송정숙

그 시절의 편집국에서는 사람 냄새가 코를 찔렀다.

특히 사철 쇠붙이 냄새를 싣고 뿜어져 나오는 공장의 열기는 편집국 시멘트 바닥으로부터 침투해오는 가스가 되어 온 방안을 휩싸고 있었다. 마감시간이 가까워지면 담배 연기와 악다구니 쓰듯 하는 전화 소리가 어울려 페르시아의 시장 장면처럼 소란스러워진다. 그런 속에서라야 비로소 소음에 흠씬 담가진채 제 할일을 하는 이상한 족속이 그 안에 가득한 편집국속에서 수 십 년을 우리는 살았다.

손에 검정색 토시를 끼고 핀셋을 무기처럼 든 공무국 동료들은 공포의 저승 사자였다. 마감시간이 가까웠는데도 기사 나오는 속도가 시원찮으면 뒷짐을 지고 어슬렁어슬렁 편집국과 공무국 사이의 문을 건너온다. 나와서는 "오늘 신문 안 만들거여어…" 하고 점잖게 한마디 던진다.

그들은 전문가고 숙련공이고 권위가 있다.

기사가 넘어오면 비호같이 달려들어 문선(文選)을 한다. 그것을 넘겨받는 식자공들은 활자를 척척 식자(植字)를 해서 조판(組版)한다. 그 솜씨가 가히 놀랍다. 쇠붙이 활자를 '떡 주무르듯'이 한다는 표현에 손색이 없다. 그들은 유능할 뿐만 아니라 유식하다. 한자를 많이 알아서 기자들이 잘못 쓴 용어나 이름 같은 것을 슬쩍슬쩍 고쳐서 내보내기도 한다. 그 원고가 누구의 것인지 어느 부의 누구 글 솜씨인지, 어떤 기자가 취재한 것인지도 대강 안다. 그래서 기사 쓴 대상과 부딪치면

"자네는 기사를 발꾸락이로 썼나? 제발 순꾸락으로 좀 써바라!" 하고 핀잔도 준다. 그것이 농담인지를 아는 기자는 또

"발꾸락이 아니라 발바닥으로 썼지.…알았다. 알았어. 끝나고 대머릿집에 가자. 오랜만에 가서 목구멍 때 좀 벗겨 보자."

하고 주고받기도 한다.

그들은 또 필체도 잘 알아본다. 활자화된 뒤에는 그토록 유려하고 아름다운 글을 쓰는 사람도 육필(肉筆) 상태의 원고는 알아먹기가 너무 어려운 악필이 얼마든지 있다. 고인이 된 작가 최인호 씨는 흐슨하게 쓴 원고의 필체가 꼭 벌레가 기어가는 것처럼 힘도 없고 모양도 애매해서 초벌 읽기를 할 때면 답답하기 그지없다. 그래서 슬며시 꾀가 나면 초벌 읽기를 미루고 일부러 공무국 문선 과정으로 미리 넘겨 버린다. 그러면 아주 훌륭하게 문선이 되어 본 모양을 드러낸 교정지가 나온다.

정치부장을 하다가 정계로 가서 국회의원 한 텀을 마치고 주필이 되어 신문사로 돌아온 선배가 있었다. 그의 원고가 공장으로 넘어가니까 문선부에 있던 노련한 문선부의 한 사람이

"아이구야! 이 글씨가 또 돌아 왔네. 골 때리게 생겼네…" 하고 비명을 올렸다는 일화가 있다. 그런 모든 종류의 악필을 분간해서 멀쩡한 원고

상태로 순식간에 문선하여 교정지를 내놓는 것이 그들의 솜씨다. 큰 옥편에나 나오는 어려운 한자나 벽자(僻字)가 쓰인 원고가 출고되면 주조(鑄造)를 맡은 공무국 직원은 즉석에서 주조도 한다.

그렇게 온 종일 납 냄새를 맡아야 하는 환경에서 일하는 그들은 막걸리와 돼지고기로 그날 흡입한 공해물질을 희석시켜야 한다는 민간 처방을 믿고 있었다. 편집자가 "알았어, 알았어! 이따가 대머리집 가자!" 하고 얼른 손을 들어버리는 이유도 그런 것에 연원을 두고 있다. 그렇게 코가 삐뚤어지게 취해서 어깨동무를 하고 밤늦게 집으로 돌아가는 그들은 서로가 인간 냄새를 물씬 나눠 지니고 갈 수밖에 없었다.

그런 일을 하던 공무국 부서가 신문 제작의 과정에서 진작 사라져 버렸다. 그런 환경을 전혀 경험해보지 못한 오늘의 젊은이들은, 그런 기억을 지닌 옛날의 우리를 백제 사람이나 신라 사람 쯤 된 고대인으로 여긴다. 그래서인지 이제는 프레스센터를 드나들면서도 옛날 편집국을 들러 보고 싶다는 생념이 생기지 않는다. 낯선 세대를 외계인처럼 경원하기는 그들이나 우리나 마찬가지이므로 우리를 조금도 반기지 않을 것이라는 짐작이 지레 들어서 정든 옛집을 찾아본다는 생각을 하지 않는 셈이다. 그렇기는 하지만 그래도 그 후끈후끈하게 붙던 그 시절 사람 냄새 진동했던 편집국이 지금 우리는 그립다. 술들은 왜 그리도 마셔대던지.

문화부 데스크 시절에는 그 자체가 중노동이었다. 읽어야 할 원고가 날마다 산더미 같고, 들고나는 외부 원고는 어느 부의 것이든 문화부장이 읽어서 데스크를 보아야 한다는 원칙이 있었다. 아침이면 출근하자마자 기사를 넘기기 시작하고 담당 편집자와 판짜기를 의논해야 한다.

70년대 편집국은 내근이 귀했다. 편집을 맡는 기자는 어느 정도 훈련이 되어야 한다. 사회면 정치면 같은 편집은 좀 숙련된 부원을 배치하므로 문화면 편집자는 노상 신참에게 맡기기 마련이다. 그러다 보니까 데스크는 제목도 거들어야 하고 면의 배치도 참견해야 한다. 그러다가 편집 솜씨가 조금 능숙해지면 다른 면에 뺏기기도 한다.

무엇보다도 수습을 마치고 편집에 배치된 기자들은 노상 불만이 머리 꼭대기까지 차 있다.

"나는 견습 기자 시험 볼 때까지만 해도 신문사 편집국에 내근이라는 게 있는지도 몰랐다. 편집이니 교정이니 이런 것을 하려고 내가 그 어려운 신문 기자 시험에 도전을 했겠는가. 사회부에 가서 사스마리(사쓰마와리―경찰 도는 기자를 일본식으로 부르던 잔재)를 하거나 정치부, 하다 못해 경제부 체육부 기자라도 하면서 외근하는 것이 기자라고 알았는데 이게 뭐야. 빨간 연필 들고 공장이나 드나들고 제목 때문에 국장 부장한테 얻어터지고…"

날마다 이런 불평을 해댄다. 그런 불평으로 전날 술을 퍼마시다가 그 술이 깨기도 전에 출근한다. 데스크를 보려면 그런 불만 그득한 편집 기자의 술 냄새를 날마다 맡아대며 이마를 맞대야 한다. 그 중에 태평로 시절의 A편집기자도 있었다. 그는 아침마다 깨지 않은 술 냄새를 풀풀 풍기며 출고한 원고를 아득하게 바라보는 채 냉수만 마셔댔다.

그러던 어느 날이었다. 예의 A가 술내는 덜하지만 좀 아득한 눈으로 앉아 있었다. '또 무슨 일이람?' 하는 생각이 들어서 조심스레 다가갔더니

"선배! 어제 밤에 우리 와이프가 딸을 낳았어요."

하는 것이었다.

"와아!! 잘했다. 딸을 다 낳을 줄 알고. 아빠 닮은 술꾼 아들보다 딸을

먼저 낳는 게 낫지!! 똑똑하고 예쁜 엄마 닮았을 테니까."

하고 나는 받아주었다.

"예뻐요. 그러니까요. 선배가 우리 아기 이름 하나 지어주세요."

이게 무슨 소리!? 이름을 지어 달라니.

"이름을? 그건 안 돼. 이름이 얼마나 중요한 건데. 난 못해. 일생의 운명을 좌우하는 것이 이름인데 그런 책임을 내가 어떻게 맡아. 작명소 같은데 가봐. 그게 안전해."

참말이다. 그런 중대한 책임을 내가 왜 떠안겠나.

그런데 A는 집요했다.

"와이프가 부탁하래요. 아기 이름 안 지어주면 판 안 짤래요."

꽤 길다. 한참 실랑이를 하다가 마침내

"알았어. 알았으니까 일부터 하자."

하고 어를 수밖에 없었다. 이 국면을 극복하고 도망칠 일이다.

그러나 A는 물러서지 않았다. '와이프가 부탁했다'를 무기삼아 포기하지 않는다. 소문에만 들었지 얼굴도 본 적이 없는 그의 '와이프'의 보이지 않는 무기에 눌려 나는 항복했다.

딸들의 이름은 항렬자 같은 것은 따지지 않고 보통명사처럼 흔하게 지어 주신 조부모 덕에 맑을 숙(淑)자 하나씩을 붙이고 세상에 나온 나는 이름에 한(恨)이 좀 있다. 그래서 딸의 이름으로 향기 있고 독특한 한자(漢字)를 더러 생각해 본 적이 있다. 그런 기억을 더듬어 하나 찾아냈다.

'모혜(眸慧)'.

모(眸)는 맑은 눈동자라는 뜻을 지녔고 혜(慧)는 지혜라는 뜻이다.

그렇다고 하나만 지어줄 수는 없으므로 '주혜(珠慧)' 2개를 써서 다음날

A에게 주었다.

"둘 중에 하나 골라서 쓰거나 마음에 안 들면 다른 사람에게 부탁해. 더는 몰라. 그리고 분명히 말해 두지만 이름으로 인해서 일어나는 어떤 일도 나는 책임 없어요. 그것을 선택한 부모의 책임일 뿐이니까."

술내를 풀풀 풍기며 아침마다 준(準) 사보타주 태세를 취하는 편집 기자의 위세가 아니라면 내가 이런 조심스럽고 부담스런 일을 들어 줄 이유가 없지 않은가. 할 수 없는 일이라고 생각하면서도, 그렇기로서니 겁도 없이 이런 주제넘은 짓을 한 자신이 께름하고 어이없었다. 제발 마음에 안 든다고 버려주기를 바랐다.

그런데 이튿날 그는 입이 귀에 걸려서 만족스런 얼굴로

"모혜로 정했어요. 와이프가 좋아해요."

하고 말한다. 속으로 안 그러기를 그렇게 바랐는데 기어코 그 이름을 쓰기로 했단다.

'이모혜'라는 이름으로 맑은 수정도장 하나를 새기고 1년짜리 적금 통장을 만들어 한 달 치 부금을 붓고 카드에 축하 인사를 적었다.

간절히, 건강하고 예쁘게 잘 자라기를 비는 마음으로. 아기를 낳았다는 말을 들으면 으레 그런 통장을 만드는 것이 꽤 오래 된 나의 축하 방식이었지만 이 경우는 유난히 비는 마음이 간절했다.

그렇게 1년쯤 지냈는데 어느 날 그는 또 말했다.

"어젯밤에 우리 와이프가 딸 또 낳았어요. 그래서 이번에는 그때 남은 '주혜'로 하기로 했어요. 잘 됐지요? 와이프가 그렇게 하재요."

내근을 끝내고 소원대로 외근으로 돌아 특파원도 나가고 어쩌고 했던 A는 그 이후 별로 교류가 없었다. 그저 오다가다 부딪치면 "어이, 모혜

아빠! 별일 없죠?" 어쩌고 하는 인사 정도나 나눌 뿐이었다.

그러던 어느 때인가 어떤 모임에 참석하게 되었을 때였다. 각기 다른 곳에서 모인 연구 모임 같은 것이었는데 열 명 안팎의 중진 인사들이 월별로 모이는 일을 꾸미고 처음 만난 자리였다. 그곳에서 대기업 임원인 B씨가 첫인사를 나누며 이렇게 말하는 것이 아닌가.

"제가 모혜 이모부예요. 모혜 엄마가 우리 와이프 언니지요."

이 느닷없는 자기소개 방식에 후르륵 정신이 들었다.

"아! 모혜, 주혜. 잘들 자라나요?"

나는 소리치듯 물었다.

"그럼요! 얼마나 잘 자란다구요. 대학들 다녀요. 예쁘죠. 공부 잘하죠."

고맙기도 하다.

한참 그러고 있는데 같은 모임의 일원인 C씨-그는 증권회사 CEO다-가 끼어들었다.

"그 유명한 이모혜. 나도 알아요." 하고.

중년 남성인 그가 끼어들 일이 아닐 것 같은데 의외의 전개였다.

"우리 아들이 여의도에 있는 고등학교를 나왔는데 클래스메이트인 이모혜를 혼자서 좋아했었어요. 얼굴도 예쁘고 공부도 잘하는데 무엇보다도 이름이 너무 마음에 든다고 아빠인 내게 고백했거든요. 그래서 나도 기억하는 이름이 되었지요."

우리는 모두 너무 재미있고 기뻐서 와글와글 웃고 즐겼다.

자매가 모두 좋은 사람 만나 결혼도 하고 저희처럼 예쁜 아이들도 낳아 건전하고 행복하다는 것이 현재의 소식이다.

이것도 잊을 수 없는 아름다운 사람 냄새 중의 하나다.

신문사 편집국이란 공무국을 곁에 끼고 있어야만 신문 제작을 할 수 있었던 오랜 시절을 우리는 살아왔다. 사람 냄새를 사시사철 후끈후끈 맡으며 어깨를 부딪고, 마감시간의 악다구니를 돌파해 온 그 많은 시절과 사연들을 우리는 지니고 있다. 바다를 항해하는 커다란 기선이나 군함들에게는 그 바닥에 온갖 갑각류 해조류가 기생하고 들러붙는다. 정기적으로 도크에 들어가서 훑어내야 할 만큼.

우리들의 정서에는 이런 사연과 인정들이 지정(知情)의 퇴적층을 만든다. 때로는 살아가는 인품에 보태지기도 하고 지혜에 더해지기도 하는 그런 것들이 이루는 우리의 삶의 퇴적층을 우리는 지니고 살아왔다.

인터넷 시대의 삶을 누리며 바야흐로 빅데이터의 바다를 헤엄치는 오늘날의 신인류(新人類)들은 그들의 시대가 어딘가 다른 별에서 그들의 능력으로 새로이 수입해 들인 세상쯤으로 여기는 것 같지만 사실은 이미 사이버네틱스의 도래(到來)를 예언한 것은 노버트 위너였다. 그의 예언은 오다가다 섬광처럼 떠오른 것이 아니다.

그의 시대에 있었던 수학과 과학과 철학의 모든 분야 사람들의 조언과 지적 발굴, 그리고 논증들의 총체적 퇴적을 분석해서 엄격하게 추상한 결과였다. 그의 예언대로 사이버네틱스의 세계가 바야흐로 성립되고 있고 그 항로를 따라 '신인류 세대'의 항해는 이뤄지고 있는 것이다.

그들은 활자 냄새와 사람들 냄새가 어우러져 발효하는 술처럼 정이 익어 있던 편집국 시절을 그리워하는 늙은 세대를 신라인(新羅人)이나 고려인(高麗人)쯤으로 여기고 우습게 바라본다. 그들의 오늘이 이 중고인(中古人)들이 쌓아온 퇴적층의 산물이라는 사실을 알려고 하지 않는 것 같다.

하기는, 여전히 스마트폰조차 낯설어하며 육필 원고를 써들고 프레스센터를 드나드는 옛 동료가 우리 주변에는 아직도 있다. 비웃음 당하기 십상이긴 하다. 그러나 우리는 그런 친지들이 값나가는 골동품처럼 정겹다.

요즘 사람들에게는 우리의 정서에 쌓아진 이 사람 냄새의 퇴적층쯤은 오랜 항해 끝에 배 밑에 기생하는 갑각류나 해조류처럼 씻어버려야 할 것으로 보고, 웃기고 보잘것없는 고물이라고 여기겠지만 이 보물단지 같은 기억의 시절을 그들이 어찌 알겠는가.

그들이 헤엄치는 현란한 바다를 바라보며 그 기슭에 새겨진 낡은 이정표처럼 서 있는 우리에게는 그래도 이 퇴적층의 가치가 매우 소중하다. 야전(野戰)하다 스러진 무명용사의 표지처럼 그 시절의 동료며 선배들의 열정과 꿈이 우리 마음에는 하얀 표지가 되어 새겨져 있다.

함께 신문 제작을 하며 살아온 우리 모두가 자랑스럽다.

송정숙 | 서울신문 문화부장 논설위원, 보사부장관, 관훈클럽 총무, 서울신문 고문

피지(Fiji)에서의 절망

결론은 수바외대를 강탈당한 것이다. 당시 현지 대사관은 수바외대(칼리지)가 불법 대학이라며 나를 퇴출시켰다. 결국 뒤에서 딴 사람들이 집어먹게 된 것이다. 이웃한 미국, 중국, 일본 대사관들이라면 어떻게 했을까? 자국의 대학이 해외에 설립된다면 쌍수를 들고 도와주었을 것이다.

신상성

주 피지 한국 대사관의 오불관언

지난 8월 25일 SBS '그것이 알고 싶다' 현지 취재 영상을 보면서 국민들은 치를 떨었다. 외딴섬 철조망의 집단농장 현장은 끔찍했다. 남태평양 환상의 섬에는 사교(邪敎) 집단의 폭행사건이 계속되고 있었다. 나부야시에 있는 약 160만 평방미터의 광활한 농장에는 멋도 모르고 끌려온 우리나라 사람들이 짐승 같은 노예생활을 하며 매일 12시간 이상 혹사를 당해 왔다고 한다.

이 프로를 시청하면서 나는 10년 전 피지에서 당한 잊을 수 없는 사건이 생생하게 떠올라 치를 떨었다. 그 사건도 피지 한국 대사관의 무성의하고 무책임한 조치로 엄청난 피해를 봤기 때문이다.

우선 SBS 그것이 알고 싶다 내용을 간추려 보면, 주 피지(Fiji) 한국대사관은 사교(邪敎)집단 E 교회의 신모 교주에 대해서 왜 묵인 방조를 해

왔을까? 유튜브 상에는 많은 의혹이 증폭되고 있는 이 교회는 약4년 간 우리 국민을 매년 1백여 명씩 피지로 데려가 집단 강제노역을 시켜오고 있었다. 그런데도 현지 우리 대사관은 그 동안 무엇을 했는지 국민들의 분노와 절망이 하늘을 찌른다.

'타작마당'이라는 이름으로 가족끼리 또는 지도부가 지목한 신자를 집단폭행하여 때려죽이기도 했다. 자기 아버지의 집단폭행에 가담했던 그 아들은, '신 목사님은 은혜이며 자기 아버지는 하나님의 뜻으로 그렇게 가신 것이다.' 라며 인터뷰에서 밝혔다.

얼마나 세뇌를 당했으면 고막이 터지고 뇌진탕으로 죽어간 자기 아버지의 집단폭행에 가담했으면서도 신 목사를 은혜라고 밝혀 전 세계인들에게 충격을 주었을까. 아니면, 자기 또한 언제 아버지같이 몰매 맞아 죽을지도 모른다는 공갈 협박으로 거짓증언을 했을지도 모른다. 어쨌든 최근의 세월호 관련 청해진회사 유병언 교주사건, 과거 오대양 사건 등을 떠올리게 하는 전율이다.

사교의 종교농간은 잔인하다. 집단자살을 유도한 오대양 신자들의 시체 더미가 떠오른다. E 교회 신모 교주는 약4백 명을 피지 강제농장에 감금시키고 한국에 남은 약1천여 명의 가족들과 생이별시키고 가정을 파괴하였다. 어머니(신모 목사)가 감언이설로 신자들을 헌금이라는 미명 하에 재산까지 강탈하고, '하나님이 주신 마지막 낙원'이라며 피지로 보내면, 그녀의 아들 김정용(그레이스 로드)에게 입국 즉시 여권을 빼앗고 감금시켜 강제노역을 시키는 악마적인 수법이다.

더욱 분노하는 것은 피지 한국대사관의 나 몰라라 하는 행태이다. 4년 간 모국인들이 집단 입국하는데도 전혀 몰랐다는 태도이다. 그들의 입국목적이 무엇이며 체류기간 등은 대사관이 챙겨야 할 기본적 업무이다. 매년 약 100명씩 4년간이나 입국하는데도 어디서 무엇을 어떻게 하는지 전혀 주시하지 않았단 말인가.

대사관이 겨우 한다는 일이란 내부 게시판에 '나부야시 집단농장에서 탈출해 나온 국민들에게는 임시 귀국 편을 도와준다.'는 짤막한 문구가 전부라며 현지 파견 취재기자가 한숨을 쉬었다. 집단폭행 등에 뼈가 부러지는 등 견디지 못하고 탈출해 나왔다가 다시 자기 딸을 찾으러 강제노역 현장에 숨어 들어갔던 아버지가 통곡했다. 결국 그 딸을 만나지도 못하고 돌아왔다.

"목숨을 걸고 이곳 대사관 현관까지 탈출해 와야만 구해준다는 게 말이 됩니까? 집단농장에서 대사관까지 오려면 맨발로 걸어서, 산 넘고 물 건너 천리 길을 겨우겨우 숨어 와야만 하는데 이런 위험에 몇 명이나 성공하겠습니까?…우리 가정은 풍비박산이 났어요. 저는 목숨을 걸고 꼭 신 교주를 잡아넣을 것입니다."

'E 교회 교주'의 악마 같은 대형사기 사건은 서민가정 약1천 명을 파괴시킨 잔혹한 사건이다. 하필이면 가난한 밑바닥 서민들의 등을 쳐서 그 토악물로 호의호식하는가. 명백한 조사가 필요하다. 사랑하는 가족들끼리 서로 폭행하도록 하며, 12시간 이상 강제노역으로 착취를 해 온 것이다. 어쩌면 E 교주 사건은 세월호 선주 유 모 교주사건보다 더 잔인할지 모른다.

이들을 묵인하고 방조해온 현지 대사관에 대한 수사가 필요하다. 현지 교민들은 피지 대사관이 외교부의 고급 휴양처로서 제대 말년 원로 외교관들에게 제공되는 마지막 사은품이라고 말하고 있다.

수바외대(Suva College) 강탈사건

필자는 약 10년 전 현지에서 이와 비슷한 유형의 한국 대사관의 교묘한 음모와 비리 사건을 당했기 때문에 그들의 적폐와 갑질을 알 만하다.

2008년도 봄, 나는 '수바외국어대학(SFLC)'을 피지 수도에 설립했다.(피지 투자청 투자확인서 2008. 10. 21.) 교육자로서 평생의 꿈인 전문대학을 하나 세운 것이다. 남태평양 핵심 전진기지에 한국어와 한국 문화를 전파하기 위한 것으로 피지를 중심으로 주변 약 22개 섬나라에 온-오프라인을 통한 혁신적 교육기획이었다.

만약 이 수바외대가 오늘날까지 성공적으로 잘 운영되었다면 지금쯤 한국의 국위 선양과 거기에 따른 경제적 부가가치는 어마어마하게 축적되어 있을 것이다. 특히, 미개발국가의 가난한 청소년들에게 컴퓨터 관련 직업교육을 시키면 졸업 후 실용적 취업으로 조금은 안정된 생활로 선순환이 될 수 있었을 것이다. 그러나 현지 한국 대사관은 환영과 지원은 커녕 이상하게도 방해와 파괴 쪽으로 몰아갔다.

즉, 정식 대학이 아니니까 학생 모집을 할 수 없다는 내용을 대사관 게시판 등에 일방적으로 올려놓았다. 강남에 학생 모집 사무실 등을 내고 한국, 중국, 일본 등 유학생 모집에 전념하고 있던 우리 학교는 폭격을 맞은 셈이었다. 이미 입학원서를 내었던 학생과 학부모들의 항의가 잇따랐다. 당시 나는 '전국 학보사 주간교수 세미나' 참석차 뉴욕에 와 있었다. 나는 대사관 호출을 받고 즉시 피지로 갔다.

대사관 관계자들을 만났다. 왜 정식 인가 대학이 아닌가? 하고, 나는 피지 교육부에서 받은 대학 인가서와 피지 투자청에서 받은 대학 설립 학교재단 투자확인서 등을 제출했다. 그러나 대사관 측은 인가서의 '칼리지'(College)란 낱말은 대학이 아니고 고등학교라는 뜻이라며 학생 모집을 계속할 경우 형사 고발하겠다고 협박했다.

그렇다면 나와 같이 가서 피지 교육부 담당국장을 만나 확인해 보자고 애원했다. 그러나 "그런 자잘한 일에 할애할 시간이 없다."며 고자세로 딱 잘라 거절했다. 아, 어떻게 세운 대학인가. 약 3년 전부터 이역만리 피지에 와서 온갖 정성을 다 기울였는데 전혀 엉뚱한 칼리지 단어 문제로 좌절되다니? 나는 현지에서 처음부터 수바외대 설립을 도와준 정모(Y 대학 제자) 등 현지 유력한 교민들과 함께 다시 피지 교육부를 방문하여 재차 정식 대학 인가 여부를 확인했다.

담당국장은 한국학과, 컴퓨터학과, 태권도학과 등 서류를 펼쳐놓고 최초 6개학과의 커리큘럼과 강의실 현장 확인 사진 등 정식 2년제 대학이 틀림없음을 다시 확인해 주었다. 그러면서 덧붙였다. "우리나라는 영연방 국가로서 영국식 교육제도를 그대로 쓰고 있습니다. 즉 영국과 같이 우리 피지에서도 College란 단어는 고교에서부터 대학 교양과정까지 포함하는 뜻입니다. 예컨대, 런던대학도 그 안에 College가 많이 있지 않습니까?"

나는 'College'란 이름이 붙어 있는 현지 대학들을 순회하며 그 낱말 뜻을 재확인했다. 이미 난디 등에는 중국, 일본 등 College 간판의 대학들이 있었다. 오히려 그들의 재정 수입은 막대했다. 자국 유학생들의 영어 교육 등을 전담하고 있어서 국부 유출이 없이 고스란히 다시 본국으로 송금되는 것이다. 이런 현실적 자료들을 첨부하여 다시 우리 대사관을 찾았다. 그러나 출장 중이라며 문전박대만 당하고 귀국해야 하는 수모를 당했다.

이미 나는 UN에서 지정한 한글 보급에 대한 온-오프라인 교육 교재와 위성방송용 자료도 전국 국문학과 동료 교수들과 함께 지극정성으로 준비를 해왔던 것이다. 결국 학교 문도 열어보지도 못하고 이 대학 신규교수로 채용한 김 모, 제자인 정 모 등에게 학교를 고스란히 강탈당해야 했다. 특히나, 내 연구실에 5년간이나 조교로 데리고 있던 애제자 정 모에게 배신을 당한 분노에 치가 떨렸다. 피눈물 나는 수 억 대 투자비용과 그 후유증으로 나는 배신감과 불면증의 고통 속에서 헤매었다. 택시기사 월급이라며 자조하는 대학교수 월급을 차곡차곡 평생 모아 꿈에 그리던 조그만 대학을 설립했지만, 그만 남태평양 파도 속에 날려버리게 되었다.

나중에 알게 되었지만, 전혀 엉뚱한 'College' 단어 문제로 형사 고발 운운했던 현지 대사관의 방해공작은 현지 교민이 운영하는 대형 영어학원 등의 음모와 무관하지 않았다. 대사관은 교민들의 텃세와 눈치를 보지 않을 수 없었을 것이다. 물론 이러한 사실은 대학 동창이었던 교민 친구의 소문 등을 종합한 것이다. 따라서 내 개인의 추측이지만 어찌되었든 그 이후 김 모, 정 모 등에게 폭행까지 당하며 나는 피지에서 쫓겨났다.

내가 수바외대를 강탈당한 후, 그 이듬해(2009년) 수서경찰서에서 연락이 왔다. 우리 대학 재단 이사들 6명을 소환한 것이다. 현지 김 모 등이 교육부의 재단이사 명단을 자기들 이름으로 싹 바꿔치기하면서 사인까지 위조한 것이다. 그 사실을 확인하기 위해 피지 검찰청은 국제 인터폴을 통해 수서경찰서로 확인서류를 보냈다.

우리 측 재단이사들 4명이 담당형사가 내민 '피지 투자청 투자확인서'를 확인해 보니 전부 위조 사인이었다. 우리들은 즉시 연명으로 위조 사실 확인서를 제출했다. 그리고 '내용증명'(2010. 09. 20.)을 피지 검찰청과 본인들에게 다시 보냈다.

어찌되었든 결론은 수바외대를 강탈당한 것이다. 당시 현지 대사관은 수바외대(칼리지)가 불법 대학이라며 나를 퇴출시켰다. 결국 뒤에서 딴 사람들이 집어먹게 된 것이다. 이웃한 미국, 중국, 일본 대사관들이라면 어떻게 했을까? 자국의 대학이 해외에 설립된다면 쌍수를 들고 도와주었을 것이다. 우리 대학을 강탈해 간 그들은 대번 잘 운영할 것 같았지만 자기들끼리 분열되면서 서로 고발을 벌인다는 후문이다. 만약, 내가 기획한대로 발전해 왔더라면 약 10년이 지난 오늘 우리나라 태극기는 피지 하늘에 드높이 올라가 국위선양과 한글문화 보급기지로서 중요한 지렛대 역할을 하고 있었을 것이다.

지금도 피지를 생각하면 어지럽다. 3년간이나 피지를 들락거렸기 때문에 손바닥 같이 들여다보인다. 피지 신 교주 문제에 대해 지상파에서 경쟁적으로 속보를 내고 있으며, 유튜브에서는 조회 수가 폭발하고 있다. 그 붉게 피맺힌 화면을 보면서 우리 국민들을 당연히 보호해 주어야 할 피지 한국 대사관의 행태에 국민의 한 사람으로서 피가 다시 분출되는 듯하다.

나는 평생 두 번이나 가혹한 배신과 사기를 당했다. 첫 번째는 홍제동의 '서울문예디지털대학' 설립이다. 이 대학도 개설 직후 대학 후배에게 배신당했다. 그를 교무처장에 앉혀 놓았더니 교직원들을 몰래 선동하여 '신상성 이사장! 교비 횡령 귀신 물러가라!' 며 시위를 폭발시켜 결국 학교를 강탈당하게 되었다.

수바외대는 사랑하는 애제자에게, 서울문예디지털대학은 대학 후배라는 가장 믿었던 사람에게 각각 배신과 함께 강탈당한 것이다. 평생 뼈가 녹아나는 이런 고통은 나를 정신병원 현관으로까지 몰아갔다. 그러나 막상 정신병원 입원서를 쓰지 않게 만든 것은 오로지 문학 덕분이다. 문학이 나를 결정적으로 살렸다.

1979년 동아일보 신춘문예에 소설 '회귀선'이 당선되었다. 그 후 80년대에 일본의 고노에이치(鴻農映二) 교수는 내 소설 '원위치'를 일본어로 번역해 일본 월간지에 발표했다.

어쨌든 결과적으로 문학 덕분에 나는 버틸 수 있었다. 오히려 도스토옙스키와 같이 온 몸으로 뼈저린 체험을 해야만 뼈가 녹아나는 문장이 나올 것이라 믿는다. 죽기 전에 피지는 한번 가보았으므로, 죽기 전에 도스토옙스키 같은 단 한 편의 명작을 남기고 싶다.

피지는 아직도 유효하다

피지(Fiji)는 죽기 전에 한 번 가볼 만한 지상 낙원이다.

아직도 남태평양의 무한한 해양자원 전략기지로 유효하다. 지구에서 마지막 남은 환상의 극락이다. 본토와 바누아레부 섬 사이에는 한때 유전이 발견되기도 해서 지금도 미국과 중국은 막대한 원조자금을 경쟁적으로 쏟아 붓고 있다. 또한 피지 정부의 UN에서의 투표권은 막강하다. 즉, 통가, 사모아, 바누아투 등 주변 22개 국가, 섬나라의 대부 역할도 한다. 그래서 UN의 주요 안건 투표 때에는 피지 대사가 22개의 국가 투표권을 가지고 좌지우지하기 때문에 피지는 국제 정치 역할의 매우 중요한 지렛대가 되고 있다. 한국 대사관도 1971년부터 일찌감치 들어섰지만 거의 반세기 동안 국익을 위해 특별기획이나 역할을 한 것이 별로 없다. 교민도 1000여 명에 달하며 주로 조기 유학생들 대상으로 숙박업이나 관광업 등에 주로 종사하고 있다.

피지는 남태평양 유토피아로서 한국 신혼부부들도 우선 낙점하는 특급 여행지이다. 주말이면 인근의 호주와 뉴질랜드 등 시민들의 휴식처로도 사람들이 몰린다. 피지는 총인구 약 90만 명으로서 부천시 정도이며, 본 섬 면적은 경상도만한 장난감 같은 섬이지만, 신비한 매력을 발산하는 폴리네시안 계 섬으로서 죽기 전에 한번 가볼 만한 곳이다.

신상성 | 한반도문학 발행인, 대한언론인회 명예회원, 용인대 명예교수. 중국 낙양외대, 천진외대 석좌교수.

'항공 샷'이 빠진 서울올림픽 요트 방송

나의 기자 인생엔 그 30대가 없다. 1980년이었으니 내 나이 33살 때였겠다. 그해 8월 어느 토요일 오후, 취재에서 돌아온 나에게 부장이 툭 던진 한 마디 – "심의표! 사직서 수리됐어. 책상 정리해서 집으로 가도록 해." "부장님, 저 사표 쓴 적 없는데요." "알아! 그렇게 됐어. 더 이상 묻지 말고 그렇게 하도록 해!" 그땐 그랬다. 정말 그랬었다. 그 말 뿐이었다.

심의표

너덜너덜한 나의 기자 인생

어느 누가 나더러 "당신은 평생 직업이 무엇이었느냐?"고 물으면 나는 어떻게 대답해야 할까? "기자, 방송 기자였습니다." 내 스스로 십중팔구 그렇게 대답하겠지만 대답을 해놓고도 아무래도 마음 한 구석엔 개운치 않은 여운이 남을 것 같다.

모두들 입시준비에 찌들었던 학생 시절은 빼놓고 "당신이 살아오면서 언제 일을 제일 많이 한 것 같아?"라는 질문을 받으면 (사람마다 서로 다르겠지만) 아마 많은 사람들은 "아무래도 30대 때였지요." 하고 답하리라.

그런데 나의 기자 인생엔 그 30대가 없다. 1980년이었으니 내 나이 33살 때였겠다. 그해 8월 어느 토요일 오후, 취재에서 돌아온 나에게 부장이 툭 던진 한 마디 – "심의표! 사직서 수리됐어. 책상 정리해서 집으로 가도록 해." "부장님, 저 사표 쓴 적 없는데요." "알아! 그렇게 됐어. 더 이상 묻지 말고 그렇게 하도록 해!" 그땐 그랬다. 정말 그랬었다. 그 말 뿐이었다.

1974년 12월에 입사해 6년을 약간 넘긴 아직도 애송이 기자 비슷했던 그때, 나는 그냥 평생 직장이리라고 착각(?)하고 지냈던 KBS를 그렇게 떠나야 했다. 그리고 다시 KBS 보도본부로 돌아온 때가 1989년 1월이었으니 그동안 훌쩍 8년 반 세월이 흘렀나 보다. 이미 그땐 내 나이도 마흔 둘. 그래서 나의 언론인 수첩은 이른바 "앙꼬(※이런 땐 '속', '알맹이'–이런 말보다 '앙꼬'라는 말이 딱 맞는 것 같다.) 빠진 빵"이 돼버렸다. 듣기에는 좋은 '복직'이 된 그 해, 후배보다도 뒤늦은 진급으로 차장 타이틀을 붙이게 되었지만 기자의 존재 거점이라고 할 수 있는 취재 현장과는 한 발 멀어지는 반 앉은뱅이, 이른바 데스크 신세가 돼버린 셈이다.

그래서인지 이번에 글 요청을 받고 이것저것 기자수첩 속에서 옛 기억을 더듬어 보아도 이거다! 하고 내세울만한 '취재 스토리'가 잡히질 않았다. 글은 쓰겠다고 약속을 했으니…. 그래서 겨우 골라 낸 것이 해직 기간 중 3년 여 쯤 몸담았던 '올림픽방송본부'에서의 요트 코디네이터 (Coordinator) 시절 기억이다.

기자직과는 먼 서울올림픽과 요트방송 Coordinator

나는 KBS에서 사원번호가 세 개다. '사번 11277' – 입사 때 받았다가 복직 후 9년 만에 다시 찾은 사번이다. 1985년 하반기, KBS가 '86서울아

시안게임'과 '88서울올림픽'의 주관방송(HB: Host broadcast)사로 지정되었다며 방송 경험이 있는 사람을 채용하겠다는 연락이 왔다. 채용 조건도 제대로 알아보지 않고 전에 있던 친정집(?)으로 돌아가는가 보다 하고 다니던 전국경제인연합회에 덜컥 사직서부터 내고는 하직 인사를 나누었다. 막상 돌아온 곳이 이름조차 낯선 '올림픽방송본부' - 그때 주어진 사번이 80xxx로 임시 '계약직' 사번을 주는 대로 받았다. 그 뒤 아시안게임 방송기획 업무를 맡게 되면서 다시 받은 번호가 20xxx로 소위 '전문직' 사번이었다.

'86아시안게임이 끝난 뒤 서울올림픽 국제신호(International Signal) 제작 기획 일을 하다가 최종적으로 맡은 업무가 요트 종목 방송 코디네이터였다. 그때만 해도 한국에서는 광활한 바다에서 펼쳐지는 요트 경기를 생방송으로 현장 중계한 경험이 거의 없다시피 한 상황이었다. 그래서 올림픽이 열리기 전인 1987년 여름, 독일 북부 군항(軍港)인 킬(Kiel)시로 요트 방송 현장 연수를 떠났다. 그때 킬 항에서는 요트대회 European Championship과 함께 World Championship 경기가 함께 열리기로 되어 있었다. 그 대회를 독일 ZDF 방송사의 계열사인 한 케이블 채널이 주관방송사로 중계방송을 맡게 되어 있었다. 달러가 부족했던 시절이어서 그랬던지 생면부지 독일도 낯설고 요트 경기도 처음이다시피 한 나를 혼자 가서 요트 방송 중계를 배워오라고 하는 데는 한마디로 '딱 기가 찰 노릇'이었다. 그러나 어쩌랴! 누군가는 해야 할 일이니 일단 현장으로 가 '죽기아니면 까무러치기'로 부딪쳐 보자는 각오로 연수 채비를 했다.

이른 아침 독일 방송 팀이 준비해 준 점심 샌드위치 세트 비닐봉지를 받아 방송중계선을 타고 일단 바다로 나서기만 하면 짧게는 4~5시간,

경기 시간이 긴 날에는 6~7시간을 흔들리는 뱃전에서 버텨야 했다. 다행히 뱃멀미를 덜 하는 체질이라 어렵사리 견디기는 했지만 어떤 날은 미리 복용한 멀미약도 소용이 없을 만큼 무척 힘들었다. 급하게 나선 연수길이라 호텔방을 예약하지 못해 나이 많은 전쟁미망인 할머니 집에 민박을 하면서 얽힌 이야기라든지 온갖 에피소드도 많았지만 어쨌든 천신만고 끝에 ZDF 직원들의 친절하고 세심한 도움으로 요트 중계방송에 관한 소중한 자료와 경험을 얻고 돌아올 수 있었다.

아~! 항공 샷이 없는 서울올림픽 요트 중계

여기에서 우선 고백부터 해야 할 기막힌 사실이 하나 있다. 지금은 긴 세월이 지나 먼 이야기가 되었지만, 서울올림픽 요트 중계방송에는 항공 샷이 한 장면도 없다! '설마 그런 일이…?' 하고 누구도 믿으려 하지 않겠지만 엄연한 사실이다. 이야기를 차분히 풀어보면 이렇다.

요트 경기 전문인이 아니어서 다른 요트 경기 코스 이름도 모두 그런지는 잘 모르지만 부산 수영만에서 열린 88올림픽 요트 경기는 '알파(Alpha)', '브라보(Bravo)', '찰리(Charlie)', '델타(Delta)' 네 개의 바다 위 코스에서 펼쳐졌다. 부산 세관과 수산청, 여수 세관, 목포 세관으로부터 세관선과 해양단속선 4척을 지원받아 선박 일부분을 방송에 맞도록 개조한 뒤 각 코스별로 한 척씩의 방송선을 투입했다. 요트경기를 가장 가까운 곳에서 근접 촬영을 하기 위해 당연한 필수적 준비 과정이다. 요트 경기장은 대부분 바람이 잘 부는 탁 트인 바다에서 펼쳐진다. 강풍이 불기라도 하면 거친 파도로 작은 규모의 방송정은 낙엽처럼 흔들린다. 우리는 서 있기도 힘든 방송정 맨 꼭대기에 좁은 깔판을 깔고 몸 사방을 느슨한 벨트로 묶고 안정된 경기 장면을 카메라에 담아내는 전문 카메라맨의 묘기(?)를 보면 감탄사가 절로 나온다. 안정기가 달린 자이로 줌(gyro-zoom) 렌즈의 도움을 받는다지만 대부분 오래 숙련된 카메라맨의 무릎과 유연한 몸놀림이 안정된 샷을 잡아내는 데 결정적 역할을 한다고 한다.

다음이 하늘에서 전체 경기 과정을 내려다 볼 수 있는 항공 샷을 잡기 위한 준비 ─ 이 과정은 정말 간단하지가 않다. 누구나 아는 사실이지만 요트 경기의 기본은 동력의 힘을 전혀 사용하지 않는 자연풍, 오로지 바람의 힘을 이용하는 경기이다. 당연히 바람의 흐름이 제일 중요하다. 요트 경기 내용을 공중에서 항공 샷을 잡아내려면 헬리콥터를 활용하는 것 외에는 달리 방법이 없다. 그런데 헬리콥터 날개가 아래로 쏟아내는 바람의 세기가 얼마나 센가! 요트경기가 펼쳐지는 상공에서 바람의 흐름에 전혀 영향을 미치지 않으면서 경기 장면을 생생하게 카메라에 잡아야 하는 이 난제를 어떻게 풀어야 할까?

해결책은 단 한 가지 ─ 수없이 반복되는 훈련뿐이다. 당시 국내 최대 헬기 회사인 KAS를 운영하던 대한항공과 몇 차례 협의 끝에 국내 최고의 베테랑 헬기 조종사와 BELL-206 헬리콥터를 투입해 실전 훈련 기회를 가졌다. 그러나 불과 두어 차례 테스트 연습 비행 후, 도저히 해낼 자신이 없다는 조종사의 완강한 고사로 끝내 무산, 다른 조종사를 찾는 데 애를 먹었다. 겨우 찾아낸 조종사와 반복되는 연습 비행만으로 숙제가 끝나는 것이 아니었다. 요트 레이스의 제대로 된 항공 샷을 잡으려면 카메라맨이 헬기 안에 앉아서는 무슨 재주를 부려도 묘책이 없다. 반드시 헬기 밖 어디론가 나와 공중에서 카메라 앵글을 맞추어야 한다. 그래서 헬기 한 쪽 문을 떼어내고 카메라맨 몸을 공중에 띄워(?) 줄 마운터 (mounter)를 만들어 헬기 기체에 부착했다. 발판을 만들어 붙이고 공중에 뜬 카메라맨의 몸체는 여러 개의 벨트로 묶기로 했다. 이 모든 일련의 준비 과정이 우리로서는 모두 첫 경험일 수밖에 없었다.

이러고도 광활한 부산 광안리 앞바다 4개의 레이스 코스에서 펼쳐지는 요트 경기를 라이브로 연결해 내기는 당시의 국내기술로는 불가능한 상황이었다. 항공촬영을 하는 중 헬기가 수시로 코스를 돌면서 방송정에 밧줄을 내려 방송정에서 촬영되는 경기 필름을 수거한 뒤 충격 방지를 위해 방충 비닐로 싸서 수영만 방송센터 앞마당에 투하하는 방식으로 전략을 짰다. 요트 레이스 현장 상황을 세계의 요트 애호 시청자들에게 최대한 빨리 안방 모니터에 전달하기 위해서 당시로서는 이것이 최선의 방법이었다.

요트 종목 본 경기 첫날, 하늘은 눈부시도록 맑았다. 바람도 적당히 불어 레이스를 펼치기에 최적의 날씨였다. 3,200여 명에 이르는 선수, 진행 요원들과 수백 척의 요트와 저마다 임무를 띤 크고 작은 수많은 보트들이 수영 요트센터 앞바다를 분주히 오가며 경기는 빈틈없이 순조로이 진행되고 있었다.

그런데 점심시간이 지난 지 얼마 안 돼서 갑작스레 날벼락처럼 날아 든 소식! "헬리콥터가 떨어졌다!" 방송센터에서 이 소식을 접한 나는 순간적으로 '제발, 방송용 헬기가 아니길…!' 하는 기도가 절로 나왔다. 경기 기간 요트 경기장 상공에는 두 대의 헬리콥터 외에는 어떤 비행 물체의 비행도 허용되지 않는다. 한 대는 공중 촬영을 위한 방송용 헬기, 그리고 비상사태 시 인명구조를 위한 대기용 헬기, 딱 두 대뿐이다.

그러나 곧바로 날아든 속보는 "바다에 빠진 것은 방송용 헬기"라는 비보! 낙망하고 앉아 있을 여유도 없었다. 헬기에 탄 탑승인의 생명이 오가는 절박한 순간이었다. 호주인 AD와 역시 호주인인 카메라맨, 그리고 한국인 헬기 기장과 부기장, 이렇게 4명이 그 헬기에 타고 있었다. 4명의 탑승인 모두가 무사히 구조됐다는 확인이 되기까지 20여 분 - 요트 방송 책임을 지고 있었던 나에게 그 20여 분은 간장이 녹아나는 듯 너무나 혹독하고도 긴긴 시간이었다.

나는 이 돌발적 사고를 통해 인명의 소중함을 절실하게 깨닫는 계기가 되었다. 수십억 원에 달하는 헬리콥터, 헬기에 탑재한 값비싼 카메라와 각종 방송, 통신용 장비들 - 이 모든 것들은 사람의 생명 앞에서는 거의 무의미하다는 것을 알았다. '사람만 살아나기를…!' 나의 기도는 오로지 그 한 가지였다.

이런 혼란 속에서 두 명의 생명을 구한 기적 같은 스토리가 숨어 있다. 헬기에 탔던 네 사람이 그 짧은 시간에 몸을 고정시켰던 안전 벨트를 모두 푼 것도 그렇지만 헬기 기장과 부기장이 목숨을 건진 것은 그 자체가 기적이었다. 호주인 2명은 어릴 적부터 바다와 함께 자란 사람들이라 헬기가 추락하는 충격으로 기절만 하지 않았다면 큰 위험은 없었다. 그러나 기장과 부기장 2명은 전혀 수영을 전혀 하지 못하는 이른바 '맥주병'이었다. 헬기가 추락하면서 일단 물속으로 들어갔다가 일부기체 안에 남아있던 공기 힘으로 잠시 기체가 다시 솟구치는 사이 간신히 빠져나온 두 사람 앞에 둥둥 떠 있는 물체가 있어서 무조건 붙잡았다고 한다. 바로 호주인 카메라맨의 카메라 가방이었다. 다행히 빈 가방 지퍼를 꼼꼼히

달아 두어 그 가방이 공기풍선 역할을 하게 된 것이다. 그 자그마한 카메라 가방이 두 사람이 구조되기까지 20여분 동안 소중한 생명을 지켜 준 것이다.

샤워실 안에서의 통곡

정말 예상치 못했던 사고로 헬기가 바닷물 속으로 사라지자 거기에 뒤따르는 어려움은 한두 가지가 아니었다. 하루하루 경기는 계속 진행되고 있었고, 항공 샷 촬영 못지않게 경기 도중 수시로 방송정에서 촬영한 테이프 수송이라는 중요한 임무를 맡았던 헬기가 빠진 방송 임무 수행은 한마디로 악전고투의 연속이었다. 순간적인 임시 방편을 동원해 겨우 그날 그날 레이스 상황을 방송정 카메라에만 의존해 국제신호로 제작한 뒤 본사 국제방송센터로 전송은 했지만 한 마디로 마음은 죄인처럼 무거울 수밖에 없었다.

서울올림픽 요트방송 중계 팀은 거의 80여 명 – 한국과 호주, 그리고 미국 등 3개국 혼성팀으로 짜여졌다. 제작 부문은 호주 Net10 방송사의 수석 PD(Mr. Ron May)와 AD, 엔지니어(Mr. Hitchen), 그리고 카메라맨 등 10여 명이 맡았다. 이들은 세계적으로 유명한 American Cup 대회 중계를 수차례 맡는 등 요트 경기에 관한 한 세계 최고, 최강의 제작팀이었다. 우리나라에도 방송 카메라맨이 많이 있는데도 굳이 호주인 전문 카메라맨을 부른 것은 그때만 해도 우리나라에는 매일 몇 시간씩 높은 파도 속에서 뱃멀미를 하지 않고 경기 영상을 잡아낼 수 있는 경험자가 전무하다시피 했기 때문이다. 한편 호주는 우리나라와 방송 방식이 다른

PAL 방식이어서 NTSC식 방송과의 기술적 연계를 위해 전문 엔지니어로 2명의 미국인 기술자를 따로 데려왔다. 그리고 60여 명의 한국인들은 서울 KBS와 부산, 창원의 KBS 지사와 일부 민방의 방송 기술자로 구성돼 있었다.

억울했다, 그렇게 억울할 수가 없었다. 초행길이랄까? 우리로서는 거의 모든 것이 처음이다시피 한 요트 경기 중계방송이라는 걸 그래도 제대로 한번 해보자며 그렇게 긴 시간 동안 거친 파도와 싸워가며 때론 바다위에서, 때론 공중에서 한마디로 그 많은 피땀을 쏟아왔는데…! 그러나이 많은 다국적 혼성 방송인들 앞에서 코디네이터 역할을 맡은 나로서는 작은 감정의 기복도 밖으로 내보일 수 없는 입장이었다. 사태 수습을 위해 오로지 냉정한 듯 보일 수밖에 없었다.

그러나 헬기가 추락했던 그날 한밤중. 더 이상 도저히 참을 수가 없어서 혼자서 샤워실로 갔다. 밖으로 소리가 새어나가지 않도록 샤워기 물을 끝까지 틀어놓고 옷도 그대로 입은 채 샤워 물줄기 속에서 실컷 울었다. 울음 소리만 들리지 않게 통곡의 눈물을 있는 대로 쏟아내고 나니 좀나아지는 것 같았다.

글을 마무리하며…

중간에 방송기자로서는 공백 기간이 좀 있긴 했지만, 30여 년 방송인생활에 당연히 크고 작은 수많은 기억들이 있기 마련이다. 그러나 그 숱한 기억들 가운데 앞에서 적은 서울올림픽 때의 쓰라린 헬기 사고 경험을 골라 낸 것은 그때는 용기가 없어 이 사고를 어물쩍 넘겨버린 내 자신도 반성해보고, 방대한 KBS 방송사에 숨겨져 있는 작지만 가슴 아픈 한 부분을 기록으로 남기고 싶어서이다.

부산 요트 경기장에서 헬기가 추락한 이후 뒤따라 온 숱한 뒤처리 사항을 일일이 거론할 수는 없다. 서울올림픽 기간이 지난 이후 헬기의 추락 원인 규명과 사고책임을 따지는 일도 무척 복잡하고 시일이 많이 걸리는 일이었다. 최종적으로 좀 막연하지만 '기체 결함'으로 결론이 났다고는 하지만, 뒤로 흘러나온 미확인 소문으로 '기장과 부기장이 헬기가 내뿜는 바람이 경기에 영향을 미칠까봐 단순한 기체 조종 이외의 여러 가지 점에 신경을 써야 하는 초긴장 상태가 계속돼 기체의 연료 부족 경고를 보지 못해서 일어난 사고'라는 얘기가 흘러나올 만큼 요트 경기에서 헬기의 항공 촬영이 무척 어려운 일인 것만은 사실이었다. 주관방송사(H.B.) KBS 로서는 가장 큰 문제가 올림픽 요트 종목 국제신호(I.S.)에서 항공 샷이 누락된 것이었고, 헬기에 탑재한 카메라를 포함한 고가의 방송장비에 대한 보상도 어떻게든 해결해야 할 일이었다. 심지어 올림픽이 끝나고 호주제작팀 중 헬기에 탑승했던 AD와 카메라맨이 대한항공에 대해 당시 사고로 몸을 다쳤다며 피해 보상을 요구해 왔다는 소식도 전해 들었다. 이 밖에도 물에 빠진 헬기 동체의 인양과 그에 따르는 비용 문제, 그리고 각종 피해에 대한 보험, 보상금 처리 등 수많은 난제들을 수습하기 위해 대한항공 측과 KBS 간의 협의 자리가 여러 차례 있었던 기억도 되살아난다.

세월이 흘러가면서 이제는 역사 기록의 한 페이지 속 깊숙이 묻혀버린 서울올림픽이었지만 그때는 온 나라와 온 국민들이 한마음이 되어 치러낸 역사적 쾌거가 아니었나 싶다. 이 글을 빌어, 당시 국내 방송인에게는 너무나 생경했던 요트 중계방송의 새 장을 연 여러 방송인들과, 특히 지금은 SBS에서 일하고 있는 김한종 국장, 그리고 당시 영어 통역 등 국제 업무를 맡았던 백준호 현 Morningstar & Partners사 대표이사의 헌신적 노력에 경의와 감사를 드리면서 이 글을 맺는다.

심의표 | KBS 부산방송총국장, 해설위원, 남북방송교류협력단장, KBS 비즈니스 감사, 뉴스통신진흥회 이사.

바웬사와의 만남

오래되지 않아 낡고 작은 승용차 편으로 두세 명의 일행과 함께 바웬사가 도착했다. 두툼한 털 외투를 입고 있는 그는 특유의 콧수염 덕분에 금방 알아 볼 수 있었다. 한국에서 온 기자가 당신을 기다리고 있다는 신부의 설명을 듣자 그는 활짝 웃으며 악수를 청했다.

유자효

1988년 2월.

한국과 폴란드의 문이 막 열리려 할 즈음, 폴란드의 국영 항공기 편으로 바르샤바에 도착했다. 눈 내리는 바르샤바 공항에는 파리에서 미리 연락을 취해두고 떠났던 폴란드 공보처에서 안내요원과 운전기사가 나와서 기다리고 있었다. 우리는 그들의 안내로 예약해둔 호텔에 짐을 풀고 공보처의 외국 기자 담당자와 만났다. 한국의 방송 기자와는 첫 대면이었던 그는 취재하고 싶은 것을 모두 얘기해달라고 말했다. 나는 준비했던 대로 폴란드의 서울 올림픽 참가 준비 상황, 한국과 폴란드 관계의 전망, 쇼팽과 퀴리 부인의 생가, 2차 대전 당시 나치의 유태인 학살 대표적 현장인 아우슈비츠 취재 등을 열거했다. 그는 선선히 주선을 약속했다. 뒤이어 나는 조심스레 입을 열었다. "그리고 가능하면 보이치에흐 야루젤스키 대통령과 레흐 바웬사를 만나고 싶습니다."

그러자 그는 예상했다는 듯이 미소를 머금으며 말했다. "알겠습니다.

그러나 대통령 각하와의 회견은 사전에 신청이 돼야 합니다. 다음 기회에 충분한 여유를 갖고 신청해 주시죠. 바웬사와는 못 만나실 이유가 없습니다."

나는 다소 어리둥절한 기분이 되어 공보처를 나섰다. 당시에는 프랑스에서도 바웬사와 회견을 하면 대서특필하던 때였기 때문이었다. 그만큼 바웬사와 만나는 것 자체가 어려운 것으로 알려져 있었다. 이유는 물론 당국의 감시와 통제 때문이었다. 당시 바웬사는 폴란드 북부의 항구 도시인 그단스크의 자택에 연금된 상태였다. 나로서는 일종의 희망 사항이었을 뿐 큰 기대 없이 대통령과 바웬사를 묶어서 내놓아 보았던 것인데 그들의 대답이 너무나 자연스러웠기 때문이었다. 나의 예정은 한국에 군부 독재자의 이미지로 비추어져 있던 야루젤스키 대통령은 당초에 취재 계획이 없었고, 자유노조 지도자 바웬사는 가능한 한 접촉 방법을 찾아 보겠다는 것이었다. 공보 당국자의 신경을 건드리지 않으려, 예의를 갖춰 대통령도 함께 얘기했을 뿐, 목적은 바웬사였다. 그런데 그들은 처음 본 한국 기자에게 바웬사와의 면담 가능성을 비쳤던 것이다.

폴란드 공보처의 외신 담당자는 어쩌면 그런 나의 내심까지도 꿰뚫어 보고 있었던 것 같다. 그리고 그의 이 예의바른 대답은 그 후 적중했다.

바르샤바에서의 취재는 아무런 어려움이 없었다. 그들의 주선대로 폴란드의 올림픽 준비, 쇼팽과 퀴리 부인의 생가, 아우슈비츠 취재 등을 일사천리로 해나갔다. 그런데 폴란드 체류 비자 만료 기간이 다가오면서 나는 초조해지기 시작했다. 바웬사와 만날 수 있는 길이 묘연했기 때문이었다.

끙끙대고 있는 나의 의중을 함께 다니던 폴란드인들이 눈치 챈 모양이었다. 내가 바웬사 얘기를 자주 했기 때문이었다.

콧수염을 기른 40대 폴란드 운전기사는 운전을 하고 가던 차 속에서 "바웬사를 만나고 싶으냐?"고 물어왔다. 나는 대뜸 "그렇다"고 대답했더니 자기가 한 번 알아보겠다는 것이었다. 자기는 바웬사와 친구라는 것이다. 나는 반신반의하면서 만날 수 있는 길을 알아봐 달라고 부탁했다.

다음 날 그는 역시 운전하던 차 안에서 사진 몇 장을 꺼내 보여 주었다. 그 사진은 몇 사람이 함께 술을 마시고 있는 장면이었는데 그 자리에 바웬사와 그가 있었다. 또 어떤 사진에는 바웬사와 그가 술잔을 맞대고 있는 모습도 찍혀 있었다. 그리고는 내일 그단스크로 가자는 얘기였다. 나는 이 믿기지 않는 사실들에 깜짝 놀랐다.

보드카를 많이 마셔 속이 마구 울렁거리던 싸늘한 늦겨울의 아침, 우리는 그단스크로 향했다. 바르샤바에서 그단스크로 가는 겨울 길은 황량했다. 곳곳에 서 있는 고장 난 소련제 라다 승용차들, 검은 먼지에 싸여 있는 집들, 군데군데 비포장으로 검은 흙을 드러내고 있는 국도, 마구 뛰어오고 있는 개떼들. 우리 차는 도로를 가로질러 뛰어가던 개를 한 마리 치어죽이고는 그대로 북으로 질주했다. 깜짝 놀라 뒤를 돌아보니 개는 벌렁 드러누운 채 다리를 허공에 부들거리며 떨고 있었다.

북으로 갈수록 눈발이 굵어졌다. 바르샤바에서 다섯 시간 남짓 걸려 그단스크에 도착했을 때는 함박눈으로 변해 있었다. 우리는 쏟아지는 눈을 맞으며 빈 성당으로 들어갔다. 바웬사를 집에서 만날 수는 없으며 그가 1주일에 두 번 꼭 들르는 이 성당에서 만나야 한다는 것이었다. 그리고 경찰이 지키고 있으면 못 만나게 할 것이라며 은근히 걱정을 안겨 주었다. 바웬사와의 만남은 성당 측에 이미 알려서 약속을 받아냈다는 안내인의 설명이었다. 크지 않은 성당이었다. 그리고 그곳은 당시 바웬사가 갖고 있는 유일한 외부세계와의 창구였던 것이다.

나는 우리 일행을 맞은 신부와 인사를 나누고는 바웬사를 기다렸다. 다행히 누가 감시하고 있는 듯한 기미는 없었다. 오래되지 않아 낡고 작은 승용차 편으로 두세 명의 일행과 함께 바웬사가 도착했다. 두툼한 털외투를 입고 있는 그는 특유의 콧수염 덕분에 금방 알아 볼 수 있었다. 한국에서 온 기자가 당신을 기다리고 있다는 신부의 설명을 듣자 그는 활짝 웃으며 악수를 청했다. 그는 기도실로 들어가고 우리는 응접실에서 그를 기다렸다. 그 응접실은 눈에 익은 곳이었다. 기억을 되살려 보니 프랑스 TV의 뉴스에서 가끔 보던 방이었다.

교황 요한 바오로 2세를 낳은 폴란드는 독실한 가톨릭 국가이고 경찰력이라 하더라도 성당 안에는 들어오지 않았던 것이다. 그러니까 기자가 일단 성당 안에 들어오고 바웬사가 성당에 있으면 회견이 가능했던 것이다. 서방 기자들도 나와 같은 방법으로 바웬사를 만났을 것이다.

바웬사와 나는 2중 통역을 사이에 두고 회견에 들어갔다. 내가 영어나 불어로 질문을 하면 자유노조의 영어나 불어를 아는 사람이 폴란드 말로 바웬사에게 설명해주고 바웬사의 대답을 다시 영어나 불어로 듣는 식이었다.

그는 말했다. "폴란드 자유노조 운동의 출발은 근로자 개개인의 권익을 보호하자는 데 있었다. 현재의 가장 큰 목적은 폴란드의 개혁이다. 그것은 사회, 경제, 정치의 세 분야에 걸쳐서이다. 그것은 폴란드의 전반적인 발전을 위한 것이다. 그러나 이것은 폴란드에 국한된 운동이어서는 안 된다. 국제적인 협력이 필요한 것이다."

우리가 흔히 폴란드 자유노조라고 부르는 〈솔리다르스노스〉는 번역하면 〈연대〉이다. 즉 노동자들의 연대를 뜻하는 것이다. 폴란드 뿐 아니라 세계 노동자들의 카리스마적 존재인 그는 이렇게 말하는 것이었다.

"노조원들을 보호해야 하지만 기업주도 중요하다는 것을 잊어서는 안 된다. 사용자와 근로자의 대화가 가장 중요하다. 한국의 노조들은 폴란드가 이루지 못한 이상을 이룩해 달라. 한국이 폴란드를 도와줄 수 있을 것으로 믿는다."

1943년, 포포보라는 작은 마을에서 목수의 아들로 태어난 그는 직업학교 졸업이 학력의 전부이다. 그는 또한 1967년 이후 그단스크의 레닌 조선소 전기공으로 일해 왔다. 1970년, 근로 조건 개선을 요구하던 노동자들의 시위가 정부의 무력으로 숱한 희생자들을 내면서 진압되자 그는 노동 운동의 전면에 나섰다. 침착, 정열, 웅변, 기지, 유머의 독특한 인간상은 젊은 그를 폴란드 자유노조 운동의 지도자로 떠오르게 했다. 그는 숱하게 직장에서 쫓겨나고 투옥, 연금(軟禁) 생활을 반복하면서 1980년, 레닌 조선소 파업을 성공시키는, 사회주의 국가로서는 혁명적인 성과를 이루어냈다. 그는 폴란드 노동자들의 중심이 됐고 그에게는 노벨 평화상이 주어졌다.

내가 바웬사를 만났던 당시는 폴란드 정부가 자유노조를 불법 단체로 규정하고 있을 때였다. 그러나 소련에서의 고르바초프 등장과 함께 불기 시작한 동유럽의

레흐 바웬사와 함께(1988.2.)

개혁 바람은 바웬사와 자유노조에도 획기적인 계기가 됐다. 세계의 눈은 그에게 쏠려 있었다. 폴란드 전체 노동자의 막강한 지도자인 바웬사는 어떤 길을 선택할 것인가? 그 질문에 대한 그의 대답은 이러했다.

"자유노조 운동. 이는 노동의 신성함을 추구하는 위대한 운동이다. 그러나 힘에 의한 방법은 거부한다. 또한 어떠한 경우에도 삶의 터전인 작업장을 파괴해서는 안 된다. 합리적인 조건을 내세우고 정당한 방법으로 싸워야 한다. 그리고 자유노조 운동이 성공한 뒤에도 집권을 하겠다는 기도가 있어서는 안 된다. 정치적 목적은 노조 운동의 순수성을 잃게 하기 때문이다."

나의 뇌리에는 그의 마지막 말이 오래 남았다. 바웬사는 나와 헤어지며 악수를 청했다. 나는 그에게 "행운이 있기를 빈다."고 말했다. 그는 대답했다. "나의 한국인 친구, 다시 만납시다. 폴란드에서든, 프랑스에서든, 한국에서든…"

그가 나를 친구라고 부른 데는 그럴만한 이유가 있다. 폴란드의 노동자들은 모두가 그를 친구로 생각하고 있었다. 나의 운전기사가 그를 친구라고 부른 이유를 알 수 있었다. 바웬사는 그를 끌어안으며 반가움을 나타냈다. 그의 연대 정신은 바로 이런 것이다. 그것은 또한 겉치레 인사가 아닌, 진정이 담긴 것이기도 하다. 바웬사와의 단독회견이 KBS로 방영되자 AFP통신은 서울발로 이 소식을 전 세계에 타전했다.

내가 바웬사를 만나고 파리로 돌아온 이후 상황은 급진전되기 시작했다. 폴란드 전역에서 거센 파업이 일어나기 시작했던 것이다. 탄광이 조업을 중단하고, 모든 공장이 동조 파업에 들어가고, 도로와 항만 등 교통수단마저 끊어지자 힘으로 일관하던 폴란드 정부는 마침내 굴복했다.

야루젤스키 대통령은 바웬사에게 만나자는 메시지를 그단스크로 보냈다. 바웬사는 바르샤바로 향했다. 실로 8년만의 외출이었다. 그단스크의 신부(神父)가 수행했다. 그를 보호하기 위해서였다. 폴란드에서 절대적인 가톨릭의 권위는 폴란드 개혁을 성공시킨 이유 중의 하나가 되기도 한다.

바르샤바에서 바웬사는 야루젤스키 대통령과 단독으로 만났다. 회담장을 나온 바웬사는 선언했다. "우리 자유노조는 정부 측과 원탁 회담을 갖기로 했다. 전국의 노동자들은 직장으로 돌아가 달라."

바웬사의 선언이 있자 폴란드 전국을 마비시켰던 대파업 사태는 즉각 수습되었다. 그러나 탄광 노조만은 그의 말을 듣지 않았다. 정부 측의 분명한 대답이 없다는 것이 그 이유였다. 바웬사는 즉각 탄광으로 달려갔다. 검은 산처럼 운집한 광부들에게 그는 마이크로 외쳤다. "동지들, 나는 이제 야루젤스키와 타협에 들어간다. 이 타협은 정부와 우리 자유노조 간의 회의에 의해서 이루어진다. 내가 정부와 한 약속을 지키게 해 달라." 바웬사의 호소가 있자 광부들은 눈물을 흘리며 갱도로 들어갔다. 실로 무서운 카리스마였다.

동유럽 최초의 정부와 노조의 원탁회의는 폴란드를 엄청난 변화로 몰아갔다. 자유노조는 마침내 정치 집단으로 변신하고 폴란드에서 최초로 치러진 자유 총선에서 90%에 이르는 의회 의석을 차지했다. 대통령을 제외하고는 정부의 각료 대부분이 자유노조 출신으로 대체되었다. 이제 바웬사는 그가 원하면 대통령이라도 될 판이었다. 그러나 그는 자유노조 위원장 선거에 재출마해 과거처럼 노조 지도자로 남았다.

그는 무척 바쁜 인물이 됐다. 세계 각국에서 초청이 쇄도했다. 파리에서 인권 선언 100주년 행사가 열렸을 때, 미테랑 대통령은 소련의 사하로

프 박사와 그를 국빈으로 초청했다. 그가 파리에 오자 프랑스는 야단법
석이었다. 텔레비전에서는 그의 도착부터 상세하게 보도하기 시작했고,
그의 숙소에는 중계차가 배치돼 뉴스 시간에 생방송 회견이 방영되었다.
신문들도 그의 말 한 마디, 행동 하나까지 모두 기사로 썼다.

폴란드를 방문하는 외국의 국가 원수들은 꼭 그를 만나고자 했다. 폴란
드의 재정적 어려움을 극복하는 데도 그는 기여했다. 미국의 부시 대통
령이 폴란드를 방문했을 때, 그는 경제 원조를 요청했고, 부시는 이에 쾌
히 응했다. 그후 영국과 프랑스 등이 경제 지원에 나섰고, 파리에서 열린
서방 경제 선진 7개국 정상회담에서는 폴란드 지원이 정식 의제로 채택
되었다. 노동 운동의 지도자가 국제 정치의 여론을 유도하는 힘까지 갖
게 된 것이다.

감이 저절로 익어 떨어지기를 기다렸을까? 1990년 12월 9일, 폴란드
대통령 선거 결선 투표에서 바웬사는 최종 경쟁자인 티민스키를 큰 표 차
로 따돌리고 대통령에 당선됐다. 그 2년 전 내가 그를 만났었고, 그때 '노
조가 집권을 해서는 안 된다.'던 그는 집권했다. 모든 환호의 최종 블랙홀
은 결국 정치판인가?

유자효 | KBS 파리특파원, SBS 정치부장, 보도제작국장, 기획실장, 라디오본부장,
논설위원실장, 이사, 한국방송기자클럽 회장.

88서울올림픽의 함성

필자는 88서울올림픽을 앞두고 1987년 12월 27일부터 88년 1월 10일까지 14박 15일 일정으로 서울의 27개 중학교에서 1~2명씩 선발된 중학생 명예기자 유럽 취재단 45명을 인솔하고 프랑스, 영국, 이탈리아, 독일, 스위스, 베네룩스 3국 등 8개국 23개 도시를 순방하는 행운을 얻었다.

유한준

지구촌의 최대 축제

지구촌의 최대 축제였던 1988년 제24회 서울 하계올림픽(88년 9월 17일~10월 2일)의 함성이 잠실벌에 울려 퍼진 것이 엊그제 같은데 어언 30년, 한 세대(世代)가 흘렀다. 그 때의 함성은 지금도 온 국민의 귀에 생생하리라. 그때 필자도 올림픽 메인프레스 센터를 중심으로 그 현장의 한복판에서 취재의 열기를 뿜어댔다.

당시 서울올림픽대회조직위원회(위원장 박세직)는 88서울올림픽의 특징을 크게 '▶화합 올림픽, ▶문화 올림픽, ▶복지 올림픽, ▶번영 올림픽, ▶희망 올림픽'이라고 설명했다.

'서울은 세계로, 세계는 서울로'라는 캐치프레이즈 아래 호돌이 마스코트가 잠실벌을 장식했던 영광의 제전(祭典)은 스포츠를 중심으로 예술,

문화, 관광을 아우르는 코리아의 최대 종합 축제로 지구촌 50억 인구의 이목을 동아시아의 자그마한 반도의 나라 대한민국으로 집중시켰다.

강력한 경쟁지 일본 나고야를 제치고 '화합과 전진'의 제전으로 승화시킨 88서울올림픽은 올림픽 사상 최대 규모인 160개국에서 1만 3,600여 명의 남녀 선수들이 참가하여 육상, 수영 등 23개 정식 종목과 야구, 태권도 등 2개 시범 종목, 배드민턴, 볼링의 2개 전시 종목, 여자유도의 1개 시범 경기에 걸쳐 보름 동안 열전을 전개, 역대 어느 올림픽보다 치열하면서도 수준 높은 기량을 펼쳤다는 평가를 받았다.

우리는 이렇다 할 스포츠 역량이 없다는 업신여김도 따돌리고 금메달 12개, 은메달 10개, 동메달 11개를 따내면서 종합 4위를 차지, 전 세계 사람들을 흥분시키면서 감동의 메아리를 엮어냈다. 1위는 소련, 2위는 동독, 3위는 미국이 차지했다.

분단국가의 저력 과시

우리는 6·25전쟁의 전흔이 그대로 남아 있는 분단국가의 아픔을 부둥켜안은 채 배달민족의 고유한 문화와 모든 역량을 총집결하여 88서울올림픽을 성공적으로 개최, 코리아의 저력을 유감없이 전 세계에 떨쳤다.

올림픽 개최지 선정 과정에서 일본을 지지했던 북한은 1987년까지 뜬금없는 공동 개최론을 주장하며 대회 명칭을 평양−서울올림픽으로 해야 한다는 등 집요하게 방해 공작을 폈다. 북한은 한국에 에이즈(AIDS·후천성면역결핍증) 환자가 60만 명에 달한다고 가짜 뉴스까지 퍼뜨리면서 방해 선전 책동을 멈추지 않았고, 평양 세계청년학생축전을 개최하여 서울올림픽보다 더 규모가 컸다고 거짓 선전하였다.

뿐만 아니라 아랍계 테러리스트를 끌어들여 김포국제공항 폭탄 테러를 사주했다. 이 테러로 5명이 죽고 32명이 부상당했다. 87년 11월 29일에는 지구촌이 분노한 대한항공 858편 여객기 공중폭파 사건까지 일으켰다. 이 사건으로 이라크 바그다드를 떠나 서울을 향해 비행 중이던 대한항공 소속 707기 승무원과 승객 115명 전원이 공중 참사를 당했다.

그것도 모자라 북한은 급기야 서울올림픽 보이콧 운동까지 시도했다. 이와 같은 북한의 방해 공작과 테러 위협을 이유로 88서울올림픽 중단설까지 불거졌다. IOC에서도 88서울올림픽 개최는 어려울 것 같다고 우려하면서 1996년으로 연기하자는 말도 한때 나돌았다. 그러나 우리 정부의 적극적인 노력으로 혼란이 수습되면서 예정대로 88년 9월 서울올림픽을 개최하는 데 성공한 것이다.

색다른 감동 드라마

88서울올림픽 개막식은 '조용한 아침의 나라' 코리아의 이미지에 맞추어 역대 올림픽에서 보여준 오후 개막 관례를 깨고 오전 10시 30분에 시작되었다. 이에 대해 미국 내 올림픽 방영권을 독점하고 있는 NBC가 미국 국민도 서울올림픽 개막식을 제시간에 맞춰 생생하게 볼 수 있도록 하자는 입김이 강하게 작용하였다는 뒷이야기도 있었다. 그 덕분에 서울올림픽은 오전 시간대에 개막식을 진행한 유일한 하계 올림픽의 기록을 남겼다.

개막식에서 가장 인상 깊었던 장면은 초등학생 윤태웅이 홀로 굴렁쇠를 굴리는 퍼포먼스였다. 약 2분 동안 잠실 메인스타디움에 적막이 흐르는 가운데 경기장 한가운데로 굴렁쇠를 굴리면서 등장한 어린이는 IOC 및 올림픽조직위원회 관계자들과 수많은 관중들에게 손을 흔들어 아주 강한 인상을 남겼다.

성화 점화도 특이했다. 이전까지는 성화대 옆에 설치한 계단을 올라가 불을 붙이는 방식이었으나, 서울올림픽은 최초로 엘리베이터를 도입한 새로운 점화 방식을 채택하여 관심을 끌었다. 개막식의 피날레인 '손에 손 잡고(Hand in Hand)'도 빼놓을 수 없는 감동 드라마였다. 올림픽 주제가를 코리아나가 열창한 가운데 그 아름다운 선율을 타고 여러 나라 사람들이 자국의 의상을 입고 한데 어우러진 것은 물론이고, 역대 올림픽 마스코트까지 총집합해 최고의 퍼포먼스를 연출하였다.

특히 팔레스타인 게릴라가 이스라엘 선수촌을 습격하여 비극의 올림픽이 된 제20회 뮌헨 대회, 인종 차별에 항의하며 아프리카 대륙이 불참하여 4류 대회가 되었던 제21회 몬트리올 대회, 자유진영이 보이콧한 제22회 모스크바 올림픽 대회, 모스크바 불참의 보복을 당했던 제23회 로스앤젤레스 대회 때의 마스코트인 발디, 아미크, 미샤, 샘 등이 88올림픽 마스코트 '호돌이'와 함께 어울려 말 그대로 전 세계에 평화와 화합의 메시지를 전달했다.

호돌이 마스코트는 전통적으로 우리 민족에게 친근감을 주면서도 위엄과 용맹을 갖춘 호랑이를 아기호랑이로 단순 형상화한 것이다. 몸 전체를 부드러운 곡선으로 처리하고 오륜 마크를 목걸이로 삼았다. 여기에 한국 고유의 농악놀이인 상모 돌리는 자세를 취하고 상모돌리기의 긴 끈을 휘어 감으면서 Seoul의 영문 표기 첫 자인 S자를 자연스럽게 표현하여 코리아와 서울의 이미지를 한껏 살렸다.

경기 종목에서의 특징은 한국의 국기(國技)인 태권도가 처음으로 시범 종목으로 채택되었고, 탁구와 테니스가 정식 종목으로 채택되었다는 것이다. 태권도는 그 뒤 2000년 시드니 올림픽 때 정식 종목에 합류하였다. 또한 컴퓨터로 각종 기록을 처리하는 첫 번째 올림픽이 되었다. 84년도 로스앤젤레스 올림픽까지만 해도 기록을 문서로 기록해 보관했으나, 88년도부터 컴퓨터에 기록을 입력하여 데이터로 관리하였다. 계측 부문에도 컴퓨터 측정 기술을 도입하여 1/100초 단위까지 측정하는 첫 번째 올림픽으로 위상을 세웠다.

88서울올림픽은 냉전(冷戰)의 피해자 대한민국이 냉전의 종말을 고하게 하는 계기를 구축하였다. 그동안 6·25전쟁, 베트남 전쟁으로 대표되는 공산 진영 대 자유 민주 진영 간의 첨예한 대립 양상을 보여 왔다. 1980년 모스크바 올림픽과 1984년 로스앤젤레스 올림픽은 냉전으로 인해 반쪽 대회가 되었다. 그러나 서울올림픽은 사상 최다 참가국(160개국), 최대 선수단(1만 3,674명)과 임원(8,426명), 최대 보도진(1만 4,400명)과 운영요원(4만 7,891명)을 자랑했다.

한국은 1988년 서울 하계올림픽과 2018년 평창 동계올림픽까지 성공적으로 개최, 하계와 동계 올림픽을 모두 개최하는 저력을 과시했다.

파리에서 '코리아의 밤' 마련

필자는 88서울올림픽을 앞두고 1987년 12월 27일부터 88년 1월 10일까지 14박 15일 일정으로 서울의 27개 중학교에서 1~2명씩 선발된 중학생

명예기자 유럽 취재단 45명을 인솔하고 프랑스, 영국, 이탈리아, 독일, 스위스, 베네룩스 3국 등 8개국 23개 도시를 순방하는 행운을 얻었다. 특히 유럽 순방 중에 파리 메르뀌르(Mercure) 호텔 라트리움(L'atrium) 홀에서 각본 없는 즉석 여흥으로 '코리아의 밤'을 마련, 당시 연회 중 최유정의 피아노 반주에 맞춰 '도라지', '아리랑'과 올림픽의 노래 '손에 손 잡고(Hand in Hand)'를 명예기자 전원이 합창했다. 그러자 이 호텔에 투숙한 이탈리아, 독일, 영국, 일본 등 동서양의 관광객 200명이 이방인 소년소녀들과 함께 춤을 추며 '서울코리아, 서울올림픽(Seoul Korea, Seoul Olympic)'을 뜨겁게 연호하는 이색 풍경이 벌어졌다.

88올림픽 개최를 준비하는 코리아의 존재를 다시 한 번 확인하면서 이에 화답하는 감사의 의미로 콜라와 주스로 코리아 축배를 들었던 일은 영원히 잊을 수 없다.

귀국 후 KBS 제1라디오의 요청으로 매주 금요일 오후 5시부터 10분 동안 '먼 나라 이웃나라'를 주제로 10개월 동안 방송하는 기회도 가졌다. 이때의 라디오 방송은 88서울올림픽에 참가할 나라의 문화, 역사, 풍물들을 주요 소재로 하였다.

필자는 1996년 말 조선일보에서 정년퇴직하면서 그때의 이야기를 '유한준 정년문집–기자의 일생 마침표를 찍으며' 가운데 '취재 여적'으로 수록했다.

유한준 | 한국일보 기자, 소년조선 취재부 차장, 독서신문 편집국장, 종교뉴스 주간, 아동문학가, 시인.

동전 송고시대의 추억

5원짜리 동전 한 닢을 꺼내 '다이얼'을 돌렸다. "여보세요?" 수화기에서 귀에 익은 교환양의 목소리가 아닌 남자 목소리가 튀어나왔다. "잘못 건 전화는 '통화중'이 없다"더니 짤그락하는 소리와 함께 동전 하나가 제값도 못하고 사라졌다. 호주머니에 남은 동전은 3개뿐. 다이얼을 다시 돌리고 "동전이 모자라니 빨리 기사 받아 주세요." 하고 선배 내근자에게 하소연부터 했다.

이기백

'그때 그 현장' 원고 청탁을 받고 빛바랜 취재수첩을 넘겼다. 낡은 기록들의 갈피에선 현장에서의 '난감했던 순간'들 흔적이 배어난다. 기사 송고를 공중전화에 의존했던 시절에서 컴퓨터 송고로 발전한 흔적이다.

1970년대 편집국 풍경

사회부 한편에 부원들의 명단과 출입처 전화번호가 적힌 게시판이 걸려 있었다. 비상연락망이었다. 30여 명 부원들 중 집전화가 있는 사람은 부장과 차장 중 한두 명뿐. 사건을 담당하는 경찰 기자들은 퇴근 후 회식 중에도 라디오 뉴스에 귀를 기울이고 수시로 내근자에게 연락을 해야 하는 것이 불문율이었다. 당시 매매가 가능한 백색전화는 재산목록에 오를 정도로 값비싼 몸이었고 양도가 금지된 청색전화도 하늘의 별 따기였다. 체신부 출입 기자에겐 출입처인 전화국에서 청색전화의 순번을 앞당겨

주는 혜택이 주어진 것도 불편한 진실이었다.

휴일에도 기자들은 취재를 위해 신문사에 나와 전화 다이얼을 돌리는 경우가 많았다. 당시 국방부를 담당한 한 고참 기자가 기억에 떠오른다. 매사 적극적인 성격의 그는 평소 많은 장성들과 수시로 통화하며 취재원과의 스스럼없는 친분으로 특종도 많이 했다. 그는 일요일이면 취재원과의 전화 통화를 위해 신문사로 출근했다. 이런 풍경은 당시 기자들 사이에 이상하지 않은 풍속도였다. 사건 기자들은 현장에 도착해서 먼저 사망자 신원과 관련 사진부터 챙기고 나면 통신수단을 걱정해야 했다. 현장에서 기사를 전화로 부르면 내근자가 받아 적어 데스크에게 넘기는 '볼펜 시스템'이었는데 동전은 3분마다 매몰차게 동전 통으로 떨어졌다. 다시 동전을 넣어야 통화가 이어졌다.

70년대 현장서 기사 송고하기

72년 7월 서울 불암산 자락에서 시내버스가 굴러 26명이 숨지고 60여 명이 부상하는 교통사고가 발생했다. 산자락에 자리한 서울공대로 가는 길은 논밭으로 이어진 외진 곳이고 2㎞ 가량 청량리 쪽으로 나가서야 공중전화를 볼 수 있었다. 초판 마감시간인 5시까진 20여 분밖에 안 남았다.

5원짜리 동전 한 닢을 꺼내 '다이얼'을 돌렸다. "여보세요?" 수화기에서 귀에 익은 교환양의 목소리가 아닌 남자 목소리가 튀어나왔다. "잘못 건 전화는 '통화중'이 없다"더니 짤그락하는 소리와 함께 동전 하나가 제값도 못하고 사라졌다. 호주머니에 남은 동전은 3개뿐. 다이얼을 다시 돌리고 "동전이 모자라니 빨리 기사 받아 주세요." 하고 선배 내근자에게 하소연부터 했다.

사망자의 이름, 나이, 주소를 부르다보니 몇 사람 명단을 남겨놓고 동전이 동났다. 마감시간도 이미 지나고 마음은 급해 핑크빛 전화통을 쓰다듬어 보고 두들겨 윽박질러 보았으나 요지부동. '나쁜 놈!' 별 수 없는 줄 알면서도 지푸라기 움켜잡는 심정으로 전화통 밑을 두리번거렸다. '궁하면 통한다더니─' 사랑스런 동전 한 닢이 미소 짓고 있지 않은가! 그것을 주워 전화통에 넣고 다이얼을 돌렸다. '덜컥' 동전 떨어지는 경쾌한 소리와 함께 귀에 익은 교환양의 목소리가 들렸다. '동전 한 닢이 이렇게 귀중한 줄을…' 신음소리가 절로 나왔다. 그 후 나의 포켓에서는 거닐 때마다 동전들이 춤을 추며 '달그락'거리는 소리가 울렸다. 얼마나 유쾌한 합창소리란 말인가!

당시만 해도 적게, 짧게가 미덕이던 시대였다. "아들 딸 구별 말고 하나 낳아 잘 기르자."에서 "덮어놓고 낳다 보면 거지꼴 못 면한다."는 위협적인 산아 제한 구호가 난무하던 때이다. 현장 기자에게 필수적인 공중전화도 눈치보고 이용해야 했다. "짧은 통화는 문화인의 긍지"라며 통화가 길면 야만인으로 치부됐다. 더욱이 긴 통화를 차단하기 위해 공중전화는 3분이 지나면 자동으로 끊기는 3분 통화제가 강요되었다. 이로 인해 국고수입이 하루 26만원인가 증가되고 전화 1천여 대를 증설한 효과를 거두고 있다고 당시 체신부는 호들갑을 떨었다. 공급을 늘릴 여력이 없으니 수요를 줄이자는 궁색한 정책은 관료들의 오랜 전통이다. 기사 송고 시 몇 십분은 예삿일인 기자들은 직업상 영원히 야만인의 신세에서 벗어날 수 없는 암울한 시기였다. 그 후 20년 뒤 1980년대 말 제1차 이라크 전쟁 시 미국 CNN 기자가 사막 한가운데서 보따리를 뒤적거려 접시

안테나를 꺼내 펼치더니 위성통신으로 생중계하는 뉴스를 보며 무척 부러워한 기억이 있다. 그런데 그게 남의 일이 아니었다. 국내서도 '동전 송고'에서 '인터넷 송고'로 비약적인 발전이 이루어진 것이다.

80년대 신문 제작의 혁신

이 시기에 신문은 제작 환경이 획기적으로 바뀌었다. 활판 인쇄에서 컴퓨터조판으로 바뀌었고 이에 맞춰 기자들의 무기도 '볼펜'에서 '자판'으로 바뀌었다. 기자들에겐 호출기인 '삐삐'와 노트북의 할아버지격인 '랩톱'이 지급되고 컴퓨터 취급 재교육이 강도 높게 실시됐다. 이런 환경에서 처음 파견되는 특파원들에게도 강도 높은 컴퓨터 교육과 함께 사내의 관심도 컸다. 기자들의 첨단무기인 '랩톱'은 오늘날 노트북에 비하면 장난감에 불과했지만 기사를 작성해 전화 연결로 데스크로 직접 전달된다는 기능만으로도 '동전 송고'와는 비교할 바가 아니었다.

이런 환경에서 '랩톱' 조작과 전화 접속 수법에 이르기까지 나름대로 완벽한 무장을 하고 1990년 11월3일 베를린 브란덴부르크광장에서 진행된 통일축제의 기사를 최신장비인 '랩톱'으로 현장에서 성공적으로 송고할 수 있었다. 20년 전 동전 송고 시절과 비하면 비약적인 발전이었다. 그런데 그날 이후가 문제였다.

축제기간이 끝난 뒤 베를린 남쪽 외곽에 얻은 집에서 송고하려니 전화 접속이 안 됐다. 70년대식으로 돌아가 전화로 기사를 부르는 사태가 벌어졌다. 낭패였다. 최신장비로 무장하고 있었으나 전화 접속이 안 되니 무장해제가 된 셈이다.

문제는 통일 후 베를린 집세가 올라 외곽구역에 단독주택 2층을 마크러(중개업자)를 통해 구했는데 집을 잘못 선택한 것이었다. 독일은 선진국이니 통신시설도 현대화 됐으리라는 막연한 믿음에 발등을 찍힌 셈이다. 셋집 지역이 아직 자석식 교환지역이어서 컴퓨터 연결이 안 된다는 사실을 뒤늦게 알았다. 신문들은 당시 독일 통일과 관련한 기획물들을 많이 다뤘는데 기사 양이 많아 내근자들이 골탕 먹었다. 내근자가 다시 입력하고 데스킹하는 과정을 거쳐야 하는 번거로움이 컸다.

궁한 김에 현지 사정에 밝은 당시 이일남 한인회장을 찾아 조언을 구했다. 중개인에게 지불한 3개월 치 집세에 해당하는 중개료는 되찾을 수 없다며 그대로 살면서 자신의 사무실 전화를 이용하라고 했다. 중심가인 쿠담에 위치한 사무실은 고풍스런 건물 1층으로 재유럽 한인 과학자회와 함께 쓰고 있었는데 여유가 있었다. 넓고 아늑했다. 이후 이회장과 호형호제하며 가까워 졌고 얼마 후엔 내 전용 책상까지 자리를 차지할 수 있었다. 낙타가 텐트 안으로 들어간 셈이라고나 할까. 2년 뒤 사회부장 발령을 받고 귀국 때까지 이곳이 나의 베이스캠프가 되었다.

이기백 | 서울신문 사회부장, 베를린 특파원, 출판편집국장, 논설위원

젊은 기자가 본 5·16

기자는 현장에서 사실을 전하는 사람이다. 그래서 기사는 위력을 가진다. 보지 않은 사람의 이야기보다 보았다는 사람의 이야기가 훨씬 설득력이 있을 수밖에 없다. 역사를 쓰는 사람들에게는 그래서 기자가 쓴 현장 보도 기사가 큰 비중을 가진다. 언론이 역사 창조의 큰 힘을 가지는 이유다.

이상우

가장 길었던 하루

젊은 사회부 기자에게 1961년 5월 16일은 '가장 긴 하루'였다. 그날 새벽 경찰서 야간 순례를 서울 중부경찰서에서 마치고 막 귀가했을 때 신문사에서 즉시 나오라는 전화를 받았다. 1시 좀 넘어 신문사에 도착해보니 편집국장석에 장기영 사장이 앉아 직접 취재 지시를 하고 있었다. 남한강파출소에서 군인들과 경찰관이 총격전을 하고 있다는 독자 제보가 있으니 즉시 현장에 가보란다. 고등학교 동기인 최정민 사진 기자와 함께 취재차를 타고 나섰다. 상황 파악을 위해 우선 가까운 서대문경찰서에 들렀다. 경비 전화가 끊어져 모두 당황하고 있을 뿐 사건 내용을 모르고 있었다.

서울역 광장에 도착했을 때 남대문서 경찰관들과 '혁명군'의 총격전을 목격했다. 성남극장 앞에까지 갔을 때 '작전 지역에 무단진입'했다고 잡혀 용산경찰서로 연행되었다. 해병 대위가 지휘하고 있었다. 취재 기자임을 확인하고는 방면해주었다. 회사에 돌아왔다. 야근하던 최병렬 기자가 이미 호외를 준비하고 있었다. "5월 16일 미명 수 미상의 군 트럭에 분승한 수 미상의 군인들이 서울로 진주하였다."로 시작되는 호외였는데 발송 직전 사장 지시로 모두 소각하였다.

다시 혁명군 본부에 가보라는 지시를 받고 육군본부로 향했다. 후암동에서 들어가는 미8군 후문을 통해 들어가서 차를 세우고 육군본부로 잠입하였다. 흙으로 부대 표지를 지운 지프차로 장교들이 도착하고 있었다. 최정민 기자가 지프차에서 막 하차하는 박정희 소장 사진을 찍어 나중에 그 해 보도사진상을 탔다. 회의장에 들어간 유일한 민간인이었던 나는 곧 어떤 장군에게 이끌려 쫓겨났다.

날이 밝아 올 무렵 남산의 KBS에 가서 혁명공약을 받아 왔다. 이어서 중랑교 − 미아리까지의 혁명군의 방어선을 돌아보고 왔다. 오후에는 덕수궁에 주둔하고 있던 공수특전대의 김제민 중령과 차지철 대위를 인터뷰 했다. 다음날은 서울시청에 설치된 계엄사령부 공보처에 드나들면서 기사 검열을 받느라 보내고, 5월 18일에는 육군사관학교생도들의 지지 데모를 취재했다. 서울 시청 앞에서 사관생도들에게 연설하던 장도영 장군을 인터뷰해서 기사를 썼다. 그리고 강영훈, 이한림 장군을 연행하여 마포형무소에 수감하는 과정을 취재했다.

7년이 지난 후 1968년 8월 15일 미시간대학이 있는 앤 아버(Ann Arbor)의 장도영 장군 댁에서 같은 학생으로 5·16을 함께 회고했다. 양주 한 병 비우며 새벽까지 묻고 싶은 것 다 묻고 들을 이야기 다 들었다.

아마도 짧은 기자 생활에서 가장 기억에 남는 것은 5·16 취재가 아닌가 싶다. 조선일보로 회사를 옮긴 후에 겪었던 6·3사태(1964년), 6·8선거(1967년)도 기억에 남지만 그 때는 이미 '철이 좀 든' 기자여서 나는 5·16 때처럼 큰 충격을 받지 않았다.

5·16을 어떻게 볼까

5·16 당시의 일기를 꺼내 읽어 본다. "와야 할 것이 오고 말았구나." "혁명군에 기대한다." "쿠데타가 한국에서도 가능했구나."등의 기록이 눈에 띈다. 그 시대를 살았던 우리 세대의 젊은이들의 눈에 비친 5·16이었다. 우리 세대는 학생으로 4·19를 겪었다. 자유당의 부패에 분노했었고 3·15 부정선거를 계기로 그 분노는 폭발했다. '부정선거 다시 하자'가 4·19 때 우리가 들고 나갔던 구호였다. 민주주의를 쟁취하자든가 독재정권 타도 하자는 구호는 적어도 4·19 당일에는 나오지 않았었다.

4·19를 준비하던 주요 대학 간부들의 토론에서 제일 많이 튀어나온 단어들은 "선의의 독재" "뒤처진 역사의 단축" "케말 파샤" 등이었다. 6·25를 겪고 전후의 혼란 속에서 매일 절량농가 몇 만 호라는 신문기사를 접하던 상황에서 그 당시 대학생들은 심한 좌절감에 묻혀 있었다. 취직할 곳도 없고 미래에 대한 희망도 보이지 않았다. 비전이라도 제시해 주어야 할 정치인들은 정권 투쟁에만 몰두하고 있어 분노의 대상이 되었었다. 그런 불만의 폭발로 4·19가 일어났었다. 국민이 뜻을 모아 열심히 일해서 가난을 극복하고 제대로 된 나라를 만들자는 것이 학생들의 생각이었다. 그런데 4·19로 물러난 자유당을 대신하여 집권당이 된 민주당의 행태는 더 실망스러웠다. 거리는 매일 데모대로 뒤덮이고 국회도 데모대에 점령당해 기

능을 못했다. 일말의 기대를 걸었던 새로운 정치 지도자들에 대하여 배신감을 느꼈다. 절망은 더 깊어졌다. 이러한 혼란 속에서 젊은 장교들이 구국의 기치를 들고 나온 것이 5·16이라고 국민들은 생각했다. 국민들이 5·16을 긍정적으로 받아들인 것은 당연했다. 민정 이양, 개헌, 제3공화국 출범 과정에서 국민들이 혁명 지도자들에게 지지를 보여준 것은 이런 심리적 배경에서다.

우리 세대는 강한 민족주의 정서를 공유하고 있었고 어렵게 세운 대한민국에 대하여 충성심을 가졌었다. 해방은 강대국의 승전으로 얻어진 것이었지만 대한민국 건국, 그리고 6·25전쟁을 성공적으로 끝내고 공산 침략을 우리 손으로 막아냈다는 자부심이 강했다. "한국 사람만의 힘으로 쟁취한 최초의 떳떳한 자유천지"라고 자랑했었다. 역사의 조류에서 낙오한 초조감에서 정부의 지도력 미흡에 불만을 가졌었는데 '참신한 군인'들이 나라의 고삐를 잡고 '구악'을 일소하고 새로운 나라 만들기에 앞장선다고 하니 이를 긍정적으로 받아들인 것이다. '국가재건' '새마을운동' 등이 국민의 적극적 참여로 성공적으로 전개되었던 데는 '부패하지 않은 군'의 지도력과 잘 사는 나라, 강한 대한민국을 만들자는 국민의 소망이 합쳐졌기 때문이었다.

그러나 5·16은 3선 개헌, 유신체제의 출현 등으로 모두 퇴색하였다. '부패한 군사독재'로 타락했기 때문이다. 정치학자들은 박정희 대통령 통치 시대를 두 시기로 나눈다. 5·16혁명부터 경제 발전의 기틀을 잡아가던 1960년대 말까지의 전반부와 3선 개헌—유신 체제로 들어선 1970년부터 10·26까지의 후반부로 나눈다. 유신 체제는 한국정치사에 '암흑의 시대'로 기록되고 있고 정치민주화를 20년 늦춘 가장 부정적인 통치 시대로 평가한다. 그리고 이 평가가 전반부의 업적을 덮어 버려 5·16 자체를 무색하게 만들었다.

유신 체제는 한국 민주주의 발전을 가로 막은 독재 체제라는 평가가 일반적이다. 유신 체제를 '불가피한 선택'이라 변명하는 학자들도 있다. 산업화 과정에서 불만을 가진 자의 저항을 억제하여 효과적으로 계획을 실천해 나가기 위해서라는 정당화 논리와 북한과의 통일 협상을 위해서 국민의 목소리를 하나로 만들기 위해서는 언론의 자유와 집회의 자유를 제한할 필요가 있었기 때문이라는 논리가 주류를 이루고 있다. 그러나 대부분의 학자들과 국민들은 유신의 불가피성을 인정하지 않는다. 장기 집권을 위한 전제 체제 구축으로 본다. 문제는 박정희 통치 시대 후반부의 '용납할 수 없는 독재'로 전반부의 공(功)을 묻어두려는 데 있다. 그것은 분명 역사의 왜곡이다. 5·16을 긍정적으로 보는 학자들을 곡학아세의 부류로 매도하고 유신독재를 비난하면서 5·16 초반의 공을 덮는 것은 시류(時流)에 영합하려는 간사함이 아닐까?

한 외국 학생이 본 5·16

1992년 가을 게이오 대학에 교환 교수로 가 있을 때였다. 하루는 지방 대학 대학원에서 한국정치를 연구하고 있다는 일본 학생이 찾아 왔다. 자기가 보기에는 4·19와 5·16은 같은 성격의 '혁명'인데 한국에서는 4·19가 독재에 항거한 민주 투쟁이고 5·16은 4·19로 싹튼 민주주의를 무력으로 탄압한 반민주혁명으로 정식화(定式化)해 놓고 아무도 이것을 반박할 수 없는 진리로 만들어 놓았다고 지적하면서 "이것은 역사의 왜곡이 아닌가?" 라고 물었다. 나는 이렇게까지 생각해 본 적이 없어 당황했었다. 그는 1960년 5월호 〈사상계〉에 실린 4·19 학생 대표들의 좌담회 기사를 들고 와서 내가 했던 말들을 한 줄 한 줄 읽으며 질문을 했었다. 그의 주장은 4·19는 민주혁명이 아니며 부국강병을 염원하던 한국 학생들이 기대에 못 미치는 자유당 지도부에 저항하여 일어난 애국 운동이고, 5·16은 똑같은 생각에서 젊은 군인들이 기대했던 민주당 정부가 실망을 주었기 때문에 이를 보완하기 위해 감행한 혁명이라는 것이었다.

　나도 조용히 다시 생각해 보았다. 어째서 외국 대학원생이 보는 것을 국내 학자들은 보지 못했을까? 역시 답은 간단하다. 우리에게 5·16은 우리의 문제이지 객관적 연구 대상이 아니다. 내가 사랑하는 대한민국, 내가 바라는 대한민국, 내가 지키려는 대한민국의 운명을 결정하는 중대사여서 나의 이념, 나의 소망, 나의 가치관이 나의 인식의 틀을 미리 정해 놓았기 때문이다. '사실이 햇볕에 바래지면 역사가 되고 달빛에 바래지면 신화가 된다.'고 했다. 맞는 말이다. 역사는 만들어지는 것이다. 역사는 나의 관심과 나의 시각으로 지나간 사실을 재구성한 것이다. 그래서 역사는 변화하고 진화한다. 사실은 변할 수 없어도 관심이 다르고 보는 시각이 다르면 역사 인식은 계속 달라지게 된다. 5·16은 역사다. 그래서 역사로서의 5·16도 계속 달라진다. 그리고 5·16을 주도한 박정희에 대한 평가도 달라질 수밖에 없다.

　기자는 역사를 만든다

　기자는 현장에서 사실을 전하는 사람이다. 그래서 기사는 위력을 가진다. 보지 않은 사람의 이야기보다 보았다는 사람의 이야기가 훨씬 설득력이 있을 수밖에 없다. 역사를 쓰는 사람들에게는 그래서 기자가 쓴 현장 보도 기사가 큰 비중을 가진다. 언론이 역사 창조의 큰 힘을 가지는 이유다.

기사는 기자가 쓴다. 그 기사는 그 기사를 쓴 기자의 시각과 관심을 반영한다. 그런 뜻에서 기자는 역사를 만들어가는 사람의 하나다. 이런 중요한 기자의 기능을 생각한다면 기자의 자질과 훈련에 주목하지 않을 수 없다. 5·16처럼 대한민국 정치사의 분수령이 되는 큰 사건을 23세의 젊은 기자가 유력지의 머리기사로 보도해도 될까? 그 기자가 70대의 정치학자가 되어서 자기가 쓴 글을 되돌아보면 등골이 오싹해진다. 겁 없이 썼던 글들에 대해서 부끄러움이 앞선다. 나는 짧은 기자 생활을 하다가 느낀 바가 있어 좀 더 성숙한 안목으로 책임 있는 기사를, 논설을 쓰는 좋은 기자가 되기 위해 신문사에 휴직원을 내고 유학길을 떠났었다. 50년을 '좋은 기자가 되기 위한 공부'를 계속했다.

이제 다시 현장에서 뛰는 기자로 되돌아갈 수는 없겠지만 좋은 논설은 쓸 수 있을 것 같다. 좀 더 일찍 공부를 마치고 기자로 되돌아갔어야 했다는 아쉬움을 안고 지금도 후배들이 쓴 기사를 꼼꼼히 읽는다.

기자는 역사를 만든다는 책임감과 자부심을 가지고 기사를 써야 한다. 시대정신(Zeitgeist)을 인식할 수 있도록 쉬지 않고 공부하고 역사의 큰 흐름을 염두에 두고 쓸 것, 쓰지 말 것 가려가면서 기사를 써야 한다.

이상우 | 한국일보 사회부 기자, 조선일보 편집부 기자, 서강대 정치학 교수, 한림대 총장 역임, 대통령자문 21세기위원장, 국방선진화추진위원, (사)신아시아연구소장(현).

모스크바에서 본 30년 전 한−소 수교의 일화들

노태우 대통령은 답사를 위해 자리에서 일어서면서 갑자기 당시 특채한 러시아어 통역 신연자 씨 대신 고르비의 통역에게 계속 통역해줄 것을 부탁했다. 김옥숙 여사 뒤에 앉았다가 통역을 하기 위해 노 대통령에게 다가 오던 신 씨의 표정이 그 순간 당혹스러움으로 변하는 듯하였다.

이정식

나의 러시아와의 인연

지금은 러시아지만 그때는 소련이라고 불렀다. 두 나라가 수교하던 해인 1990년 당시 러시아는 소비에트연방체제였다. 따라서 한국과 소련간의 수교였다. 그러나 지금 시점에서 보면 한국과 러시아의 수교이므로 2020년이면 한−러 수교도 벌써 30년이 된다.

우리나라와 러시아와의 외교관계는 조선말기인 1884년 조−러수호통상조약에서 시작되었지만, 일본의 승리로 끝난 러일전쟁(1904~1905)의 와중에 파기되었다. 1990년 한−소 수교 당시 정부는 실로 86년만의 양국 외교관계의 회복이라고 발표했다.

나는 수교 한 해 전인 1989년 6월 당시 통일민주당 김영삼 총재의 소련 방문을 취재하기 위해 처음 러시아를 방문했다. 그 이듬해 수교 직후인 1990년 12월에는 청와대 출입 기자로 노태우 대통령의 소련 방문을 동행 취재했다. 그렇게 시작된 러시아와의 인연이 드문드문 30년을 이어오고 있다. CBS에 있을 때인 2007~2008년에는 볼쇼이, 마린스키와 더불어 러시아 3대 오페라발레단의 하나인 노보시비르스크 오페라 발레단의 내한 공연을 추진하기 위해 시베리아의 중심도시 노보시비르스크를 방문했었다. 그러다가 2010년대에 들어서서 러시아 문학과 역사, 그리고 시베리아에 대한 글을 자주 쓰기 시작하면서 취재차 때때로 러시아를 드나들고 있다. 근년에 들어서 글을 쓰고 책을 내면서 인연이 좀 더 깊어지고 있다고 말할 수 있을 것이다.

처음 소련 방문 때인 1989년 6월, 모스크바의 붉은 광장에서 필자.

지금 생각해 보면 1989년 야당이었던 통일민주당 김영삼 총재의 소련 방문은 수교를 앞둔 정치적 배려에서 이뤄졌던 것으로 보인다. 당시 노태우 정부는 북방정책을 강력히 추진해 오고 있었고, 이듬해인 1990년 한-소 수교가 이뤄졌으므로 야당 측의 협력이 필요했을 것이므로 김 총재의 소련 방문은 그러한 배경이 작용했을 것이다.

위력 떨쳤던 빨간 말보로와 스타킹

1989년 소련에 처음 갈 때는 우리나라에서 직항노선이 없었기 때문에 일본에 가서 하룻밤을 자고 일본항공편으로 모스크바로 갔다.

당시 김영삼 총재는 소련의 주요 당국자들을 만난 것과 별도로 평양에서 날아 온 북한 외교의 주요 인물이었던 허담(북한 정무원 부총리 겸 외교부장 역임)과 비밀 회동을 가졌다. 사전에 협의된 만남이었을 것이다. 김영삼 총재 일행과 취재단이 모스크바를 방문했을 때 우리 주변에 몇 번 나타났던 조선중앙통신 기자라는 사람의 모습이 생각난다. 그는 실내에서나 밖에서나 늘 선글라스를 끼고 있었다. 그런 모습이 우리에겐 조금 우스꽝스럽게 보이기도 했다.

모스크바로 떠나기 전 우리는 누군가로부터 빨간 말보로 담배와 국산 스타킹을 가져가면 소련 사람들이 좋아할 것이라는 귀띔을 받았다.

과연 그것들은 위력이 있었다. 빨간색 하드 팩의 말보로 담배를 흔들면 지나가던 자동차들이 곧장 차를 세우고는 어디든 태워다 주었다. 말보로는 미화 2달러쯤 했던 것 같다. 달러의 위력 또한 대단했다. 달러의 공식 환율과 암달러 시세는 10배쯤 되었다. 스타킹도 선물로 그만이었다. 우리가 몇 개씩 가져간 국산 스타킹은 질이 좋아 소련 여성들에게 인기라고 했다. 우리를 안내했던 소련인 여성 가이드에게 스타킹을 듬뿍 선물하니 좋아서 입이 다물어지지 않았다.

나는 그 다음해인 1990년 가을부터 청와대를 출입하게 되었다. 바로 그해 9월 한-소 수교가 이뤄졌고, 석 달 후인 1990년 12월 노태우 대통령이 우리나라 대통령으로서는 처음으로 소련을 방문하게 되어 나는 출입 기자로 대통령 전용기에 동승해 모스크바로 날아갔다.

국가 원수 전용기 방문은 그야말로 모든 게 프리패스다. 입국절차고 뭐고 없이 비행기에서 내려 바로 버스로 시내 호텔로 이동했던 기억이 난다.

한국 대통령의 첫 소련 방문과 모스크바 대학 연설

한-소 수교 후 석 달 만에 이뤄진 노태우 대통령의 소련 방문은 사실 한-소 간의 새로운 역사를 시작하는 서막이었다.

노태우 대통령은 도착 다음날인 12월 14일 모스크바 대학에서 〈냉전의 벽을 넘어, 평화와 번영을 향하여〉라는 제목의 연설을 했다. 그 내용은 그때로부터 45년 전인 1945년 미국, 영국, 소련 등 세 강대국에 의해 신탁통치 논의 대상이 되었던 나라가 이제는 소련을 돕는 입장으로 바뀌어 한국의 경제개발 경험을 소련에 이야기하는 역사적 아이러니가 담긴 연설이었다.

이반 알렉산드로비치 곤차로프

19세기 러시아의 저명한 문인 곤차로프(이반 알렉산드로비치 곤차로프, 1812~1891)의 글도 인용됐다. 곤차로프는 그의 항해기록이자 견문록 〈전함 팔라다〉에서, 조선인들의 기질을 보고 '조선은 장차 발전 가능성이 큰 나라'라고 예상했다는 매우 흥미로운 내용도 들어 있었다.

"모스크바 대학의 교수 · 학생 여러분.

이 대학이 낳은 문호 곤차로프는 러시아인으로서 첫 한국 견문록을 남겼습니다. 우리는 그가 한국인의 특성을 이야기하는 속에서 오늘의 만남을 예견한 지혜를 엿볼 수 있습니다.

1854년 뿌짜찐 제독을 수행하여 러시아인으로서 처음 한국 땅을 밟은 그는 길에 깊이 패인 수레바퀴 자국들을 보고 한국인이 근면하고 생활력이 강한 것을 알았으며 신기하게도 가난한 사람까지도 시를 쓸 만큼 학식이 있었다고 썼습니다. 그는 이렇게 말했습니다.

'한국인들은 그들에게 질문했을 때 진실을 말한다. 그들은 그 어느 것도 기탄없이 이야기한다 …….동아시아의 다른 나라 사람이라면 이런 일은 말하지 않았을 것이다. 바로 이런 이유로 한국인들은 유럽에 무난하고 신속하게 접근할 수 있을 것이다 …….'

그렇습니다.

한국이 이룬 급속한 발전의 원동력은 바로 그가 지적한 한국 국민의 높은 교육수준과 근면성 그리고 개방성이었습니다."

당시 이수정 수석이 이끌던 청와대 공보비서실에서는 연설문을 준비하면서 러시아인으로서 초기 한-러 역사에 관련이 있는 인물이 누가 있는지를 조사했다. 그러던 중 연세대에 와 있던 한 소련인 교수로부터 19세기 소련의 문호 가운데 한 사람인 곤차로프가 쓴 조선에 대한 견문록이 있음을 알게 되었다. 그것은 곤차로프가 1858년에 펴낸 〈전함 팔라다〉 속에 있었다.

곤차로프 견문록 속의 강인하고 솔직한 조선인

곤차로프는 마침 모스크바 대학 출신이었다. 곤차로프는 1854년 러시아인으로 최초로 한국에 온 뿌짜찐 제독의 비서였다. 뿌짜찐 제독은 당시 러시아 황제의 시종 무관장이자 해군 중장이었다. 1852년 당시 차르

니콜라이 1세로부터 중국, 일본 외에 조선과도 개항 교섭을 하라는 명을 받고 황제의 전권을 위임받아 상트페테르부르크를 출발하였다. 그러나 그는 어느 곳에서도 성공을 거두지 못했다. 당시 미국은 페리 제독이 일본의 개항에 성공했을 때였다. 뿌짜찐 제독 일행은 1854년 거문도에 상륙해 조선의 지방관리를 통해 철종에게 개항을 청원하는 글을 냈으나 답을 받지 못했다.

곤차로프는 당시 제독을 수행하며 그가 본 중국, 일본, 조선에 대해 기록했다. 〈전함 팔라다〉에는 조선에 관한 부분이 50여 페이지에 달한다. 그는 조선에 대해, "조선사람들은 거칠고 강하며 가난하나 생활력이 강하고 문학에 깊은 민족"이라고 기술했다. 그로부터 20 여년이 지난 후 나는 우연히 동북아역사재단이 번역 출판한 곤차로프의 〈전함 팔라다(문준일 번역, 2014)〉를 읽다가 바로 그 대목을 발견하였다. 당시 청와대가 준 자료보다 구체적이다.

〈전함 팔라다〉 속의 해당 전문(全文)

"조선인들에서 내가 발견한 특징이 하나 있다. 그들 나라나 도시들의 상황에 대한 질문에 그들은 정말로 이야기를 해주고, 그들이 무얼 하는지 어떤 일에 종사하는지 기꺼이 말해준다. 그들은 우리가 정박한 만의 이름을 이야기해주었고, 해안 곶, 섬들, 마을의 이름들도 알려주었다. 심지어 이곳이 지금 그들의 왕의 고향이라는 이야기도 했다. 또 알려주기를 여기서 남쪽으로 배로 하루 정도 가면 이 나라의 상품들이 모이는 큰 교역장이 있다고 했다. 우리는 그 곁을 이미 지나쳐 왔다.

"어떤 상품들인가?" 그들에게 물었다. 곡물들, 즉 밀 · 쌀 그리고 금속

류로는 철·금·은 그리고 다른 다양한 많은 상품들이라고 했다.

심지어는 그곳에 교환을 위해 물건을 가져가도 되겠냐는 우리의 물음에도 그들은 긍정적으로 대답했다. 일본인·유구인·중국인들이 이런 것을 모두 이야기해주었을까? 결코 아니다. 보건대 조선인들은 아직 경험을 통해 배우지를 못했고, 대외적인 삶을 살아보지 못해서 자신의 정책을 만들어 내지 못한 것 같다. 아직 만들어내지 못했다면 그게 더 좋을 수도 있다. 유럽인과의 친교와 자신의 재교육으로 향하는 불가피한 발걸음을 더 빠르고 더 쉽게 뗄 수도 있을 것이다."

앞의 모스크바 대학 연설문 속에서 얼버무린 '동아시아의 다른 나라 사람들'이란 바로 일본인, 유구인, 중국인이었던 것이다.

곤차로프는 일본인, 유구인, 중국인들보다는 솔직한 조선인들에게 한층 친근감을 보였다. 여기서 유구인이란 1879년 일본에 강제 병합되기 전 독립왕국으로 유지됐던 오키나와 섬과 그 일대를 영토로 했던 유구국(琉球國) 사람을 말한다. 〈전함 팔라다〉에서 곤차로프는 또, 조선인은 좋은 군인의 기질을 가진 민족 같다며 다음과 같이 호감을 나타낸다.

"… 조선인들은 우리를 따라왔다. 키가 크고 건장한 민족으로 운동선수들 같았다. 거칠고 검붉은 얼굴과 손을 가졌다. 그들은 일본인들처럼 행동거지가 나약하거나, 꾸미거나 간교하지 않고, 유구인들처럼 겁이 많지도 않으며, 중국인들처럼 이해가 빠르지도 않다. 좋은 군인이 이 민족에게서 나왔을 법하다."

물론 조선인들에 대해 모든 것을 호의적으로 쓴 것은 아니지만, 곤차로프는 조선인들을 다른 민족들에 비해서는 훨씬 높게 평가하고 있다.

소련을 처음 방문한 노태우 대통령이 소련 최고의 대학인 모스크바 대학 연설에서 그처럼 곤차로프의 견문록을 인용한 것은 당시 연설문 담당 비서진의 폭 넓은 노력의 결과였다.

푸시킨의 시(詩)도 인용

알렉산드르 푸시킨

이날 연설에서는 또한 양국 간 관계 정상화의 기쁨과 의미를 모든 소련인들이 알고 있는 푸시킨(알렉산드르 세르게예비치 푸시킨, 1799~1837)의 시 〈K-에게〉를 인용해 러시아어로 말함으로써 러시아 청중들의 감동을 불러 일으켰다. 러시아 문화와 문학에 대한 깊은 이해를 나타냄과 함께 양국 간 역사적 화해에 대해 느끼는 두 나라 국민 간의 감정의 동질성을 표현했던 것이다.

상트페테르부르크의 푸시킨 동상

로구노프 총장, 교수, 학생 여러분,

야 뽀음뉴 추우드노예 므그노베니에 뻬레 더 므노이 야비일라시 뜨이

(나는 기적의 순간을 기억합니다. 그것은 당신이 내 앞에 나타났기 때문입
니다. - 푸시킨 시)

한국 국민은 우리 두 나라의 새로운 만남을 시인 푸시킨이 노래한 '기적
의 순간'처럼 경이로 받아들이고 있습니다. 한-소 관계의 정상화는 우리
겨레에게 그토록 큰 고통과 비극을 가져다준 냉전체제의 종막을 뜻하는 것
이기 때문입니다. 그것은 전쟁과 분단의 땅 한반도에 평화와 통일의 시대를
재촉할 것입니다. 나의 모스크바 방문은 그것을 온 세계에 알리고 있습니다.

하지만 좋은 말만 나열할 수는 없다. 1950년 소련의 지원을 받은 북한
군의 남침으로 발발한 6·25전쟁과 1983년의 KAL기 격추사건 등 과거사
에 대해서도 짚고 넘어가지 않을 수 없었다.

우리 두 나라 간에는 지난 시대 86년간의 단절이 있었습니다. 그것은 식민
세력의 침략과 냉전체제의 대결 때문이었습니다.

(중략)

소련은 한쪽 진영을 이끄는 나라로서, 한국은 다른 한쪽의 최전선에 있는
나라로 반목·대결하는 관계가 계속되어 왔습니다. 이러한 대결구조로 거
대한 소련은 작은 대한민국에 위협을 주는 나라로 인식되었고 우리 두 나
라 간에는 불행과 불상사도 있었습니다.

스탈린 시대 나라를 불바다로 만든 한국전쟁이 일어났고, 1983년에는 소
련 공군기에 의해 한국의 민간여객기가 피격을 당했습니다. 이것은 냉전의

지난 시대에 빚어진 일의 단적인 예입니다. 한-소 양국은 어두웠던 지난날의 불행을 씻고, 이제 역사의 새로운 장을 열어야 합니다.

이 대목 즉 한국전쟁과 KAL기 격추사건과 관련해서 지나치게 조심스럽게 언급함으로써 '할 말을 제대로 하지 못했다'는 여론의 지적을 받기도 했다. 연설은 다음과 같이 또 한 번의 러시아어로 끝을 맺었다.

"우리는 더욱 평화롭고 번영된 세계를 향하여, 모두가 행복을 누리는 저 밝은 21세기를 향하여 손잡고 나아가는 동반자가 되어야 할 것입니다. 나는 서울을 출발한 한국의 젊은이들이 고속전철을 타고 시베리아를 가로질러 모스크바의 젊은이들과 어울려 스톡홀름으로, 파리로, 이스탄불로 동반 여행을 떠나는 내일이 올 것을 확신합니다. 그날을 앞당기기 위해 우리 모두 어깨를 나란히 하여 앞으로 나아갑시다.

마스끄바, 베치나야 쩨베 슬라바!

발쇼예 쓰빠시바

(모스크바여, 영광이 영원하여라! 대단히 감사합니다.)"

"모스크바여, 영광이 영원하여라"라는 이 말은 러시아의 많은 시와 소설에 등장하나 원전은 특별히 없다고 한다. 그러나 모스크바인들이 가장 듣고 싶어 하는 말이라는 것이다. 대한민국의 대통령이 아직까지 결코 일본어로 인사말을 할 수 없는 국민적 정서를 생각한다면 이러한 마지막의 러시아어 인사는 그야말로 '냉전의 두꺼운 얼음'을 일거에 깨고자 하는 의미 깊은 정치적 제스처였던 것이다.

국빈 만찬장에서의 통역 퇴장 사건

지금은 러시아어를 잘하는 사람이 국내에 많지만, 당시만 해도 러시아어를 하는 사람은 극소수에 불과했다. 더구나 정상회담의 통역을 할 정도의 러시아어 능력과 소련에 대한 지식을 갖춘 사람을 국내에서는 찾을 수 없었던 모양이다. 그래서 재미동포 중에서 여성 러시아 학자 한 분을 통역으로 영입했는데 이 분은 자존심이 무척 센 분이었다. 공식 만찬장에서의 통역 퇴장 사건은 노 대통령이 그 분의 자존심을 건드리는 바람에 발생한 웃지 못 할 해프닝이었다.

사건은 방문 둘째 날인 12월 14일 저녁 고르바초프 대통령 내외 주최의 노태우 대통령 내외 환영 만찬 석상에서 일어났다. 나는 이날 동아일보 남찬순 기자와 함께 공식만찬의 풀 기자였다. 남 기자는 나보다 몇 년 선배다. 이날 처음 본 고르비(고르바초프의 애칭)는 중키에 다소 땅땅한 체격이었고 붉은 얼굴에 환한 미소가 인상적이었다. 그의 부인 라이사 여사는 할머니가 되어가는 나이임에도 듣던 대로 미인이었다.

노 대통령 내외와 고르바초프 대통령 내외는 리시빙 라인에 서서 만찬에 참석하는 양국 인사들과 일일이 악수를 나눈 뒤 헤드테이블로 자리를 옮겼다.

먼저 고르바초프 대통령이 자리에서 일어나 만찬 환영사를 시작하였다. 그는 준비된 원고 없이 아주 자연스럽게 연설을 해나갔는데 그의 한국에 대한 해박한 지식은 놀라울 정도였다. 노 대통령이 해주기를 바라는 말들을 거의 다 하는 것 같았다. 북한에서 오래 있었다는 소련인 통역의 한국어 구사도 뛰어났다. 북한식 표현과 단어가 때때로 튀어나왔지만 문제될 만한 것은 아니었다. 고르비가 원고 없이 해낸 훌륭한 연설은 노 대통령을 자극했다.

노태우 대통령은 답사를 위해 자리에서 일어서면서 갑자기 당시 특채한 러시아어 통역 신연자 씨(여, 당시 53세) 대신 고르비의 통역에게 계속 통역해줄 것을 부탁했다. 김옥숙 여사 뒤에 앉았다가 통역을 하기 위해 노 대통령에게 다가오던 신 씨의 표정이 그 순간 당혹스러움으로 변하는 듯하였다. 노 대통령은 미리 준비한 답사를 읽지 않고 고르비처럼 즉석 연설로 답사를 시작했다.

소련인 통역에게 부탁한 것은 신 씨의 통역 실력이 불안해서인 것 같았다. 나와 남 기자가 노 대통령의 답사 내용을 열심히 받아 적고 있는데 누군가 만찬장을 나가는 발소리가 들렸다. 나는 고개를 숙이고 받아 적느라고 나가는 사람이 누구인지 확인하지 못했다.

공식 통역을 급히 바꾸다

고르바초프의 만찬사와 노 대통령의 답사가 끝난 후 기자들은 먼저 만찬장을 나왔다. 만찬사까지만 취재하도록 돼 있었기 때문이다. 맡겨놓은 코트를 입고 1층 통로를 통해 밖으로 나와 막 승용차를 타려는데, 조금 떨어진 만찬장 건물 현관 앞에서 남녀가 실랑이를 벌이는 모습이 보였다. 다가가보니 신연자 씨를 경호관 한 사람이 달래고 있었다.

신 씨는 화를 내며 "돌아갈 차를 내놓으라."고 했고 경호관은 신 씨의 팔을 잡아끌며 "이러시면 곤란하다."고 설득하는 중이었다.

신 씨는 만찬장에서 자신이 무시당해 화가 난 모양이었다. 경호관은 신

씨를 잡아끌다시피 해 건물 안으로 다시 데리고 들어갔다. 이러한 해프 닝이 있은 후 이튿날부터 통역은 재소동포 유학구 씨로 바뀌었다. 유씨 는 1989년 6월 김영삼 민주당 총재의 소련 방문 때에도 통역을 했던 소련 과학아카데미 산하 세계경제와 국제관계연구소(IMEMO) 소속의 노(老) 학자이다.

우리는 만찬장에서의 그 해프닝을 짤막하게 기사화했고, 그 풀 기사는 즉각적으로 파문을 불러일으켰다. 그 기사는 밋밋하고 재미없던 노태우 대통령의 소련 방문기사 중 유독 관심을 끈 것이었는지 모른다. 대부분 의 신문에서 눈에 띄게 크고 작은 제목으로 그 기사를 취급했다. 신 씨는 그 뒤 잠시 몸담았던 외무부를 떠났다.

신 씨는 대통령의 방소를 위해 우리 외무부에서 급히 특채한 재미교포 다. 신 씨는 러시아 문학박사로 미국 샌프란시스코에서 미국 이민교포들 을 위해 기술교육과 일자리를 알선하는 한인인력개발원 원장으로 있다 가 주소(駐蘇) 한국대사관의 2급 참사관으로 특채돼 대통령의 통역을 맡 게 됐었다. 그녀는 1956년 경기여고를 졸업하고 도미, 버클리대에서 러 시아문학을 전공했고 1968년 예일대에서 러시아 문학 박사 학위를 받았 다. 그녀는 1986년 〈소련의 고려 사람들〉이란 저서도 낸 바 있다. 그녀는 고국을 위해 외교관으로 변신하려 했다가 정상 외교석상에서 드러낸 자 신의 지나친 자존심이 문제가 돼 도중하차했다.

실은 도착 첫날 교민 만찬장에서부터 통역에 다소 문제가 있다는 교민 들의 지적이 있었다. 통역이 좀 서툴다는 이야기였다. 교민들 중 몇 사 람이 기자들에게 그 얘기를 해주었다. 어학실력과 전문적인 통역은 다른 것으로서 통역을 전문적으로 해오지 않았다면 그럴 만도 한 것이었다.

신 씨는 까다로운 아줌마 같은 첫 인상을 주었지만, 학벌도 좋았고 소련에 관한 한 한국인으로서는 인재였다. 하지만 통역을 하기에 적절한 인물은 아니었다. 학자로서 러시아어를 구사하는 것과 통역은 별개의 문제이기 때문이다.

만찬장 퇴장의 변(辨)

외무부를 떠나 미국으로 돌아간 신 씨는 그 후 1991년 봄, 모 일간지에 자신의 입장을 밝히는 다음과 같은 요지의 글을 실었다.

"… 모스크바로 떠나기 하루 전에야 회담 준비자료라며 건네주는 한 뭉치의 서류를 받았으며 정상회담 통역을 맡게 되었다고 관계자가 알려주었다. 노어노문학 박사학위를 취득했고 대학에서 노어교수를 한 경험은 있어도 통역관의 경험이 전혀 없는 사람에게 정상회담의 통역을 전부 맡기는 우리나라의 실정에 의아했었다. 통역관이 되고자 외무부 임용에 응했던 것은 전혀 아니었더라도 역사적인 정상회담에 참여하여 도움이 될 수 있다면 최선을 다해 노력하려 했다.

그날 저녁 만찬장에서 노 대통령과 고르바초프 대통령의 행사 일정은 '통역 불요'로 되어 있었다. 만찬장에 도착하니 한 소련관리가 좌석 도표를 보이면서 한국 측 요청에 따라 나에게는 통역담당으로 만찬좌석이 배정되어 있지 않다는 설명을 해주었다. 나로서는 뜻밖의 일이어서 청와대 수행요원들에게 나의 불참 의향을 전하고 접견실에서 나와 궁 밖으로 나가려 했으나 뒤쫓아 온 몇 사람의 만류로 어쩔 수 없이 만찬장에 끌려들어갔다.

계획대로 하자면, 노 대통령은 준비된 우리말 연설문을 읽게 되어 있었는데 고르바초프 대통령의 즉흥연설방식을 따르자고 해서인지 계획을 바꾸어 소련 측 통역관에게 통역을 계속하도록 했다.

동행하고 있는 한국 측 통역을 제쳐놓고 북한에서 30년을 지냈고 정상회담을 위해 평양으로부터 막 도착했다는 소련정부 공무원에게 통역을 부탁하려는 그 순간, 나는…… 노 대통령의 결정에 또 한 번의 쇼크를 받고, 그러한 상황이라면 계속해서 그 자리에 있어야 할 의무에 환멸을 느껴 첫 번이 아닌 두 번째로 만찬장에서 퇴장할 수밖에 없었던 것이다."

낯설고 불편했던 그때의 소련

당시 소련은 모두에게 낯설고 불편했다. 통역 문제 또한 그래서 빚어진 일이다. 신 씨의 심정을 이해 못할 바는 아니지만 정상외교의 현장에서 자리를 박차고 나오는 그런 행동은 지금 생각해도 지나쳤다고 할 수밖에 없다.

나와 남찬순 기자가 그 자리에 풀 기자로 가지 않고 내가 신 씨가 경호관과 실랑이를 벌이는 장면을 다가가 확인하지 않았더라면 그 기사는 안 나왔을 것이다. 우리가 그 기사를 쓰기로 결정했을 때 출입 기자들 중에는 한국 대통령의 첫 소련 방문인데 그런 해프닝을 굳이 기사로 쓸 필요가 있겠냐고 부정적인 입장을 나타내는 사람도 있었다. 당시 이런 류의 기사는 대통령의 역사적인 외국 방문에 흠이 될 수도 있다고 여겨지는 분위기였다. 어쨌든 이 해프닝은 우리나라가 외교의 가장 중요한 요소인 언어문제에 대해 얼마나 대비를 소홀히 해왔는지를 단적으로 보여준 사건이었다. 그 뒤 1992년 6월, 신 씨가 고르바초프 전 소련 대통령과 악수하는 사진이 어느 주간지에 실렸다. 샌프란시스코에서 열린 고르바초프 재단을 위한 기금 마련에 참석해 주빈석에 고르바초프 전 대통령과 자리를 같이했다는 사진설명이었다.

고르바초프 전 대통령은 이 자리에서 신 씨에게 '한국에 다시 한 번 가보고 싶다'고 말했으며 미국의 한인사회에 대해 각별한 관심을 표시했다고 한다. 고르바초프 대통령은 노태우 대통령의 러시아 방문에 대한 답방으로 이듬해인 1991년 4월 한국을 방문한 후 그해 12월 대통령 자리에서 물러났다.

고단했던 라면여행의 추억

노 대통령의 소련 방문은 12월 13일부터 17일까지 4박5일의 일정이었으나 시차관계로 소련에서의 실제 일정은 3박 4일밖에 되지 않았다.

모스크바에서 이틀을 보내고 레닌그라드(지금의 상트페테르부르크)에서 하루 잔 뒤 귀국길에 올랐는데, 빡빡한 일정 때문에 잠은 두세 시간 정도 자는 둥 마는 둥 식사도 하는 둥 마는 둥 참 고단한 여행이었다.

방송의 경우 대부분 사정이 비슷하였는데, 서울과 모스크바의 시차가 6시간이어서 가령 생방송으로 참여하는 오전 8시 30분의 아침 방송 시간은 모스크바 시간으로 새벽 2시 30분이 된다. 그러니 방송이 끝나면 새벽 세 시, 다음날 일정 등을 녹음해놓고 나면 새벽 4시 또는 5시다. 호텔 방도 구질구질했지만 잠자기는 아예 포기한 상태였다.

게다가 소련은 다른 나라에서처럼 햄버거나 샌드위치를 호텔에 주문해

임시 프레스센터에 갖다놓을 만한 형편도 못되었다. 호텔은 컸지만 간식을 주문받아 만들어 제공한다거나 하는 기본적인 체제가 안 되어 있기 때문이었다. 1985년 고르바초프 등장 이후 개혁-개방정책(페레스트로이카-글라스노스트)을 추진 중이었으나 사회 각 부문의 시스템은 여전히 낙후된 과거의 수준에 머물러 있었다.

정신없이 바쁜 풀 취재와 기사 송고 때문에 기자들 대부분은 모스크바에서의 여섯 끼를 거의 한국에서 가져온 라면으로 때웠다. 물 문제도 서울에서 공수한 대한항공의 제주생수로 해결하였다. 대부분의 기자들은 우리가 묵은 러시아호텔 안에 식당이 어디 붙어 있는지도 모르고 이 호텔을 떠났다.

러시아 호텔은 바로 크렘린 광장 옆에 위치하고 있는데, 나의 경우, 한해 전 소련 첫 방문 때 크렘린 광장에 가보았기에 망정이지 그때 못 가보았더라면, 크렘린 광장은 오랫동안 상상 속에서만 맴돌았을 가능성이 있다. 취재를 위해 대기해 놓은 차를 타고 몇 차례 급하게 외부로 이동한 외에는 호텔 밖을 둘러볼 시간이 전혀 없었다. 우리들은 이 고단한 소련여행을 '라면여행'이라고 부르기도 했다.

상트페테르부르크의 마린스키 오페라-발레 극장

소련 방문 때 나는 동아일보의 남찬순 기자와 줄곧 풀 조를 함께 하게 되었는데, 우연히도 3일 연속 저녁 스케줄이 우리 차례가 되었다. 첫날은 노 대통령이 옥차브르스카야 호텔에서 우리 교민들을 위해 베푼 교민 만찬회요, 둘째 날은 레닌힐 공식연회장에서 고르바초프 대통령 내외가 노 대통령 내외를 위해 연 국빈 만찬이었으며, 셋째 날은 레닌그라드에서 소브차크 시장 내외와 함께한 키로프 극장에서의 〈백조의 호수〉 관람이었다. 키로프 극장은 소련 해체 후 다시 원래 이름인 마린스키 극장으로 이름이 바뀌었다.

알수록 흥미로운 러시아

2017년 〈시베리아 문학기행〉이란 제목의 책을 내놓은 이후 이따금씩 러시아와 관련한 원고 청탁 또는 강연 요청이 오곤 한다. 지금 내가 일하고 있는 서울문화사의 〈우먼센스〉에서 진행하는 인문강좌에서도 내가 직접 러시아 문학과 시베리아 여행 등에 대한 강연을 할 때가 있다. 그러다 보니 러시아문학을 전공한 교수들도 가끔 만난다. 이야기 중에 내가

상트페테르부르크의 운하

1989년에 소련에 처음 갔다는 이야기를 하면 다들 놀란다. 그때는 수교 전인데 어떻게 갔느냐고 묻는다. 그러면 내가 "정치부 기자로 처음엔 야당총재의 방문에 동행했었고, 1990년 수교 직후에는 청와대 출입 기자로 대통령의 첫 소련 방문 때 간 것"이라고 대답한다.

그러니 단순히 러시아와의 인연의 연차로만 보면 나보다 앞선 이를 만나기 어려웠다. 그런 것이 무슨 자랑거리는 아니지만, 러시아에 대한 글을 쓰고 러시아에 대한 강연 등을 하려니 가끔 남들이 잘 알지 못하는 그러한 한–러 수교 초기의 이야기를 할 때가 있다. 당시 소련의 모습을 궁금해 하는 이들도 물론 있다.

지금은 30년 전 그 때와 너무나 달라졌다. 당시엔 거리에 상점도 식당도 잘 보이지 않았다. 실패한 사회주의 체제 말기의 피폐한 모습이었다. 모스크바에서 레닌그라드로 이동한 후 시내 백화점에 한번 가봤는데, 상품들이 조악해서 기념품이고 뭐고 살만한 것이 없었다. 볼셰비키 혁명(1917년)은 성공했지만, 사회주의는 러시아 인민을 자유롭게 만들지도 러시아를 번영으로 이끌지도 못했다. 사회주의를 버린 지금의 러시아는 훨씬 자유롭고 생기가 있어 보인다.

"왜 러시아에 관심을 갖게 됐느냐?"고 물으면 나는 "러시아는 알수록 흥미로운 나라이기 때문"이라고 대답한다. "러시아의 문학과 역사·예술" 대한 관심은 내게 한가할 틈을 주지 않는다.

이정식 | KBS 정치부 기자, OBS 정치부장, 워싱턴 특파원, CBS 사장, 뉴스1 사장.

한 모금 물 향기의 추억

동토(凍土) 지대에 훈풍이 일고 있었다. '헝가리'와 '오스트리아' 국경 사이에 설치된 철조망을 걷어내고 국경을 개방하는 일이 벌어졌다. 이는 탈(脫) 공산화를 알리고 자유민주의 바람을 일으키는 첫걸음으로 동유럽 국가 개혁에 선도적 역할을 자임하고 나선 것이었다. 그 역사적인 현장에 필자 일행이 들어간 것이다.

이철영

30년 가까이 내 기억 창고에 빼곡히 저장되어 있던 경험들을 다시 꺼내보려고 한다. 나만의 소중한 보물 창고 속에는 공산 종주국인 소비에트연방이 붕괴되기 전에 한국 기자로는 처음 동유럽 공산권 속으로 파고들어 동분서주 정신없이 뛰어다녔던 취재 현장들이 저장되어 있다.

동유럽의 헝가리, 루마니아, 폴란드, 유고슬라비아, 체코슬로바키아, 통일 전의 동독, 불가리아, 무너지기 전의 소련, 알바니아 등 9나라를 순방 취재하면서 자유를 향한 혁명의 현장을 생생한 글과 사진으로 담아놓은 것이다. 그 취재 기록 가운데 헝가리, 루마니아, 통일 전의 동독, 유고슬라비아 등 4나라 취재기와 한국 언론 최초로 달라이라마 인터뷰를 한 기록을 꺼내 여기에 펼친다.

동유럽 개혁 견인한 헝가리

필자의 동유럽 공산권 국가 취재 여정은 1989년 초로 거슬러 올라간다. 헝가리 부다페스트에 오건환 특파원과 현지 헝가리 고용원, 그리고 필자, 이렇게 3명은 KBS지국을 설치하고 숨 가쁘게 변모하는 동유럽의 개혁 현장을 취재하는 대장정에 나섰다.

동토(凍土) 지대에 훈풍이 일고 있었다. '헝가리'와 '오스트리아' 국경 사이에 설치된 철조망을 걷어내고 국경을 개방하는 일이 벌어졌다. 이는 탈(脫) 공산화를 알리고 자유민주의 바람을 일으키는 첫걸음으로 동유럽 국가 개혁에 선도적 역할을 자임하고 나선 것이었다. 그 역사적인 현장에 필자 일행이 들어간 것이다.

당시 그곳의 시민생활은 공산 체제 아래 어려운 삶속에서도 소비성향은 먹을거리 비용 대비 화훼식물과 관상용 꽃 구매력이 높다는 느낌을 받았다. 이어지는 민주주의의 첫 선거일 투표함 위에

헝가리-오스트리아 국경의 철조망 걷어내기

한 송이의 꽃을 올려놓고 투표하는 모습과, 저녁시간 텅 빈 강당의 개표함 위에 A4용지 한 장을 올려놓고 '내일 다시 개표를 진행한다'는 글에서 생소함이 물씬 다가왔다. 이런 광경은 그들이 그토록 염원하고 갈망하던 자유민주주의를 맞이하겠다는 성숙된 시민의식과 신뢰사회의 실천으로 동유럽 개혁에 모범을 보여주겠다는 확고한 의지와 뜨거운 신념 그 자체를 여실히 드러내는 증좌였다.

티미쇼아라 민중시위와 차우셰스쿠 몰락

동유럽에서 무력충돌 개혁을 예상했던 첫 나라 루마니아의 서북쪽 도시 티미쇼아라 도시의 시민 시위대에 차우셰스쿠 추종 보안군은 시교회 지역과 시민 시위대들에게 무차별 사격으로 도시 전체를 공포의 도시로 만들었다. 이런 와중에 뒷산 공동묘지에는 수많은 시민들의 시신을 무더기로 매장하였고, 호수에도 많은 시신을 버렸다는 유언비어가 퍼지면서 혼란의 도시로 변했다. 티미쇼아라 도시는 헝가리와 인접한 도시로 루마니아 국경인 '나들락' 검문소 지나 320Km 거리를 달려 보안군 점령지인 티미쇼아라 중앙광장에 도착하였다.

루마니아 '나들락' 국경 검문소에서

우리보다 먼저 이 현장에 도착한 일본 NHK 취재진들이 우리에게 들려준 말은 "시위대에 최초 사격 발포는 한국군이었다는 말이 퍼져 있어서 시민들은 한국 사람을 경계한다."는 충격적인 것이었다. 이 말에 긴장하는 순간, 이곳 출신인 헝가리지국 고용원 토마스 토르다이가 오늘 아침 프랑스 라디오 뉴스에서 "시위대에 최초 사격을 퍼부은 것은 한국 군인이 아니었다고 하는 방송을 들었다."고 말해 안도하며 평정심을 찾을 수 있었다.

이 지역은 1919년 오스트리아–헝가리 제국이 붕괴할 때까지 헝가리 왕국의 前 영토로서 소수민족인 헝가리인들이 거주하고 있었다. 이들이 정부의 소수민족 차별에 불만을 품고 살아가는 중 반(反) 차우셰스쿠 인물인 티미쇼아라 도시 교회 교구장 퇴케시 라슬로 목사를 체포하여 국외로 추방하는 일이 발생하였다. 이에 항거하는 '마자르인' 헝가리인들의 시위에 학생들도 참여하면서 시민 혁명으로 발전한 것이었다.

명령에 따라 무조건 시민군에게 무력을 퍼붓던 진압군이 공격 중지와 함께 시민군에게 투항하기 시작했다. 공격을 가하던 진압군의 탱크 포신과 총구가 시위 군중이 아닌 땅 바닥을 향하면서 반전(反轉) 기류가 급속하게 번졌다. 무차별 무력 공격을 받던 시위 군중은 진압군의 투항을 기뻐하며 어제까지 자신들에게 무차별 공격을 감행한 보안군의 투항을 환영하는 표시로 탱크 포신에 꽃다발을 걸어주었다. 이런 꽃다발 표시는 공산정권이 무너진 것을 알려주는 신호였다.

티미쇼아라 도시에서 촉발된 시민 혁명은 루마니아의 수도 부쿠레슈티 전체로 급속하게 번져 대단위 시민 혁명으로 발전되었다. 이때 우리는 자유화 혁명의 물줄기를 따라가면서 재빠르게 취재 활동을 전개하는 도중 취재차 프레스센터를 찾아갔다. 그런데 프레스센터의 외신 담당은 "한국 기자가 어떻게 여기까지 왔느냐?"며 무척 놀라면서 큰 관심을 보였다. 루마니아 RTV 위성 담당자(女)가 유럽 지역에 방송되는 서울의 시위 장면을 가리키며 "서울은 지금 시위대를 향한 최루탄 발사로 혼란함이 극도에 달했다. 너희 나라가 저런 판에 여기 와서 무슨 취재를 하느냐?"며 비아냥거렸다. 필자는 "우리나라에서는 너희와 같은 유혈 사태는 없다."는 말로 일축했다.

차우셰스쿠 통치의 특징은 철저한 개인숭배와 우상화 정책으로 일관한 것이다. 그는 지진에 대비하기 위해 시가지를 재건축한다는 핑계로 사치스러운 인민궁전을 짓기 시작하였다. 1984년부터 5년간 국민 총생산의

38%를 들여가며 부쿠레슈티 도시의 전통문화 지역 35만m²에 이르는 넓은 땅(잠실야구장 26개)에 거대한 궁전 건축 공사를 했다.

루마니아 시민혁명은 수도 부쿠레슈티로 확산되었고, 마침내 시민 대량 학살과 국가 경제 파탄 죄로 차우셰스쿠 부부를 처형함으로써 독재자 차우셰스쿠는 종말을 맞았다. 하지만 이러한 혼란스런 시기에도 긍정적인 측면은 사상과 언론의 자유가 이루어졌다는 것이다. 2년 후 루마니아 TVR 방송과 KBS의 방송 협정 체결 후 루마니아 수상을 접견하게 되었다. 수상실에 들어서는 순간 낯익은 인물이 우리 일행을 반갑게 맞아주어 뜻밖이었다. 그는 바로 前 외신 담당자였던 테오도르 스톨로잔인데, 그가 루마니아의 수상이 된 것이다. 수상이 구면(舊面)인 필자에게 친분을 나타내자 동행한 현지 취재진들이 "우리는 뒷전이고 헝가리 주재 코리아 특파원만 반긴다."고 볼멘소리를 하던 기억이 새롭다.

부다페스트 수용소는 통독의 시동

여름휴가를 불가리아와 터키, 그리스 등에서 즐기던 공산국가 동독인들이 귀국하기를 포기하고 서독으로의 이주를 주장하였다. 그러자 부다페스트 시내에 4개의 임시 수용소를 설치하고 이들을 머물게 하였다. 그때 자유국가인 서독으로 가겠다는 동독 난민들의 숫자가 무려 5,000여 명이나 되는 것으로 추산되었다.

더구나 그들이 분산 수용되어 난민생활을 이어가는 중에 여행 중인 1만 5,000명 정도가 또 몰려들면서 이곳 수용소를 이용할 수밖에 없었다. 그런 때문에 임시 수용소는 자유를 갈망하는 동독 난민들로 초만원을 이루고 있었다. 이들 동독인은 사회적 엘리트 직업군에 속하는 난민들이었다. 이들 난민문제를 해결하는 대책으로 주(駐) 헝가리 동독대사관에서 내놓은 최선의 해결은 동독인들을 전원 동독으로 귀국시키자는 것이었다. 그러나 이를 받아들일 수 없다는 의견이 지배적이었다. 지난 행동은 불문에 붙이고 원하면 외국 여행도 허가하겠다고 나섬으로써 난민들의 수용소 생활은 끝이 안 보였다.

 며칠 전까지 어엿한 동독 국적의 국민이던 이들은 이제 국적을 상실한 난민의 몸이 되어 한두 평에 불과한 협소한 천막에 의지한 채 불안과 초조, 그리고 맨땅의 한기까지 온몸으로 감내하면서 기약 없는 서독 행만을 애타게 기대하고 있었다. 도대체 왜 무엇이 이들을 이처럼 필사적으로 서독으로의 탈출을 결행하게 만들었는가. 오직 자유를 찾기 위해서였다. 헝가리 정부는 임시 수용소에 있던 6,500여 명의 동독 난민들과 6만여 명으로 추산되는 동독인 관광객에게도 마침내 서독 행을 허용하는 인도주의적 조치를 단행하였다.

 '빵보다는 자유를 달라'고 외쳐왔던 난민들은 '자유는 소중하다'며 밤새워 부다페스트로부터 달려와 오스트리아 니켈도르프 국경을 통과하며 터질 것 같은 해방감으로 자유가 숨 쉬는 서독 땅으로 들어가는 감격의 여정을 시작하였다.

 검문소를 통과한 이들은 땅바닥에 엎드려 입맞춤을 하거나 덩실덩실 춤을 추는가 하면, 준비했던 샴페인을 터뜨리면서 자유를 쟁취한 감격의 순간순간들을 되새기는 자축의 시간을 갖기도 하였다. 이들은 하마터면 국적 없는 기구한 난민 신세를 면치 못할 뻔 했지만 헝가리 정부가 인도주의의 원칙을 존중하여 출국을 허용함으로써 그들이 원하는 자유의 몸이 되었다. 이 사건은 동서독 간 분단의 상징인 베를린 장벽 붕괴의 기회로 이어졌다.

베를린 장벽 붕괴 현장으로 향하는 일정은 부다페스트 페렌츠리스트 공항에서 MA 항공편으로 동베를린 쇠네펠트 공항에 도착한다는 사실에 한국 기자로는 처음으로 출발하는 동유럽 특파원 생활이 긍정적이며 희망적으로 다가오는 첫 순간이었다. 공항 도착 후 서베를린 지역까지 28Km 거리를 30여 분간에 걸쳐 셔틀버스로 이동하였다. 버스엔 무장한 동독 군인이 안내(감시)하는데 한국 기자로서 동독 땅을 처음 밟는 절호의 기회, 역사의 순간을 카메라에 담아야 한다는 의욕이 앞섰다. 안내 군인의 양해를 얻어 이동하는 차중(車中) 취재를 시작하였다. 창밖의 풍경과 오건환 특파원의 버스 내 현장 리포트 등 최초 동독 지역의 취재에 성취감을 만끽할 수 있었다.

체크포인트 챠리 검문소를 지나 도착한 브란덴부르크 문 주변은 통일 독일을 즐기려는 시민과 관광객들로 인산인해를 이루어 통독의 흥분을 감추지 못하고 축제 분위기에 들떠 장벽에 입맞춤하기, 커다란 망치로 시멘트 장벽을 쪼아대기. 장벽 담에 올라가 환호하기 등 남녀노소가 저마다 다양한 즐거움으로 통일의 기쁨을 함께 나누고 있었다.

브란덴부르크 광장(1989.11.10.)

장벽 시멘트 조각 채취(1989.11.11.)

이번 취재에 위성을 이용하는 방송 기자들의 시련은 육지 속의 섬 베를린 방송사의 기반 구축을 이용하는 것이었다. 그 현황은 SFB 방송국의 위성 Line 2회선, 그중 1회선은 미국 방송 전용회선이고, 나머지 1회선으로 여러 나라 방송사들이 이용하는데 위성 배정은 하늘의 별따기와 다를 바가 없었다.

통독 후 사회 변화로, 화폐통합, 정치발전, 총선 등이 이어지는 가운데 그 격동의 흐름 취재에 베를린 주재 고(故) 전정치, 헝가리 오건환, 런던 정용석 특파원과 서울에서 급파된 고(故) 조달훈 기자 등 4명의 아침 뉴스와 저녁 9시 뉴스 제작에 맞춰 취재, 편집, 송출 등의 과정을 숨 가쁘게 진행한 일들이 내 기억 창고엔 긍정의 에너지로 빼곡히 자리 잡고 있다.

유고 분리 독립 10일 전쟁

유고연방의 슬로베니아는 1991년 6월 25일 독립을 선포하였다. 그러나 유고연합군은 독립을 반대하며 6월 26일 연합군 13사단을 슬로베니아 국경으로 이동 배치시킨 가운데, 슬로베니아인들 스스로 국토방위군을 조직하여 국경 지역과 공항 지역, 주요 지역을 지키기 위한 방어 작전에 돌입하였다.

필자는 구(舊) 소련 모스크바 주재 김선기 특파원과 KBS와 모스크바 RTV와 방송 협력 약정식과 소련 변화 취재를 끝내고 부다페스트로 돌아와 슬로베니아 내전 현장으로 오건환 특파원과 헝가리지국 고용원 나지 가보르와 함께 460Km 거리인 류블랴나 도시에 도착하였다. 류블랴나는 알프스 산자락에 강을 끼고 있는 아름다운 도시로 17세기 이탈리아와 오스트리아의 영향으로 바로크 양식 건축들이 잘 정돈된 도시인데, 인구 26만여 명이 삶의 터전을 이루고 있었다.

유고슬라비아 공군은 류블랴나 공항을 폭격하였다. 이로써 2명의 오스트리아 기자가 사망하고 4대의 아드리아 항공 소속 비행기가 파손되었다. 다음날 도시 중심가에서 23Km 거리의 공항에 도착하니 화약 냄새가 코를 찌르는 가운데 공항 주차장엔 어제의 공습으로 파손된 8대의 차량이 있었다. 그 가운데 4대의 차량이 한국 H회사의 차량임을 확인하는 순간 우리나라 자동차의 우수성에 자부심을 느꼈다. 그런데 자동차에서 땅바닥에 떨어진 나라 식별 스티커가 포연(砲煙)을 뒤집어 쓴 채 나뒹굴고 있음을 보고 전쟁의 처참함을 다시 느끼며 전율했다.

이밖에도 연합군의 공군은 슬로베니아 정부의 라디오와 TV 송신시설과 중계시설을 파괴시켰다. 이로써 국토방위군 주둔 지역의 라디오와 TV 수신과 시청이 불가능하였으며 계속되는 폭탄 투하로 류블랴나 지역은 대피와 해제가 하루에도 여러 차례 반복되는 숨 가쁜 사태가 벌어졌다.

공습 대비 차량 식별 표시

공항 공습 피해 습득물

도시의 기능은 마비상태로 변했으며 접전 지역에서의 취재 통제로 저널리즘 본연의 책임감에 큰 타격을 받고 있었다.

세계 주요 매체 종군 기자들은 현장 통제에 불만과 볼멘소리를 낼 뿐 현장 취재는 접어두고 삼삼오오 숙소 인근 카페나 제과점 등에 모여 앞으로 전투 전망을 예상하며 과거 분쟁 지역의 뒷이야기로

공습으로 불타는 장갑차　　　　　　공습 피해 현장의 장갑차

통제가 해제되기를 기다릴 뿐이었다. 참으로 안타까운 일이었다.

　대피 과정에서 만난 한 시민은 "우리는 미래의 희망과 평화의 꿈을 믿는다."고 의지를 보이며 "어떠한 무력 공격도 자유 독립을 향한 애국심이 넘치는 한 우리에겐 승리의 여신이 찾아온다."는 신념에 가득 차 있었다.

　유고연방 정부는 유고 내 상황 악화로 규정하고 모든 분쟁에 평화적이고 민주적인 해결 원칙에 따라 국가 전역에서 무력 사용의 즉각적인 종식을 요구하였다. 이런 조치로 슬로베니아의 내전도 종전으로 바뀌어갔다. 이에 따라 우리는 현지 취재를 끝내고 오스트리아 비엔나를 향해 이동하였다. 소도시 마리보르 지역을 지날 때 인적도 드물고 차량 통행이 없이 한산한 분위기에 혹 '시에스타' 시간인가 여기며 국경 검문소를 향해 이동하고 있었다. 지나온 지역의 정적(靜寂)은 유고연방 정부의 정전 방침과는 다르게 국경 초소와 공항 및 주요 거점에서의 전투는 계속되고 있었는데, 전투 지역별 비상 상황이 원인으로 판단되었다.

　출발 후 1시간 30분이 지나 센틸 국경 검문소에 도착하였다. 그 순간 차량 지붕이 깨어질 듯한 폭음소리에 놀라 급히 차를 멈추고 현장 취재에 나섰다. 그러나 위험을 직감한 헝가리 고용원이 취재에 불응하는 사태가 발생하였다. 이 검문소는 서유럽의 오스트리아로 통하는 중요한 관문으

슬로베니아 센틸 국경 검문소 전투 장면.

로 거점 확보에 나선 연합군과 슬로베니아 방위군 사이에 치열한 전투가 벌어지고 있었다. 눈앞의 전투 현장을 지나칠 수 없는 절체절명의 기회를 얻었다.

이 전투에도 슬로베니아 국토방위군은 유고연합군으로부터 노획한 탱크로 연합군 진지를 향해 포 공격을 하면 연합군 탱크포가 연방군 쪽을 향해 불꽃을 내뿜는 장군 멍군 식의 포격전을 벌리는 십자포화에 갇힌 상태였다. 여기서 양진영의 전투 상황을 취재하느라 열중하였다. 시간이 경과하자 탱크가 포 사격을 멈추고 소총 사격전으로 바뀌자 위험을 직감한 듯 우리 취재를 엄호하던 5~6명의 병사들이 빨리 피하자고 권고하는 것이었다. 이에 따라 그들과 같이 인근 막사로 대피해 창밖의 상황을 관찰하였다. 패널 건물은 총탄에 취약하다며 기둥이나 모서리 부분에 몸을 기대라고 충고한다.

눈이 벌겋게 충혈된 사병이 옆 막사에서 생수 한 병을 가져와 먼저 마시라고 권했다. 필자는 전장에서의 긴장과 공포로 심한 갈증을 느끼던 중 그의 배려에 감동했다. 비록 한 모금의 물이지만 생명수 그 자체로 사상과 이념을 떠나 인간애가 넘치는 감동의 순간이었다.

밖의 상황이 진정되면서 다시 취재에 나서는데 5명의 병사들이 주변 경계와 엄호를 해주는 바람에 취재를 성공적으로 마치고 슬로베니아 검문소를 뒤로 하고 오스트리아 지역으로 들어갔다. 그곳에는 중무장을 한 오스트리아군이 전투태세를 갖추고 200m 앞의 전투를 지켜보며 경계태세 중이었다. 전투가 진행되는 동안 이 검문소를 통과하는 출입국 차량의 왕래가 없었다. 그런 가운데 오스트리아 국영방송 ORF TV에서는 앞의 슬로베니아 검문소에서 전개되는 전투 장면을 TV Live로 중계방송을 하였다. 그런 연유로 우리는 전투장에 출연하는 기회가 되었다.

그런데 이 국경 전투장 중계방송을 시청하던 주(駐) 오스트리아 주재 한국대사관 이모 무관이 필자 가족에게 "이 시간 ORF TV 방송에 00 아버지가 슬로베니아 국경 전투현장에서 취재하는 모습이 방송된다."고 연락해 주었다. 이를 지켜본 가족들이 불안과 초조에 휩싸여 안절부절하였다는 이야기에 가족의 소중함을 새삼 느끼게 되었다. 검문소 전투 장면의 취재물은 Live 방송중인 ORF 중계차량 위성을 통해 서울로 송출하였다. 이로써 긴박했던 유고 내전의 10일 전쟁 취재를 마감하였다.

이상에서 보았듯이 동유럽 개혁 과정에 민주적 개혁을 이룬 나라와 무력 유혈 충돌 나라로 긍정과 부정의 결과를 알 수 있었다. 특히 동유럽 기자들은 88서울 올림픽 때 서울을 다녀왔던 인연으로 취재 현장에서 호의적이었다. 특히 한국이 최고라는 '엄지 척'의 표시까지 해줘 고마움을 느꼈다.

그 후 4개월여가 지날 무렵 헝가리를 방문한 우리나라 前 장관이 "슬로베니아 독립전쟁 전투장 취재 모습을 TV로 시청하였는데 저널리즘의 투철한 책임감에 앞서 자신들의 생명도 소중하다는 것을 알라."는 충언(忠言)을 해 지금도 잊지 않고 감사하고 있다.

한국 언론 최초로 달라이라마 인터뷰

1992년 7월, 헝가리 부다페스트 특파원으로 근무할 때였다. 당시 한국

언론인으로는 처음으로 티베트의 정신적, 정치적 지도자로 추앙받는 달라이라마 인터뷰를 하였다. 차만순 특파원, 법전 스님과 자리를 함께 한 단독 인터뷰를 했는데 카메라에 정확한 날짜를 적어놓지 않은 실수를 저질러 끝내 아쉬움을 금할 수가 없다.

그를 인터뷰하기까지에는 다소간의 사연이 있다. 1989년 베를린 장벽 붕괴 이후 동유럽 국가 가운데 유일하게 불교를 인정한 헝가리가 불탑 건립을 위해 이웃 오스트리아 비엔나 인근의 한국식 사찰인 평화사 법전 스님에게 도움을 청했다. 불탑 건립 불사(佛事)가 진행 중이던 1992년 7월경 달라이라마가 이를 격려하기 위해 헝가리를 방문한다는 사실을 법전 스님으로부터 듣고 인터뷰를 특별 요청한 것이다. 평소 친분이 있는 법전 스님의 도움으로 달라이라마와 인터뷰를 하는데 성공하여 뜻밖에 특종을 하였다. 당시 반(反) 중국 지도자로 국제적인 관심과 명성을 끌던 그와 인터뷰하는 일이 매우 어렵고 불가능한 때였다.

헝가리에는 3개의 불탑이 있는데, 그 가운데 헝가리 남서부 휴양지 벌러톤 호수 인근 잘라산토 라로헤기에 건립된 불탑은 높이 30m가 넘는 것으로 유럽에서는 최대 규모를 자랑한다. 필자는 1993년 초 특파원 근무를 마치고 귀국하는 바람에 불탑 준공식 모습을 서울에서 KBS TV 뉴스로 지켜보았다.

이철영 | KBS 헝가리 부다페스트 특파원(동구 지역).

우리는 암펙스 세대

AM 라디오였고 릴 테이프로 암펙스 녹음기를 사용하던 시대였기에 당시 동료들을 만나면 현재 방송과 비교하며 곧잘 '우린 암펙스 세대'라고 말하곤 한다. 당시 방송 환경은 정말 열악했다.

이해성

2018년 문화의 키워드는 단연 방탄소년단이었다. 빌보드 앨범 차트 1위, 아메리칸 뮤직 어워드 수상, 문화훈장 수여 등의 소식을 접하면서 음악 PD로 방송을 시작했던 나로서는 놀라움과 격세지감의 감정이 뒤섞인 엄청난 문화충격이었다. 라디오 전성기였던 1964년 12월 나는 동아일보 산하의 동아 방송 공채 1기 프로듀서로 방송과 인연을 맺었다.

AM 라디오였고 릴 테이프로 암펙스 녹음기를 사용하던 시대였기에 당시 동료들을 만나면 현재 방송과 비교하며 곧잘 '우린 암펙스 세대'라고 말하곤 한다. 당시 방송 환경은 정말 열악했다. 그러나 당시 라디오 3사의 청취율 경쟁은 너무나 치열했다. 내가 몸 담았던 DBS뿐 아니라 MBC, TBC 라디오 방송 모두 광고주들이 선호하는, 새롭게 떠오르는 청취층인 젊은 세대를 공략하기 위해 팝송 프로그램을 간판으로 내세웠다. 방송사마다 최신 히트곡을 누가 먼저, 그리고 더 많이 소개하느냐를 놓고 사활을 걸었다. 그래서 히트곡의 평가 기준으로 소개하기 시작한 것이 바로 매주 발행되는 미 음반업계 정보지 빌보드의 차트 순위다. 그 순위의 자리를 독차지한 주인공들은 당연 엘비스 프레슬리, 비틀스 같은 미, 영 팝 스타들이다. 한국 가수가 그 차트에 오른다는 것은 당시로서는 감히 상상할 수도 없고 꿈도 꿀 수 없던 그런 시절이었다.

지금은 아날로그 음질을 그리워하는 음악 애호가들의 수집 아이템이 된 최신 히트곡 LP판을 먼저 확보하는 것이 음악 PD의 역량으로 평가 받던 시절이었다. 그러나 당시 외화를 사용하는 음반 수입은 허용되지 않았다. 도리 없이 미군 PX를 통해 시중에 흘러나온 판들을 구입할 수밖에 없었다. 원판을 확보하지 못하면 백판이라고 불리었던 지글거리는 복제판도 마다하지 않았고, 그마저 여의치 않을 경우 미군 AFKN 음악방송을 밤새 녹음해 사용하기도 했다. 음반 확보 경쟁이 얼마나 치열했었는지의 대표적 예로 TBC의 조용호 PD는 톰 존스의 '딜라일라'를 구할 수 없자 당시 팝송 모창에 뛰어난 신인 가수였던 조영남 녹음으로 '딜라일라'를 대신 했는데 이것이 오히려 그를 유명 가수로 만든 계기가 되기도 했다. 이런 웃지 못할 일이 계속되자 각 방송 음악 PD들은 매주 목요일 정기 모임인 목요회를 만들었다. MBC의 김정호, TBC의 조용호, 그리고 DBS에서는 나와 가요 PD였던 신태성, 그리고 일간스포츠 기자 김유생이 정규 멤버였다. 히트곡 공유뿐 아니라 60년대 말 70년대 초 미국 포크 뮤직의 영향으로 국내에서도 청년문화가 등장하면서 대학생들을 중심으로 자작곡을 부르는 이른바 통기타 가수들이 등장하기 시작했는데, 이들을 방송 프로그램에 적극 수용하는 역할을 했다.

통기타 가수 뿐 아니라 록 그룹도 발굴해서 방송에 적극 등장시킴으로써 트로트 가요만 존재하던 가요계에 팝 스타일의 가요를 방송 프로그램화시킴으로서 가요 장르를 다양화하는데 목요회 멤버들이 기여했다. 라디오 전성기였던 관계로 그들 나름 프로그램을 통해 세계적 대중음악 흐름에 일종의 가이드 역할을 했다고 볼 수 있다.

내가 몸 담았던 DBS는 음악의 특화를 내세우며 팝송뿐 아니라 이탈리아의 칸초네를 정규 프로그램으로 편성했었다. 선율적이고 로맨틱한 멜로디의 칸초네는 한국사람 취향에도 맞아 청취율이 높았는데, 특히 매년 2월 개최되는 산레모 가요제 입상곡들은 번안 가요로 소개될 만큼 인기가 높았다.

70년대는 저작권 개념조차 없었던 시대여서 로마에서 태권도 사범으로 활동하던 부인이 음악을 좋아해서 산레모 가요제 실황을 집에서 몰래 녹음해 보내주었는데 아무 자료 없이 달랑 보내준 그 녹음 테이프만 갖고 특집을 꾸며 방송에 소개하느라 고생했던 기억이 지금도 생생하다.

현재 라디오 프로그램은 PD가 구성 작가와 보조 작가 도움까지 받는 시스템이지만 당시의 라디오 PD는 자료 수집에서 원고 작성까지 PD 혼자 다 해내야 하기 때문에 특집을 구성하느라 고생스러웠지만 성취감은 있었다. 나에게 DBS 시절의 또 다른 기억은 명창 김연수의 창으로 5대 판소리를 녹음하여 방송했는데 최근에 그 방송된 녹음이 복각판으로 출반되기도 했다.

75년 동아일보 광고 사태에 해고되면서 도리 없이 방송을 떠나야만 했다. 그 후 프리랜서 음악 평론가, 신문과 잡지의 음악 칼럼 등을 기고하며 활동하다 87년 동아, 조선 해직 기자들이 모여 창간한 한겨레신문 창간에 참여하게 된다. 한겨레 시절에는 AFKN이 일방적으로 사용하고 있는 주파수 채널을 반납하라는 기사로 잠시 주목을 받았지만 1년 남짓 근무했었고, 곧 가톨릭에서 개국하는 평화방송 편성제작국장으로 방송에 다시 복귀할 수 있었다.

　평화방송 개국 시 종교 방송 특성상 최소한의 제작비로 프로그램을 만들 수밖에 없는 사정이라 방송요원 구성에 어려움이 많았다. 그러나 이미 80년대 후반에 접어들면서 방송 환경도 많이 바뀌어 라디오 프로그램에서도 PD와 구성 작가의 역할 분담이 일반화되어 있었다. 당연히 구성 작가가 있어야 한다는 PD들의 주장과 내 경험에 비추어 PD가 능력을 발휘하여 직접 원고를 작성하면서도 얼마든지 질 높은 프로그램을 제작할 수 있다는 주장이 충돌할 수밖에 없었다. 많은 인적 스태프를 요하는 TV와 달리 제작이 심플한 라디오 프로그램 특성상 충분히 가능한데도 받아들여지지 않았다. 일인 방송이 가능한 초 네트워크 시대인 오늘날엔 내 주장이 현실화되어 격세지감을 느끼게 한다.

　1990년 지상파 최초로 민영방송인 SBS가 개국했다. 라디오부터 개국을 시작하기 때문에 초대 라디오 국장으로 개국 멤버에 참여할 수 있는 좋은 기회였다. 우선 마음 졸이며 PD들과 다투며 제작비 깎는 걱정을 하지 않아도 되고 평화방송 시절 내내 짓눌렀던 종교적 이념 압박에서 벗어날 수 있으며 가장 방송적인 프로그램을 제작할 수 있는 환경이 주어졌다는 것만으로도 행운이었다. 하지만 TV 시대에 라디오는 존재감을 프로그램을 통해 구현해내야 하는 숙제 또한 결코 녹록치 않았다.

　방송 콘텐츠의 변화는 느리게 진행되지만 기술 환경은 하루가 다르게 빠르게 바뀌고 있었다. 음악 프로그램도 LP에서 CD로, 다시 서버에 저장된 음원을 검색해 송출하는 방식으로 진화했다. 이런 변화의 소용돌이 현장에 있었던 라디오의 마지막 세대였는지도 모른다. 아마 4차 산업과

인공지능 AI가 절정에 이른다는 2030년경에는 PD란 직업이 사라진다는 예측도 있다. 그러나 아무리 테크놀로지가 발전한다 해도 인간의 감성을 기술이 카피하지는 못할 것이다. 그래서 노마지지(老馬之智)의 지혜는 여전히 의미를 지닌다며 스스로 위안을 삼는다.

이해성 | DBS PD, 한겨레신문 문화부장, SBS 라디오 국장, 서울예술대 겸임교수.

기자 인생 30년에 잊지 못할 사건들

> "기자는 대졸자로 알고 있는데 당신은 고졸이군. 그렇게도 나라 사정을 이해 못하는 걸 보면…." 나는 이렇게 응답해 주고 전화를 '탕' 소리 내며 끊었다. "나는 고졸이지만 당신은 국졸이네."
>
> **이향숙**

기자는 세상의 모든 사람들, 모든 사건을 대상으로 발로 뛰는 역마살 낀 직업인이다. 그래서 만나게 되는 사람도 각양각색, 천차만별이 아닐 수 없다. 기분 좋은 만남도 있지만 때로는 뜻밖의 인물로 인해 위험을 당하는 경우도 생긴다. 기자 생활 30년 동안 만난 사람 3명이 잊히지 않는다. 처음 사건은 중공 민항기가 우리나라에 불시착한 사건 때이고, 두 번째는 불량 커피포트 제작업자의 칼부림, 세 번째는 매일 교열 보는 어르신 얘기다.

"당신은 고졸자" 외친 안기부 직원

우리나라와 국교가 없이 적대관계였던 중국의 민항기가 1983년 5월 5일 춘천 미군 헬기장에 불시착한 '중공 민항기 불시착 사건'이 일어났다. 그날은 어린이날인 공휴일이라 조용한 편집국에서 나 혼자 당직을 하고 있었다. 평소에는 휴일에도 여러 명의 요원이 당직이지만 그날은 나 혼자 넓은 사무실을 지키다가 점심시간이 다가와 막 나가려는 순간 갑자기 민방위 훈련 날도 아닌데 사이렌 소리가 요란하게 울렸다. 이어서 여기 저기 전화가 한꺼번에 울리기 시작했다.

"전쟁 났습니까? 웬 사이렌입니까?"

"오늘 민방위 훈련이 없는데 뭡니까?"

우리는 이미 1950년 새벽 불시에 전쟁을 겪은 트라우마가 있는 세대다. 그러니 놀라는 것은 무리가 아니다.

나 역시 아무것도 모르니 할 말이 없었다. 이쪽 끝에서 저쪽 끝까지 달리기를 하면서 전화를 받았는데 대답할 말이 없으니 답답했다. 잠시 후 나는 경찰청과 안기부에 전화를 했는데 대답은 역시나 "모른다."는 거였다. 그렇게 한 시간 쯤 소동을 피우다가 찍찍 우는 통신 소리에 외신부로 달려가서 문서를 받아보니 AFP, AP 통신이 '춘천 미군 헬기장에 중공 민항기 불시착'이란 내용이 보였다. 뒤늦게 한국의 통신까지 연이어 불시착 소식을 전했다. 점심도 거른 채 나는 비상 연락망을 통해 여기저기 전화를 걸었고 독자들 전화도 계속 받느라 정신이 없었다. 1시경부터 많은 기자들이 모여들어 호외를 만들기 시작했다. 그때 어린이 날이라 모처럼 아이들과 야외에 나갔던 동료들이 만사 제치고 와준 것이 지금도 고맙고 천생 기자들이란 생각이 들었다. 모두들 배고픔도 잊고 만든 호외가 나가고 사이렌은 오산 미군 비행장에서 울린 것으로 밝혀졌다. 며칠 후 기자 칼럼에 내가 쓸 기회가 와서 나는 그날의 얘기를 쓰면서

"'중공 민항기가 불시착했다.' 라는 말만 나중에라도 알려줬으면 온 국민이 그렇게 놀라지 않았을 텐데 아쉽다."라고 썼다. 그 기사가 나온 아

침 나는 안기부의 전화를 받았다.

"기자는 대졸자로 알고 있는데 당신은 고졸이군. 그렇게도 나라 사정을 이해 못하는 걸 보면…."

나는 이렇게 응답해 주고 전화를 '탕' 소리 내며 끊었다.

"나는 고졸이지만 당신은 국졸이네."

이 사건은 중국 민항기에 승객 96명, 승무원 9명, 납치범 6명이 탑승했고 납치범이 중국 선양에서 상해로 가는 도중 한국으로 기수를 돌리도록 협박, 춘천에 불시착한 사건이다. 이 사건을 해결하기 위해 미수교 상태의 한국과 중국은 '중공'이라는 호칭이 아닌 '중국'으로 호칭을 바꾸면서 사상 처음으로 외교적 접촉을 했고 결국 공식 외교 관계를 맺은 계기가 됐다.

이 일로 고문을 당하진 않았지만 불이익 당한 느낌은 갖고 있다.

불량업자의 칼부림 사건

얼마 후 다른 부서로 옮겨진 나는 소비자 고발 기사를 쓰게 됐다. 소비자가 피해 입은 사례를 알려오면 다루는데 어느 날 어느 다방에서 신제품으로 나온 커피포트를 사서 물을 끓이다가 폭발해서 종업원이 화상을 입었다는 고발이 들어왔다.

고발 기사는 성격상 본전 찾기나 조용히 넘어가기가 어려운 주제다. 어쨌든 나는 그 포트에 적힌 메이커의 주소를 알아내서 경기도 성남에 있는 그 주소에 대해 관계 기관 담당자에게 문의했다. 답은 그 주소에 그런 업체가 없다는 것이었다. 무허가 업체라는 뜻이다. 나는 사실대로 기사를 썼는데 다음날 깍두기 형님 같은 남자 둘이 찾아와 항의하면서 칼을 꺼내 들이댔다.

"우리가 무허가라구? 모함하지 마. 어따 대고 허위 보도야? 엉? 맛 좀 볼래?"

다른 동료들이 놀라서 말리고 그들을 밖으로 쫓아내어 위기를 면했지만 그 순간에 체력적으로 힘없는 나는 각오를 하고 있었다. 그들이 무허가든 아니든 그 커피포트는 요즘 같이 우수한 내열성 파이렉스가 아니고, 그냥 유리였던 것으로 생각된다. 커피포트란 게 등장한 초기의 모 업체 얘기다

교열 열성팬 어르신

매일 아침 편집국 문화부로 전화를 걸어오는 어르신이 있었다. 여러 사람이 받았지만 내가 어느 날 오전 11시경 전화를 받으니까 고함부터 쳤다.

"내가 1면부터 40면까지 아침부터 지금까지 읽었는데 오자가 너무 많아. 이것도 신문이라고 만들어? 당장 신문 구독 중지할 거야."

"아, 그러세요? 몇 자나 틀렸나요?"

"글쎄. 한 면에 서너 자?"

"오늘만 다 읽으셨나요? 매일 저희 신문 전체를 다 읽으시나요?"

"매일 다 읽어. 그런데 오자가 많아. 당장 구독 중지할 거야."

다음날 비슷한 시간에 또 같은 어르신, 같은 내용의 말이 전화기 너머로 들렸다. 나는 이렇게 대꾸했다.

"네. 그런데 구독 중지하신다고 날마다 말씀하시면서 날마다 읽으시네

요."

"이번엔 진짜 구독 중지야."

"할아버지. 제가 지금 할아버지한테 가서 오자를 확인할 테니까 기다려주세요. 할아버지가 주소를 안 알려 주셔도 신문사는 다 알 수 있거든요. 그러니까 집에서 잠시 기다리세요. 곧 가겠습니다."

'뚝.' 전화가 갑자기 끊겼다. 나는 물론 가지 않았고, 갈 수도 없었다.

그 이후 그 어르신 전화가 다시 오지 않았음은 물론이다. 내가 지금 그 어르신 나이쯤 되니까 그 분이 왜 그렇게 매일 전화로 같은 말을 반복했을까 조금은 이해가 된다. 할아버지는 신문 내용을 알기 위해 읽은 게 아니다. 그저 시간 메꾸기, 소일꺼리였던 것이다. 오자 찾기는 그냥 취미였고, 찾아낼 때 기쁨을 느낀 것이다. 자기보다 못한 기자들이라고 속으로 비웃으면서 말이다. 물론 우리 신문이 오자투성이는 아니었지만 틀린 감각으로 보는 틀린 시선에는 틀린 글자로 보였을 것이다.

이향숙 | 한국일보, 일간스포츠 문화부 차장, 헤럴드경제 문화체육부장, 대한언론인회 상임이사 겸 사무총장, 한국문인협회 회원, 수필가.

나대로 간다

시사만화가 만큼 독자들의 반응에 민감한 사람도 없다. 차라리 항의 전화를 받는 편이 낫지 아무런 반응이 없는 시사만화처럼 괴로운 것도 없다. 요즘 인터넷에서 '악플'이 지탄을 받지만 누군가 가장 무서운 것은 '무플'이라고 했다. 그만큼 무반응은 무서운 존재다.

이홍우

아침 6시 잠자리에서 일어나 집으로 배달되는 조간신문들을 펼쳐드는 순간 그날의 승부가 한눈에 보인다. 조간신문에 실린 여러 시사만화들의 독창적인 아이디어, 풍자와 해학의 완성도를 단번에 견주어볼 수 있기 때문이다.

이런 비교의 결과가 만족스러운 날은 하루 종일 즐겁다. 독자들의 열렬한 호응과 더불어 주변 사람들의 호평을 들을 수 있다. 반면 누가 비난을 하거나 점수를 내는 것은 아니지만 스스로 생각할 때 '졌다' 싶은 날은 뭘 먹어도 모래 씹는 맛이다. 시사만화가 만큼 독자들의 반응에 민감한 사람도 없다. 차라리 항의 전화를 받는 편이 낫지 아무런 반응이 없는 시사만화처럼 괴로운 것도 없다. 요즘 인터넷에서 '악플'이 지탄을 받지만 누군가 가장 무서운 것은 '무플'이라고 했다. 그만큼 무반응은 무서운 존재다. 이렇게 매일 죽고 사는 맛에 중독되어 오후가 되면 나는 또다시 다음 날의 승패를 가리기 위해 책상 앞에 앉아 머리를 싸맨다.

2005.7.9. '경포대'

1991.11.29. '6공6신'

　시사만화가로서 아이디어를 짜낼 때 가장 고민하는 부분은 '시사'와 '만
화'의 조화다. 풍자를 하되 재미가 있어야 제대로 된 시사만화이기 때문
이다. '시사'를 지나치게 강조하면 선전만화가 되고 '만화'를 너무 강조하
면 시사라는 놈이 달아난다. 그런데 '재미'라는 것도 매번 같은 놈이 아니

라 항상 움직이는 놈이다. 20년 전 유행어를 지금 사용하면 어느 독자가 웃겠는가. 그래서 '살아 있는 재미'를 위해 언제나 최신 유행에 촉각을 곤두세운다. 일간지는 물론 스포츠지, 경제지도 두루 섭렵하고 젊은이들의 유머 감각을 알기 위해 '개그콘서트' 등 TV 코미디 프로그램을 보기도 한다. 남들이 많이 본다는 영화도 빼놓지 않고 보고, 교보문고에 자주 들러 화제의 신간 서적을 사는 것도 다 '살아 있는 재미'를 위해서다.

마지막 마무리는 비틀기다. 어떤 사건을 있는 그대로 만화에 그려 넣어서는 재미가 있을 수 없다. 먼저 사건의 본질을 잘 이해한 후에 과장도 하고 생략도 하면서 비틀어 만화 속 허구의 무대에 세우는 것이다. 만화가 밋밋하면 그게 만화인가. 삽화 달린 글일 뿐인 것이다.

미국 대사관 한국 정세보고서에 실린 '나대로 선생'

나대로 선생이 아들을 불러 머리를 쥐어박자 아내가 한 마디 한다. "가혹행위 어디서 배운 거유?" 다음날 실린 만화는 "언론인 탄압에 항의… 기자들 언론자유를 요구!"라는 기사를 소리 내어 읽고 있는 나대로 선생이다. 경찰이 달려와 보니 사실은 필리핀 관련 기사였다. 이 두 만화는 1985년 가을 미국 대사관에서 본국에 보고한 한국 정세보고서에 실렸다.

1985.9.3.

1985.9.4.

1987.1.30.

| 철아, 잘 가그래이!

1987년 1월 14일 서울대학생 박종철 군이 서울 남영동 치안본부에서 조사 받던 중 물고문으로 숨졌다. 얼마 후 북한을 탈출한 김만철 씨 가족이 제3국행을 희망했다. 나중에 다시 한국으로 돌아왔지만, "철아, 잘 가그래이. 우리는 할 말이 없대이!" 나대로 선생의 이 외침은 박종철 군의 아버지가 아들을 보내며 했던 유명한 말이기도 하다. 이 말 역시 '동아일보'를 통해 널리 세상에 전해졌다.

| 유행가와 1노3김

1987년 당시 대선에 출마한 '1노3김'을 그들이 애창하는 가요로 풍자해 많은 독자들로부터 공감을 얻은 만화다. 이 만화가 게재된 다음 JP 측에서는 '꿈꾸는'이라는 표현 때문에 항의를 해왔다. 노태우 후보의 민정당 진영에서는 이 만화가 나간 다음 "백마강아, 꿈꾸지 말라"며 JP에 대한 정치공세를 펴기도 했다.

1987.10.31.

| 야합 대 구국의 결단 – 3당 합당

시중에 '3당 합당설'이 떠도는 가운데 1990년 말띠 해를 맞았다. 검정 말과 흰 말이 합당을 하면 얼룩말이 된다는 만화적인 표현으로 당시의 시대적인 분위기를 담았다. 결국 이 만화가 지면에 실린 다음 한 달도 되지 않아 1990년 1월 21일 평민당을 제외한 여야 모두 간판을 내리고 3당 합당을 이루었다.

1990.1.4.

1996.12.19.

| 6·29는 전통 아들

대통령직까지 바통 터치했던 전 전 대통령과 노 전 대통령의 우정은 6공화국 시절 전 씨 일가에 대한 비리수사로 돌아올 수 없는 강을 건넜다. 1987년 봄 민주화의 운동의 결실로 나온 6·29선언이 사실은 전 전 대통령의 작품이라는 것이 세월이 지나면서 드러났다. "10살이 다 되도록 머리카락이 안 났대"는 만화만이 할 수 있는 표현이었다.

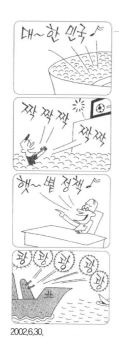

|폭격 맞은 햇볕정책

한일 월드컵 축구대회 폐막을 하루 앞두고 한국과 터키의 3, 4위전이 벌어지던 6월 29일, 서해 북방한계선에서 북한 경비정 두 척이 남한 측 북방한계선을 침범한 후 북한의 선제공격으로 교전이 벌어져 우리 해군 여섯 명이 전사하고 19명이 부상을 입어 햇볕정책의 한계를 여실히 보여주었다. DJ는 이후 서해교전 전사자의 장례식에도 참석하지 않았다.

2002.6.30.

| MBC의 '명박 씨'

그동안 '나대로 선생'의 내용에 불만을 가진 사람들은 많았으나 법정까지 간 것은 이 만화가 처음이다. MBC 측에서는 "특정 대선주자인 이명박 씨만 선전하는 것처럼 허위 사실을 적시해 명예를 훼손했다"며 같은 달 17일 나와 동아일보사를 대상으로 1억 손해배상 소송을 제기했으나 같은 해 9월 5일 법원에서 MBC에 대해 패소 판결을 내렸다. 재판부는 판결문에서 "명예훼손으로 볼 만한 구체적인 사실 적시가 없다"며 MBC 패소 판결의 이유를 밝혔다.

2007.1.4.

| '끔찍한' 아들 사랑

'양 김'의 끔찍한 자식 사랑을 〈나대로 선생〉 무대에 올렸다. 은퇴한 DJ는 차남 김홍업 의원이 '금배지' 달게 만들고, 한화 김승연 회장은 아들 때린 술집 종업원들을 '직접' 손보느라고 구속되었다. 자식 사랑도 지나치면 병이라는 말을 실감나게 보여준 사례들이다.

2007.4.28.

이홍우ㅣ중도일보 시사만화 '두루미' 연재. 전남일보 시사만화 '미나리' 연재. 동아일보 시사만화 '나대로' 연재. 제1회 고바우 만화상 수상. 한국시사만화가회장. 동아일보 국장급 편집위원. 상명대 문화예술대학원 만화영상과 교수.

'김일성 사망설' 보도에서 얻은 교훈

중대한 뉴스를 다루는 언론의 보도 태도도 문제가 되지 않을 수 없다. 국방부가 발표한 것을 보도했을 뿐이라고 말한다면 공기(公器)로서의 사회적 공공성과 책임을 스스로 저버리는 변명에 지나지 않을 것이다. 정부의 발표에만 의존하지 말고 언론 자체가 독자적으로 보다 신중하고 냉정하게 다각도로 심층 취재했어야 할 사안이었다. 거기에 언론의 사명과 자부가 있는 것이 아니겠는가.

장성원

1986년 11월 17일 월요일. 동아일보 동경 특파원이었던 나는 여느 날처럼 새벽 4시 자명종 소리를 듣고 잠자리에서 일어났다. 잠에서 깨어나기 위해 눈언저리만 간단히 씻은 다음 곧 바로 아파트 현관으로 갔다. 벌써 동경에서 발행되는 8개 신문의 조간들이 배달돼 있었다. 일요일을 제외하고 매일 이 신문들을 아침 8시경까지 정독하고 뉴스거리의 제목을 본사 편집국 부장단 회의가 열리기 전까지 외신부로 팩스 송고해야 한다. 하루의 가장 중요한 일과였다.

마이니치(每日) 신문을 펴드는 순간 눈이 번쩍 뜨이고 온몸이 긴장됐다. 16일(일요일)자 한국의 조선일보 호외 보도를 인용, '북한 김일성이 피격, 사망했다'는 설을 크게 보도하고 있었다. 그런데 그 설의 진원지가 동경 외교가라는 것이다. 동경 외교가에 그 같은 설이 15일(토요일) 오후부터 나돌았다고 한다. 나는 전혀 몰랐던 사실이다.

마이니치의 보도에 언뜻 한 가지 의문이 생겼다. 동경 외교가에 그런

설이 나돌았다면 일본 3대 유력지의 하나인 마이니치가 독자적으로 취재해서 보도할 것이지, 왜 조선일보를 인용해서 보도했을까? 마이니치도 그런 사실을 몰랐던 것 아닌가. 마이니치 이외 다른 신문들은 모두 이 기사를 보도하지 않고 있었다. 그렇다면 마이니치를 포함해서 일본의 주요 신문들이 동경 외교가의 중대한 설을 모르고 주말을 보냈다는 이야기 아닌가. 나는 동경 외교가의 설이라는 것이 어딘지 석연치 않다는 생각이 들었다.

7시경 맨 먼저 주일 한국 대사관 이기주(李祺周) 공사에게 전화를 했다. 아직 이른 시간인데도 여기저기서 전화를 받느라 정신이 없다고 했다.

"동경 외교가에서 그런 소문이 퍼졌다고 해서 우리도 확인해보고 있는 중입니다." 동경 외교가에 나돌았던 설이라면 그가 모를 리 없지 않은가. 그는 평소특파원들의 신뢰를 얻고 있는 대사관의 고위직이었다. 나는 동경 외교가의 설이라는 것이 낭설일 가능성이 있다는 심증을 갖기 시작했다.

편집국 부장단 회의가 열리기 전 문명호(文明浩) 외신부장에게 전화를 걸어 상황을 설명하고 "아직까지는 전적으로 사망설을 믿을 수 없으니 확인해 보겠다"고 말했다. 그리고 "확인이 될 때까지는 동경 특파원 장성원의 이름으로 사망설을 보도하지 말아 달라."고 요청했다. 문 부장은 워싱턴 특파원을 지낸 선배로 종전에도 내 의견을 존중해 주었다. 부장단 회의에서 그는 내가 말한 대로 보고했다고 한다. 그러나 편집국장은 국내 정보를 바탕으로 사망에 무게를 두고, 특파원을 포함해서 외신 사이드를 질책하는 분위기였던 모양이다.

9시 반쯤 내각 관방장관실 소속 정보관실에서 근무하는 일본인 지인으로부터 전화가 왔다. 평소 가끔 만나 식사를 함께 하면서 이런 저런 이야기를 나누는 사이였다. 동아일보를 정기 구독하는 한국 담당 정보요원이었다. 이런 그가 월요일 아침 출근하자마자 나에게 전화를 걸어 '김일성 사망설'에 대해 물어 본 것이다. 이 사람이 나에게까지 전화를 걸어 물어 보는 것은 일본 총리를 보좌하는 관방장관실에서도 아직까지 동경 외교가의 설을 모르고 있다는 것을 말해 주는 것이 아닌가. 사망설에 대한 나의 의혹은 커졌다.

10시가 되기 전 외신 담당 최종철(崔鍾哲) 부국장으로부터 전화가 왔다. "국방부가 오늘 오전 중 김일성 총격 사망을 발표할 예정이라고 하는데, 동경에서도 그런 시각에서 서둘러 취재해보라."는 지시였다. 나는 조금 전 그 요원과 통화한 사실을 알리고 "확인이 될 때까지는 사망을 너무 단정적으로 보도하지 않는 것이 좋겠다."고 의견을 말했다. NHK를 비롯해 일본 TV방송 채널을 이리 저리 돌려 보았다. 만일 김일성 사망설이 어느 정도 근거가 있다면 긴급뉴스로 보도할 터인데 평상시 프로그램대로 진행되고 있었다.

일본 외무성 대변인실에 전화했다. 차분한 반응이었다. 오히려 나에게 어떻게 된 거냐고 되물었다. 만일 사망설과 관련, 브리핑할 것이 있으면 바로 알리겠다고 말했다. 이렇게 김일성 사망설의 진원지인 동경에서는 한국 대사관, 내각 정보관실, 외무성 어느 곳에서도 알지 못하고, 허무맹랑한 풍설들만 소설같이 밑도 끝도 없이 유포되고 있었다. 나는 확인된 사실이 없기 때문에 스트레이트 기사는 보내지 못하고, 사망설을 놓고 촉각을 곤두세우고 있는 동경의 움직임만 스케치 기사 형식으로 송고했다.

아침을 간단히 먹은 후 12시 NHK 정오뉴스를 틀었다. 첫 뉴스로, 북경 특파원이 보도했다. 북경 주재 북한 대사관에 김일성 사망 여부를 확인한 바, 북한대사관측은 "전혀 사실무근"이라고 말했다는 보도였다. 일본 매체 중 유일하게 북한 기관에 직접 확인한 첫 보도였다. 나는 부랴부랴 이 기사를 송고했다. 이쯤 되면 '안 죽었을 가능성도 많다.'고 생각하면서 오전 작업을 마치고 동아일보 동경지사로 출근했다.

지사에는 이날(17일) 오전 발표한 '국방부 대변인 발표 내용(全文)'이 텔 렉스로 본사 외신부로부터 와 있었다. "북괴는 16일 전방지역에서 대남 확성기 방송을 통해 김일성이 총격으로 사망했다는 방송을 실시했다. 그 러나 북한의 모든 보도기관은 일체의 공식 발표나 논평을 하지 않고 있 다. 한편 우리 군은 종전과 같이 경계 태세에 임하고 있다."는 내용이 전 부였다.

북한의 보도기관이 일체 보도하지 않고 있는데 전방 초소(GP)의 대남 선전용 확성기 방송만을 믿고 어떻게 사망했다고 국방부가 공식 발표할 수 있는가. 조급하고 허점이 많다고 생각했다. 평소에도 자주 대남 선전 용 심리전 방송을 해오지 않았는가. 국방부 발표는 동아일보를 비롯해 각 신문에 1면 톱으로 대대적으로 보도됐다.

혹시나 싶어 조총련의 조선신보에 전화를 걸었다. 조총련은, 국교 관계 가 없는 북한 일본 간 사실상 북한의 공관 역할을 하는 기관이고 조선신 보는 그 기관지이다. "우리는 북한 방송을 24시간 청취하고 있지만 사망 설은 아무런 근거가 없는 선동"이라고 일축했다. 이제는 더 이상 취재해 볼 곳도 마땅치가 않았다. 주일 미국 대사관, 중공 대사관, 소련 대사관? 엄두가 나지 않았다. 나는 설왕설래 속 확인되지 않은 사망설을 여전히 믿지 않으면서 동경 특파원 생활 중 가장 치열했던 하루를 보냈다.

잠시 떠들썩했던 사망설은 하루 만에 극적으로 반전된다. 다음 날 18일 오전 10시, 김일성이 평양을 방문한 몽골 국가 원수 바트문흐를 영접하기 위해 공항에 나타난 것이다. 일본TV 화면에서 의장단을 사열하고 있는 김일성의 모습을 보면서 세상에 이런 깜짝쇼도 있구나 싶었다. 결과적으로 국방부는 북한의 확성기 방송 연출에 어처구니없게도 농락당한 꼴이 되고 말았다.

중대한 뉴스를 다루는 언론의 보도 태도도 문제가 되지 않을 수 없다. 국방부가 발표한 것을 보도했을 뿐이라고 말한다면 공기(公器)로서의 사회적 공공성과 책임을 스스로 저버리는 변명에 지나지 않을 것이다. 정부의 발표에만 의존하지 말고 언론 자체가 독자적으로 보다 신중하고 냉정하게 다각도로 심층 취재했어야 할 사안이었다. 거기에 언론의 사명과 자부가 있는 것이 아니겠는가.

근거가 확실치 않은, 확인되지 않은 설을 그대로 보도한다면 그것은 공신력이 없는 지라시나, 카더라 방송이나, 페이크 뉴스에 지나지 않는다. 확인하고 또 확인하고 사실과 진실을 보도하는 것이 바로 언론인이 뚜벅뚜벅 걸어야 할 정도(正道)다. '김일성 사망설'을 취재하면서 얻은 값진 교훈이었다.

장성원|동아일보 동경 특파원, 경제부장, 논설위원, 편집 부국장, 제15·16대 국회의원

기자 1, 2명의 과학부

오늘날 현장에서 뛰는 기자들은 문제의식과 후일 평가를 받는다는 명제를 잊지 말고 취재에 임하기를 기대해 본다. 하루의 역사를 담는 사관(史官)이라는 인식이 중요하다. 그래야 불의의 이면을 들여다 볼 수 있고 권력자에 놀아나지 않는 살아 있는 글이 나올 것이다.

장재열

"이제 디지털 작업이 완료되었습니다."

2018년 5월 연락을 받았다. 지난 37년간 보관했던 광주민주화운동의 자료를 '5·18 민주화운동기록관' 에 기증한 것이 최종 정리되었다는 알림이었다. 인생의 한 시점 마침표를 찍었다는 기분이었다.

9월에는 '남기고 싶은 이야기들' 청탁을 받으니 이 또한 작은 마무리가 될 것 같다. 주류인 정치·경제·사회를 벗어나 과학·산업부 등에서 근무한 나로서는 특별한 이야기가 있겠는가?

다만 일선 취재 기자로서 비주류의 이야기도 구색 갖추기로 있어야 할 것 같아 비화보다는 넋두리로 풀어본다.

1979년 10월 25일 중앙일보 15기 수습 기자로 입사한 나는 입사부터 퇴직까지 '과학'이라는 단어를 벗어날 수 없었다. 이공계 전공 기자가 거의 없었고, 과학부는 기자들이 기피하는 1순위 부서인 점이 그 이유라 하겠다.

수습 끝나기 2개월 앞두고 갑자기 과학부로 발령받았다. 사회부 수습을 거치지도 못한 것이다. 출근해 보니 과학부장에 수습기자 한 명이었다. 그나마 있던 선배가 퇴사하자 이공계 전공자라 하여 뽑아 올린 것이다. 지금은 '과학부'라는 부서가 언론사 편집국에서 전멸했는데 40년 전에 기자 1~2명에 과학부라는 명칭을 유지했던 당시 경영진이 존경스럽다.

80년 초년병 시절 광주로 파견

입사 1년이 지나면 지방 발령이 기다리고 있었다. 당시 중앙일보는 의무적으로 입사 1년 후 전국의 지사로 파견하는 규정이 있었다. 그런데 나는 굳이 가지 않아도 된다는 말을 들었다. 과학부에 올 사람이 없다는 것. 사회부 수습도 못했는데 또 차별하는가 싶어 강력히 항의했다. 그 바람에 대전, 대구, 광주 중에 광주를 선택했다. 집이 서울이니 대전은 너무 가깝고 대구는 너무 먼 듯한 것. 그 때가 80년 2월말.

광주지사에서 일한 지 10일쯤 되었을까, 은행 권총강도 사건이 터져 사건 담당 2진이었던 나는 생소한 광주지역 경찰서에서 한동안 정신없이 보냈다. 이것이 긴 형극의 시작이었다. 광주민주화운동이 끝난 5월말 발밑을 보니 아카시 꽃이 누렇게 떨어져 수북이 쌓여 있는 것이 아닌가? 어! 언제 이 꽃이 피었다 지었나? 5월 18일부터 한 열흘간 나는 사건 이외는 아무 것도 눈에 들어오지 않았던 것이다.

38년이 지나 여기저기서 전화가 온다. 혹시 헬기 난사에 대해 정확한 기록이 있느냐는 것이다. 내 취재수첩에는 헬기 난사가 있었다는 소문을 기록한 내용이 있는데 언제, 어디서 누가 관련 있는지 취재가 안 되어 증빙으로는 미흡한 것이었다. 지금 생각하면 당시 기자로서 회한이 어린 사안의 하나다.

충분한 경험과 역사의식, 치열한 기자정신이 있었다면 보다 정확하고 의미 있는 기록을 수첩에 담을 수 있었을 것이다. 후회막급이다. 그저 젊은 나이(28세)에 다람쥐처럼 돌아 다녔지 역사의 기록자라는 의식도, 다음 시대에 대한 성찰도 부족했던 것이다.

오늘날 현장에서 뛰는 기자들은 문제의식과 후일 평가를 받는다는 명제를 잊지 말고 취재에 임하기를 기대해 본다. 하루의 역사를 담는 사관(史官)이라는 인식이 중요하다. 그래야 불의의 이면을 들여다 볼 수 있고 권력자에 놀아나지 않는 살아 있는 글이 나올 것이다. 계엄 등 제약을 기자의 한계로만 여겨서는 안 될 것이다. 나는 취재 기자로서의 부족했던 점을 이렇게 회고했다.

사진부 이창성 선배의 필름 전달 명을 받은 나는 계엄군 포위망을 피해 광주 송정리역으로 갔다. 여기서 만난 한 학생에게 중앙일보로 필름 전달을 부탁했다(작은 사진은 당시 받은 노력패).

"나는 보고도 말하지 못하고 알고도 쓰지 못했다. 죽음으로 항거한 젊은이들에게 무슨 할 말이 있을 것인가 ! 제대로 사실을 알리지 못한 기자의 한 사람으로 광주의 민주시민에게 사과의 말을 드린다. 17년이 지난 지금 취재수첩은 누렇게 변해 버렸다. 그러나 그 안에 담긴 현장 기자들의 땀은 오늘도 따뜻하게 숨 쉬고 있다고 믿는다." (5·18특파원리포트, 1997, 한국기자협회, 무등일보, 시민연대모임)

1980년 광주는 전라도 사투리로 정말 '징'했다. 6월 지하카페에서 33명이 타죽은 사건, 영산강 범람, 콜레라·뇌염 발생 등 대형 사건이 이어졌다. 산천도 노했는지 한여름에도 벼가 패지 않아 논두렁을 헤매고 다녔다. 그러나 무엇보다 괴로웠던 것은 기자 숙청사태로 지방 주재 기자들이 하나, 둘 사라지는 것이었다. 중앙일보 광주지사에도 나를 포함 4명이 있었는데 두 선배가 회사를 떠났다. 참 험난한 시절이었다.

그 해 11월 서울로 발령이 났다. 떠나는 날 후임인 이헌익(16기, 작고) 기자가 고속버스터미널에서 나를 힐난하는 것이 아닌가! 마침 하숙집 딸이 환송을 나왔는데 장 선배가 다른 것은 인수인계하면서 이것(?)은 빼놓았다는 항의다(애인 관계인데 어떻게 인계!). 이 기자는 몇 달도 근무하지 못하고 정부의 지방 주재 기자 감축에 따라 퇴사해 한때 삼성그룹에 다녔다. 조금 더 광주에 있었으면 내가 그 대상이 될 것이었다.

사회부 안 보내주자 무단결근

다시 과학부 발령을 받은 나는 2년쯤 지나 기자생활을 제대로 하려면 사회부 경력이 필요할 것 같아 데스크에게 보내달라고 했지만 번번이 퇴짜를 맞았다. 너는 절대로 안 된다는 통고였다. 나는 회사를 이틀 무단결근을 하고 이제 사직서를 쓸 각오를 하며 나오니 최정민 부장(작고)이 바로 보내주겠다고 하는 것이 아닌가. 나는 기자가 2명인 과학부에 너무 하는 것 같아 10월 이후 수습기자가 입사하면 가겠다고 약한 모습을 보였다. 참 좋은 세월이었다.

내가 사회부를 기를 쓰고 가려고 한 것은 광주에서의 경험도 있는데다가 취재능력을 향상시키고 타 부서와 교류를 하려면 가장 역동적인 사회부 경험이 있어야 한다고 판단했기 때문이었다. 어찌 보면 참 순진했다.

사회부 경찰 기자는 과학부와는 전혀 다른 세상이었다. 나는 꼭 나이 들어 군대에 간 기분이었다. 아래 기수들이 경찰서 출입이 늦은 선배 기자를 은근히 무시하는 듯 했다.

내 출입처는 관악· 노량진경찰서· 서울대가 주 무대였다. 하루하루 기사거리에 시달리던 84년 7월, 마침 서울대에서 논문 하나를 입수했는데 우리나라 우유가 질이 떨어진다는 내용이었다. 유방염으로 항생제를 많이 쓴다는 것이니 기자의 눈으로 보기에는 기사거리가 될 것 같았다.

나는 '과학 담당 기자' 출신으로 우유에 포함된 백혈구 수치가 어떠어떠하다며 출고했다. 얼마 지나 데스크에서 '백혈구'를 다른 말로 바꿀 수 없냐고 전화로 물었다. 나는 우물쭈물하다가 백혈구가 죽으면 고름이 되기도 한다고 했다. 저녁에 회사에 들어오니 시커멓게 "우유에 '고름' 성분 많다"고 1면 기사로 올라가 있는 것이 아닌가? 유명한 '고름우유' 사건의 시작이었다. 이때부터 사안은 일파만파로 커지기 시작했다.

전국의 낙농가들이 본사 앞에서 항의시위에 나섰다. 데스크들도 대응하기에 정신없었다. 안기부에서는 대공 혐의점이 있는지 조사하겠다는 연락이 왔다는 이야기도 들렸다.

기사 소스인 해당 교수는 항의에 견디다 못해 신문에 4단통으로 항의와 해명을 요구하는 성명서를 게재하기도 했다.

논문 작성자인 서울대 교수의 항의 광고. 엄청난 고역을 당했음이 느껴진다.

나는 미안했다. 왠지 그 교수는 나를 직접 비난하지는 않았다.

결국 공정보도위원회에 제소돼 판사 앞에 섰다. 판사 앞에 서기는 평생 처음이었다. 우리 측 변호사가 나에게 귀띔을 해 준다. 혹시 대답하기 곤란한 것은 거짓말하거나 시인하지 말고 '기억이 안 난다.'고 답변하라는 것. 이후 수많은 사건에서 관련자들이 왜 '기억이 안 난다'라고 하는지 그때 안 셈이다.

판사는 나에게 우호적이었다. 이후 긍정적인 기사를 크게 써준다는 것으로 낙농협회와 합의한 것으로 기억한다. 제소건도 취하되었다. 다행히 당시는 언론의 위세가 살아있었고 권위주의 시절이었으니 민원이 통하는 시대여서 그 정도로 마무리될 수 있었다. 한마디의 단어가 얼마나 중요한지 글 쓰는 인생에게 보낸 경고라 하겠다.

나는 이 사건으로 엄청난 스트레스를 받았다. 그러나 누구에게도 해명이나 설명을 구하지 않았다. 잘해 보려고 하다가 터진 사고인데다 데스크도 기사 욕심을 피하기 어려웠을 것이기 때문이다. 또한 과학적 지식 기반이 부족하면 기사 처리에 한계가 있을 것이라는 것을 나는 이미 겪어 보았기 때문이다. 79년 3월 고리원자력발전소에 냉각수 유출사고가 있었는데 수습기자인 나나 데스크도 원자력발전소에 대한 이해가 없어 단독 출고한 기사는 지방판에 2단으로 실렸다. 다음날 아침 경쟁지는 1면 톱으로 보도되었다. 이 사고기사는 나의 기자생활 첫 특종보도였다.

우유사건 후 데스크는 나를 사회부 내 지방 팀으로 보냈다. 그러나 나에게는 1면 톱기사를 가장 많이 쓴 색다른 시절을 제공하였으니 세상일이란 묘한 것이다.

나는 가장 한직인 체신부를 출입하게 되었다. 흔히 체신부는 사회부에서 차장급 이상 고참이 출입하면서 최신우표나 받아오는 곳이었다.

'고름우유' 사건으로 체신부 출입

오전에 지방판을 마감하고 오후에 광화문에 있던 체신부 청사를 나가 이곳저곳 기웃거리다보니 기사거리가 눈에 들어오기 시작했다. 더욱이 당시는 막 '정보화시대'니 '개인용 컴퓨터 등장'이나 하면서 새로운 통신 혁명시대에 들어설 시점이 아닌가?

기억나는 대표적 기사는 84년 일본 방송위성으로 인한 국내 문화 침투를 경고하는 기사다. 사회부에서 이런 기사가 나오는 것은 흔치 않은 시기였다.

당시만 해도 일본 방송 프로그램을 표절하는 사례가 적지 않았고 일본의 압도적 경제력에 따른 문화예속을 불안해하는 시대였다.

일본 방송위성의 신호를 국내에서 수신함으로써 일본 방송 프로그램이 여과 없이 안방에 들어온다는 내용이었다. 당시 체신부는 일본 방송을 수신하려면 직경 10m 이상의 안테나가 필요하다며 문제없다고 주장했지만 3개월 후 84년 4월 20일자 삼성전자 연구팀이 직경 3.6m 안테나로 직접 수신한 것이 사회면 톱으로 보도되었다.

이 안테나로 서울에서 일본 방송이 선명히 잡혀 시청이 어렵다던 일부의 주장이 잘못되

일본 방송위성의 문화침투를 경고한 기사

었다는 것을 입증했다는 취재였다.

지금 돌아보면 해프닝 같은 내용이었지만 본격적인 정보화 시대와 사회 변화를 알리는 사례라 하겠다. 체신부라는 고루한 출입처에서 이런 첨단기술과 연계된 기사가 나오는 것은 체신부가 정보통신의 핵심으로 바뀌고 있다는 증표였다. 과학 기자의 배경을 갖고 체신부를 출입하는 경우가 없던 시대에서 나는 물 만난 고기 같았다.

에피소드 하나!

체신부가 시대 변화를 읽지 못하고 전과자를 양성한다는 내용의 기사를 출고했다. 내용은 당시 외제 무선전화를 가정에서 사용하면서 제도상 무선통신기지국 설립으로 신고해야 하는 문제가 있었다. 남북대결 상황에서 무선 사용에 대한 통제가 심하던 때였다. 취재차에 달려 있던 무선전화기에도 '북한의 도청 우려가 있으니 사용에 주의하라'는 경고가 붙어 있던 시절이었다.

1주일이 지나도 원고가 고무판 밑에서 잠자고 있자 은근히 화가 났다.

기자실에 들르니 마침 동아일보 김 선배가 누워 있기에 지나가는 말로 체신부가 무선전화의 미신고 사용을 단속해 의미 없이 전과자만 양성한다고 푸념했다. 다음 날 동아에는 사회면 사이드 톱으로 체신부를 비난하는 내용이 지면에 등장했다. 이 정도이면 사건 데스크에서 난리를 피울 텐데 너무 조용했다. 젊은 치기에 의한 어설픈 행동이었다. 늦었지만 사건 데스크에게 사과해야 할 것 같다. 체신부 출입하면서 생각지 못한 기사를 계속 출고하자 정천수 지방부장이 별명을 붙여주었다. '장 스타'라는 애칭으로 불러댄 것이다. 지금도 사회부의 옛 동료들이 '장 스타'라고 부르니 감회가 새롭다.

최근에 수습기자들이 사회부를 기피한다는 이야기를 듣고 저널리즘의 또 다른 위기라는 생각이 들었다. 기자는 학자도 아니고 무슨 전문가도 아니다. 전문분야가 있는 저널리스트라고 할 수 있다. 사회부를 멀리하는 것은 결국 저널리스트로서의 훈련을 소홀히 하는 것과 같다. 취재력이 떨어지고 기사 작성 능력의 저하가 우려된다.

사건·사고 중심인 사회부에서 '과학기술적' 기사를 쓰는 기자가 오래 갈 수 있겠는가? 더욱이 '고름우유' 기사로 데스크를 힘들게 했으니 다음 인사이동 대상이 되리라 예상이 됐다.

타임캡슐 같은 마지막 과학부장

역시 85년 봄 인사에서 다시 과학부로 발령받았다. 당시 부장은 거의 말뚝 과학부장이었던 최 부장이었다.

이 시절에 가장 기억나는 일은 중앙일보 창간 20주년 기념사업으로 내가 맡아 진행했던 타임캡슐 사업이었다. 일본 도서를 많이 읽던 최 부장이 일본 타임캡슐 책을 본 모양으로 기념사업 아이디어로 제안한 것이다.

국내에서 본격적인 타임캡슐 묻기는 처음이어서 큰 관심사였다. 실무 총책을 맡은 나는 제품 생산 회사(수장품)·거제 삼성중공업(캡슐 제작)을 쫓아 다녔다. 씨앗 등 일부 품목은 원자력연구소를 찾아 방사선 멸균을 부탁했다. 재미있었던 것은 최 부장과 내가 9월 한 달 동안 466개의 수장품을 스테인리스 캡슐에 넣는 작업을 한 것이었다.

타임캡슐에 수장품을 넣고 있는 최정민 부장(오른쪽)과 본인. 태극기를 강조한 것이 눈에 띤다.
이 타임캡슐은 500년 후 85년의 한국의 생활상을 증언할 것이라며, 매설지로 남산 팔각정 옆을 정했다. 독자공모에서 1위 독립기념관 앞, 2위 남산팔각정 앞, 3위 국립중앙박물관 등의 후보지가 제기되었는데, 결국 일반인들이 접근하기 쉽고 500년간 지형 변화가 적을 것으로 예상되는 남산팔각정 부근으로 결정된 것.

내용물에는 한국인의 생활상을 보여주는 200점과 실물과 씨앗, 25,000페이지 분량의 마이크로필름이 있다. 국산 콘돔도 포함된 것이 기억난다. 나와 최 부장은 삼성전관 회사의 무균실에서 가운을 입고 스테인리스 캡슐에 넣는 작업을 했다.

1985년 10월 17일, 길이 240cm, 지름 36cm, 무게 348kg의 타임캡슐을 깊이 15m 땅속에 묻고, 그 위에 매설을 표시하는 표지석을 세웠다. 이 타임캡슐은 서울 중구의 역

남산 팔각정 옆에 묻힌 타임캡슐 표석(신종오 선배 제공).

사문화자원으로 등록되었다.

1997년 중앙일보에서 과학부는 사라졌다. 나는 마지막 과학부장이었다. 과학 전문 기자로 입사한 것도 아닌데 과학으로 시작해 과학으로 끝난 것이다.

장재열 | 중앙일보 과학부장, 뉴욕 취재부장, 과학기술문화협동조합 이사장, 한국과학문화교육단체연합 부회장.

카메라가 잡은 소매치기 현장

현재 내가 찍은 중요한 사진들은 대한민국 역사박물관에 모두 기증했다. 사진을 하면서 느낀 일은 '인간은 변하지만 사진은 영원히 변하지 않는다'는 것이었다.

전민조

경인선 열차는 승객들을 상대로 한 소매치기들이 활개를 치는 무법천지였다. 인천에서 한국일보 편집국 사진부로 출근하는 시절이었다. 여름철 주말에는 어김없이 4~5명의 소매치기들이 떼를 지어 다니면서 열차가 도착했을 때를 노려 승객들이 좌석을 먼저 차지 하기위해 오를 때 뒷주머니 지갑을 털고 할머니의 금비녀 같은 것도 낚아채는 모습을 목격하게 되었다.

이들의 소매치기 수법은 다양했다. 플랫폼에 서 있다가 열차가 출발하면서 남자 승객이 시계 찬 손을 창가에 내밀고 있으면 시계는 소매치기에게 가져가라는 대상이었다. 밖에서 시계를 덥썩 쥐고 있으면 '어어' 하는 사이에 열차는 달리고 시계는 소매치기 것이 되었다.

몇 달 동안 이들을 살펴보니 누가 소매치기인지 금방 알 수 있었다. 괜히 객실을 바쁘게 옮겨 다니면서 표적의 대상을 찾는 것을 보면서 무법천지를 고발하는 방법은 사진 밖에 없는 것 같았다. 범죄현장을 고발하는 증거는 글보다는 사진이 우선이라고 생각을 하고 한 달간 이들을 집중적으로 몰래 따라 다니면서 찍기 시작했다. 이때만 해도 사진은 일반 독자들이 기념사진을 찍는 도구로 생각할 뿐 범죄를 소탕하는 도구로 생각하지 않았다.

사진부 선배들과 데스크는 카메라로 가능한 일이냐고 의심하면서 몸조심하라고 염려했지만 열차를 탈 때마다 카메라로 범죄를 고발하려는 생각을 멈추지 않고 이들을 관찰했다. 소매치기들의 모습을 찍는 동안은 사진 기자가 아니라 범죄 현장에서 이들의 동태를 날카롭게 감시하는 형사의 눈이 되었다.

항상 소매치기는 은밀하게 이루어지는 범죄라서 증거가 없으면 체포하기가 어렵다고 생각했다. 한두 장 찍어서 되는 일이 아니기에 한 달간 다른 사진은 접어두고 소매치기 범들만 사진을 찍었다.

회사 카메라가 아닌 개인용 니콘카메라 24밀리 광각렌즈를 많이 사용했다. 당시만 해도 회사에서는 광각렌즈가 35밀리 정도만 있을 뿐 개인용 24밀리 렌즈는 나의 전유물이었다. 카메라를 눈에 대지 않고 어깨에 메고 소매치기들이 모여 있는 옆을 슬쩍 지나가면서 초점 심도를 깊게 해서 셔터를 눌러도 사진이 나온다는 것을 소매치기들은 전혀 눈치 채지 못하고 있었다. 이들이 아침 출근하는 시간에 구석에 모여서 우유를 마시며 서로 역할을 나누는 모습도 옆으로 지나가면서 찍기도 했다.

대충 촬영한 사진을 백형인 사진부장에게 보여주자 부장은 '몸조심하라.'고 했다. 사진을 더욱 보강시키면서 사회부 하장춘 기자에게 보여 주자 '소매치기 현장을 어떻게 찍었느냐?'고 관심을 보였다. 그는 육사 출신이어서 범죄 현장의 사진에 주목하고 서울시경 강력계 이수산 형사반장에게 사진을 보여주자 범인 체포에 유력한 증거로 생각한 형사반장은 4명의 형사를 대동해서 동인천역 현장에 직접 출동하기도 했다. 일요일 아침 나의 사진을 보고 소매치기들이 모여 있는 현장을 20미터 거리에서 확인하고 사진을 대조하더니 틀림없이 사진에 찍힌 범인들이라고 좋아했다.

동인천역 대합실에서 체포를 시작하면 큰 소란이 일어날 것 같아서 이들이 소매치기를 한탕 치르고 나와서 광장에서 획득한 돈과 장물들을 나누고 있을 때 형사들이 덮쳤다.

가장 덩치가 큰 범인들을 체포하면서 나머지 범인들은 줄행랑을 쳤다. 체포한 범인을 서울 시경까지 압송해서 승객들이 열차에 오를 때 자신들이 몰려 있는 '결정적 사진'을 보여 주자 자백을 하기 시작했다. 그 사진에 일당들이 모두 들어 있었다. '카메라가 잡은 소매치기 현장'이라는 사진과 기사는 한국일보(1972년 7월 25일자) 사

한국일보(1972년 7월 25일자) 사회면 보도 지면

소매치기 현장 사진

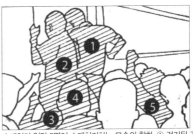

소매치기 일당 5명이 소매치기하는 모습의 합화. ① 검거된 김모 ② 김모 ③ 깨비 ④ 전민조

회면에 크게 보도되었다.

그런데 기사가 나갈 때 사진부장이 촬영자가 매일 아침마다 열차를 타고 인천에서 출근을 하고 있는 것을 걱정해서 혹시 소매치기들에게 테러를 당할까봐 한국일보 독자가 소매치기 사진을 촬영해서 사진을 제보하는 것처럼 하는 게 좋다고 나에게 건의하는 바람에 사진 촬영자는 전민조가 아니고 '독자 제보'로 나가게 되었다. 이날 소매치기 소탕 기사와 사진은 사회면 톱으로 크게 나갔다. 당시 사회부장은 김창렬 부장이었다.

당시 나는 카메라는 어떻게 사용하느냐에 따라 사진이 달라진다고 생각했다. 카메라를 기념사진의 도구로 생각하면 기념사진기로 전락하고 풍경 사진을 아름답게 찍는 도구로 생각하면 작품 사진도 되고 사회를 고발하는 도구로 카메라를 사용하면 그렇게도 되지만 카메라를 잘못된 방향으로 조작을 하면 범죄의 도구가 된다는 것을 알게 되었다.

당시 나이가 젊어서 그랬는지 뉴스 사진의 핵심은 사건의 기록이기 때문에 범죄자를 방관하지 않고 올바르게 고발하려는 흔들리지 않는 자세를 견지하면 모든 어려움과 고통은 견뎌 낼 수 있다고 생각했다. 더불어 사진 기록은 모든 역사를 구체적으로 말해주는 자료라고 생각하면서 사진을 찍는 일이 남들이 보기에는 보람 없는 일로 보고 있고 항상 고생만 하는 헛도는 기계로 생각하는 컷 생각을 변화시키고 싶었다.

한국일보를 떠나서 동아일보 편집국 사진부로 옮겨서는 수동적인 취재보다 도전과 모험 쪽에 관심을 가지기 시작했다. 젊은 시절 군 복무를 할 때 베트남의 정글에서 경험한 일들은 살아 나가는 데 많은 자양분이 되었다. 맹호와 백마부대가 베트남에 가기 전 비둘기부대 경비대대로 말단 소대에 배치 받아 뛰어 다닐 때 동아일보 백광남 기자가 사망한 장소로 출동하기도 했다.

내가 군 복무를 통해 베트남을 지원해서 가게 된 것은 젊은 시절 다양한 경험을 얻기 위함이었다. 베트남전 경험은 나에게 살아가는 자양분이 되었다. 만약 이리저리 핑계를 대고 군대를 가지 않았다면 전쟁의 다양한 경험을 못 해 보고 사진 기자의 꿈도 꾸지 못했을 것이다.

우연히 전쟁 사진가들의 움직임을 목격하면서 나의 인생 진로를 작업실에서 정적으로 외롭게 작업하는 그림보다는 동적으로 활동하는 사진의 길이 나에게 맞는다는 것을 알게 되었다. 나는 군대 경험을 통해 직업도 마찬가지로 모험심 없이는 새로운 일은 절대로 탄생하지 않는다는 생각을 하면서 내가 하고 싶은 일을 하고 싶었다. 다양한 세상을 글과 사진으로만 볼 것이 아니라 직접 눈으로 확인하면서 사진으로 기록하려는 욕망에 사로 잡혀 정신없이 카메라를 메고 다녔다. 세상은 모두 나에게 사진을 찍어 달라고 요구하는 것 같았다.

주변에서는 '사진으로 무엇을 하려고?' 했지만 나는 사진은 언젠가 말을 하리라는 생각으로 사진을 찍었다. 특히 허허벌판이었던 잠실에 살면서 당시에 강남 개발로 어수선할 때 아파트 사진을 찍기 시작했다. 현대건설이 압구정동을 개발할 때 지나가면서 우연히 이조시대 세조에서 벼슬을 받았던 한명회의 정자가 있는 것을 보고 압구정이 30년 후에는 서울의 중심지가 되리라 생각했다. 배 밭에서 소를 몰고 밭갈이하는 마지막 농부 사진(1978)을 찍은 지 30년 후 김주석 건축가가 우연히 압구정동 사진에 대하여 확인을 하는 전화가 와서 베니스 건축비엔날레에 출품하는 압구정동 밭갈이 사진을 요구해서 압구정동 사진 한 장 때문에 베니스 전시장까지 동행하게 되었다. 역사적 의미가 있는 중요한 사진은 언젠가 사진이 말을 하리라 하는 생각으로 사진을 찍었다.

　동아일보 편집국 사진 기자 시절에 인상이 남는 것이 있다. 취재 중에 태평양을 요트로 횡단하는 청년들이 있어서 이들과 함께 현해탄을 통과할 때 동행해서 본인은 일본 시모노세키에 내리고 헤어져 동경으로 올라갔다. 일본 스포츠 신문을 보니 장훈 선수가 2개만 안타를 치면 3천 안타 달성이라는 뉴스가 있어서 동아일보 이채주 동경지사장에 보고하고 가와사키 야구장에 갔다가 3천 안타를 달성한 순간을 유일하게 특종한 일이 있었다. 현재 내가 찍은 중요한 사진들은 대한민국 역사박물관에 모두 기증했다. 사진을 하면서 느낀 일은 '인간은 변하지만 사진은 영원히 변하지 않는다'는 것이었다.

전민조 | 여원, 한국일보사 사진부, 동아일보사 사진부, 사진집 '서울', '섬', '이 한 장의 사진', '기자가 본 기자', '얼굴', '담배 피는 사연', '사진이야기', '손에 대한 명상' 등 11권.

민주주의 교살하는 타락 선거

13대 선거가 지역 갈등을 불러일으킨 선거였는데 비해 잇따른 재보궐 선거들의 부정 양상은 주민들 간의 불화와 적대감, 준법 질서의식의 실추 등 사회적 갈등을 극대화시킴으로써 우리 민주주의가 일척 간두의 위기에 처해 있다는 것을 실감했다. 타락 선거는 정치·경제사회를 병들게 함과 동시에 민주주의를 교살하는 주범이다.

정병철

1990년 4·3대구 서갑구 보궐 선거를 국회취재단으로 현장 취재를 하였고 보궐 선거가 끝난 후 경북일보와 월간 '인물계'에 긴급 분석 지면에 기재했었다. 당시 본인은 경북일보 정치부장으로 국회 출입 기자였다.

그 당시 제5공화국 비리와 5·18민주화운동에 대한 청문회로 사회 여론이 1212군사반란과 5·18광주사태 관련자에 대한 공직 사퇴 요구가 제기되자 결국 1990년 1월 6일 5공 실세의 한 사람이었던 육군대장 육군참모총장, 내무장관, 국방장관을 거쳐 1988년 4월 13대 총선에서 대구 서갑구에서 당선, 국회의원이 된 정호용씨가 의원직을 사퇴함으로써 치르게 된 보궐 선거이다. 이후 명예 회복을 위해 자신의 지역구에서 다시 출마했지만 정치적 부담을 느껴 노태우 정부의; 압력에 의해 후보직을 사퇴했다. 정씨는 후보를 사퇴하면서 정치를 떠난다. '민자당을 탈당한다'는 입장을 밝히고 미국으로 떠났다.

(긴급분석 1990.5. 경북일보와 인물계 5월호 전재부)

"민주주의는 선거에서 나온다"는 말이 있다. 선거를 어떻게 치르는가에 따라서 민주주의의 모양과 내용의 수준이 결정된다는 말이다. 한국 건국 이래 50여 차례의 각종 선거를 치러온 우리나라는 과연 얼마만큼 민주주의가 성숙되었는가를 이번 대구 서갑(西甲)구 보궐 선거를 통해 가늠해 볼 필요가 있다. 우선 선거는 관리에서부터 선거 운동 그리고 투·개표까지를 살펴봄으로써 선·후진국의 구분이 확연하게 드러난다. 결과적인 이야기로 민의가 손상됨 없이 거의 그대로 투표행위의 결과로 이어진다면 정치적인 선진국이라 할 수 있다. 반대로 부정, 부패, 폭력, 기만 등으로 민의가 왜곡되었을 때는 선거가 오히려 민주주의를 후퇴시키게 된다.

선거 타락은 민주주의 후퇴

진천, 음성에서 조직력과 금력으로 현격한 차이를 가진 허탁(가칭 민주당) 의원과 민태구 씨의 대결 결과는 헌정사상 일대 이변으로 평가되고 있다. 당락을 두고 평하자면 분명히 민의가 제대로 반영된 선거 결과였다.

박찬종 의원 구타 사건을 위시하여 폭력, 협박, 금품, 살포, 공권 개입 등의 조직적 부정이 구태의연하게 노정됐고, 선거를 감시, 관리하는 선거관리위원회의 기능은 여전히 유명무실함을 드러냈다.

대구 서갑의 타락상은 한층 심했다. 수단과 방법을 가리지 않은 정호용 씨 사퇴 종용은 고사하고라도 국회의원이 40명씩이나 통 반 선거운동원으로 동원되고도 정씨의 우세가 확연해지자 대통령이 그들을 모두 청와대로 불러올려 "선거에 패배하면 서울에 올라 올 생각마라."고 엄포까지 놓았다는 것은 우리의 민주주의가 몇 십 년 후퇴한 것을 단적으로 증명해준다.

지금까지 부정 선거 하면 자유당 시절의 3.15선거와 제 7대의 6.8선거를 꼽아왔지만 4.3 대구 서갑 보궐 선거는 지금까지 개발되어 온 온갖 부정 방법이 골고루 동원된데다가 자금 살포의 규모에서 신기원을 이룬 것으로 이야기되고 있다.

TK세력의 본고장에서 치러진 대결이란 점과 정호용이란 특별한 인물이 개재된 상황이 노태우대통령과 민자당에게 그런 무리수를 두게 했다는 것은 주지의 사실이나 요행히도 선거 결과는 민주화의 전망을 퍽 밝게 비춰주고 있다.

여당의 도를 넘은 득표 활동에도 불구하고 문희갑 후보의 득표율이 49.6라는 것과 백승홍 후보에게 40.5%가 몰린 것은 유권자의 성숙도를 나타낸 것이라 할 수 있다. "받을 것은 받고 표는 내 뜻에 따른다"는 유권자의 수준 향상은 요즘 선거는 "돈이 말한다"는 일부 정치권의 수준을 껑충 뛰어넘는 것이다.

선거 전 대구 시민층의 분위기는 대체로 백승홍 후보에 대해서는 "인물이 약해서..."라는 아쉬움을 담고 있었다.

야당인 민주당에서 좀 더 지명도가 높고 선명성이 두드러진 후보를 내세웠더라면 낙승을 내다 볼 수 있었다는 추측도 가능하다.

정씨가 후보를 사퇴하기 전 모 일간지 여론 조사 결과는 정씨가 42%, 문 씨가 28% 지지율을 나타내고 있었는데 사퇴 후 42% 향방은, 여러 가지 모양으로 나타났다.

온 국민의 관심을 집중시키고 대구를 벌통같이 들쑤셔 놓은 선거였는데도 불구하고 투표율이 겨우 63.9%(13대 때 75%)에 불과했던 점은 정호용 씨의 사퇴에 따른 주민들의 정치 외면을 입증해 준다.

대구 시민중 선거 도중 타의에 의해 후보가 사퇴하는 것은 법적으로나 도의적으로 있을 수 없는 권력 남용의 결과라고 흥분을 감추지 못하는 사람이 많았는데 한편으론 대구 인심을 분열시키는 극한 대립을 예방하게 된 것은 다행이라고 여기는 사람도 상당 수 있었다.

지난 3월 25일 사퇴 의사를 밝힌 정 씨의 선거 사무실 난동에 월계수 멤버를 포함한 타 지방 말씨의 낯선 청년들이 다수 끼어 있었다는 소문이 나돌아 서울 쪽 사람들이 동원된 것이 아니냐는 의혹을 사기도 했다.

'만절(晩節)을 보고 초심을 안다'는 옛말이 있다. 살아가는 과정에서 판단의 오류와 실행의 착오는 있기 마련이지만 정 씨가 택한 만절은 대구 시민을 실망시키는 정도를 넘어 정치인에 대한 환멸을 느낀 결과로 봐야 할 것이다.

월계수 소속 의원들이 열성

문희갑 후보를 지원하러 대구로 내려간 현역 의원들 중 가장 열성적인 사람들이 월계수회 멤버들이란 점도 주목을 끌었다. 강재섭, 이재황, 김길홍, 이정무 의원들이 바로 그들이다.

이치호, 오한구 등 서명파 의원들은 울며 겨자 먹기 식 활동을 벌이다 좌담회 도중 주민들로부터 "정호용 씨를 지지했던 사람들이 의리와 줏대도 없이 문 후보 선거 운동에 앞장설 수 있느냐"는 노골적인 비난을 당해 곤욕을 치렀다고 한다. 이태섭, 김중휘, 장경우, 안병규 의원 등 타 지방 의원들의 고충도 그에 못지않았다.

주민들이 이들을 알아보지 못해 좌담회 참석자들을 모으는데 애를 먹었고, '타 지역 국회의원들이 뭣 하러 남의 지역구에 와서 설치느냐.'며 반감을 사기도 했다는 것이다.

민자당은 전문 직능 분야 별로 출신의원들을 동원했는데 신영국, 김인영 의원은 대구시 다방 조합원 500명을 위생교육을 빙자하여 두 차례 대구호텔에 모아놓고 문 후보 지지 발언을 하다 조합원들로부터 빈축을 사기도 했다. 또 지난 3월17일 서 갑구 당 개편대회에는 대학생 600명을 1인당 3만 원씩 주고 동원했는데 대회장엔 약 150명 정도만 나온 것으로 뒤늦게 알려졌다. 여야 할 것 없이 총력전을 벌였던 이번 보궐 선거에서 가장 두드러졌던 폐습은 수백억 원의 향응과 금품 살포였다.

(민자당이 뿌린 것으로 추산되고 있는) 과거 한 정당이 전국 총선거에 쏟아 넣은 비용에 버금간다. 민자당은 선거기간 중 10만 당원 확보를 목표로 삼았으며 입당원서 한 장에 조건 없이 3만원씩을 주었다고 알려졌다. 선거 후 모 일간지가 실시한 대구 서갑 여론조사에서 59%가 음식 접대를, 56,4%가 금품을 받았다고 답했다. 검찰이 돈 봉투 항의 소동을 뒤늦게 수사하여 관련자를 모두 의법 처리할 방침을 세운 것으로 미루어 보아도 금품 부정의 타락상은 극명히 입증된다.

공권력 개입 상황은 더욱 심했다. 선거를 일주일 앞두고부터 모든 관공서는 개점휴업상태로 텅텅 비었고 주민과 밀착된 통·반장들의 종횡 무진한 활약, 의료보험 공단·새마을 부녀회 등 민간 조직을 통한 득표활약 역시 극치를 이루었다.

"민주주의는 선거에서 나온다."는 명제로 돌아가 보자. 6·29 선언 이후의 민주화 실체는 이번 선거에서 명명백백히 드러났다. 작년의 동해시와 영등포 재선거를 새로운 선거 수법의 시험장이라 한다면, 이번 대구 서갑 보궐 선거는 그런 수법들의 극치이며 정착이 아니겠느냐는 어두운 추론이 나온다.

13대 선거가 지역 갈등을 불러일으킨 선거였는데 비해 잇따른 재·보궐 선거들의 부정 양상은 주민들 간의 불화와 적대감, 준법 질서의식의 실추 등 사회적 갈등을 극대화시킴으로써 우리 민주주의가 일척 간두의 위기에 처해 있다는 것을 실감했다. 타락 선거는 정치·경제·사회를 병들게 함과 동시에 민주주의를 교살하는 주범이다.

북한 땅 통일각에서

1988년 제13대 대통령 노태우 정권이 들어섰고 6·29 민주화 선언으로 언론사 통폐합이 해금됨으로써 지방지 경북일보가 대구·경북민의 손에 의해 가장 먼저 창간하게 되었다. 그 당시 나는 국회 출입 기자로서 취재 활동을 하였다.

전두환 전 대통령에 대한 5공 청문회와 청문회 스타 노무현 의원의 등장도 이때이다. 1989년 판문점 북측 통일각에서 열렸던 남북 국회회담(남쪽 박관용, 북쪽 전금철)과 남북 고위급 회담(남쪽 정원식 총리, 북쪽 연연묵 총리) 현장에서 취재 활동을 벌였던 기억이 생생하다.

정병철 | 경북일보 논설위원, 한국지역난방공사 협회장.

88서울올림픽과 2002한일월드컵의 뜨거웠던 추억

월드컵이 끝난 후 논설위원들은 사석에서 만약 독일전 승리의 필자를 정중헌 위원으로 정했으면 결과가 달라졌을지도 모르지 않았겠느냐는 농담을 했다. 아무튼 필자는 월드컵 기간에 원 없이 썼고 원 없이 취했다.

정중헌

언론 인생 37년을 문화부 기자, 문화부장, 문화담당 논설위원으로 지내면서 연극, 영화, 미술, 방송을 주로 취재했지만 그 기간에 맞은 두 차례의 국제 행사─서울올림픽과 한일월드컵 취재는 잊을 수 없는 추억이자 남기고 싶은 스토리다.

88서울올림픽

1988년은 기자 생활 중 가장 기억에 남는 해이다.

단군 이래 최대 축제라는 서울올림픽을 '문화올림픽'으로 승화시키는 일익을 했다는 보람과 자부심을 지금도 가슴에 지니고 있다.

서울올림픽의 중요한 이슈는 동구권 예술, 그 중에서도 소련과의 물꼬를 누가 트느냐였다. 문화부 기자 간에도 물밑 경쟁이 뜨거웠다. 그 와중에 조선일보는 다 잡은 대어를 하마터면 놓쳐버릴 위기도 겪었지만, 다행히 다른 대어를 낚아 소련 예술 선풍의 주역이 되었다.

서울올림픽이 열리기 전까지 소련을 비롯한 동구권 예술은 국내에서 접할 수 없었다. 동서화합의 장이 된 서울올림픽은 이 같은 금기를 깨고 동구권 예술과 교류할 수 있는 물꼬를 텄다. 체코, 폴란드 등 동구권 공연 예술가들과 미술가들을 대거 초청한 것이다. 그러나 관심의 초점은 소련 예술이었다.

서울올림픽 개막 1년 전 쯤부터 소련 볼쇼이발레단과 모스크바교향악단 서울 공연이 추진되고 있다는 외신이 전해지기 시작했다. 그 무렵 스위스에서 활동한다는 공연중개인 김창효(찰스 킴) 씨가 필자를 찾아왔다. 자신이 스위스 소련대사관에 '88올림픽 문화행사를 위한 소련예술단 초청' 공문을 보냈는데 성사될 가능성이 크다는 얘기였다.

필자는 물론 데스크도 흥분할 만한 제보였다. 중개인 김 씨는 소련 예술 단체의 해외공연을 관장하는 GOS콘서트의 실무자 이름, 모스크바교향악단 지휘자 키타옌코와 협연자 이름, 레퍼토리까지 꿰고 있었다. 그러나 국장단은 김 씨를 신뢰할 근거가 없다며 기사화를 보류시켰다. 서울올림픽조직위원회 관계자도 "소련의 올림픽 참가 공식 통보가 없어 아직 추진할 단계가 아니다."라며 "공산권 예술은 정부 승인 없이 불가능하며, 중개인 김 씨의 공신력도 문제"라고 했다. 소련 예술단 초청은 그렇게 흐지부지되는가 싶었다.

그런데 1988년 3월 초 김창효 씨가 스위스에서 필자에게 팩스를 보내왔다. "모스크바교향악단의 상임지휘자인 드미트리 키타옌코와 내한 일정 및 레퍼토리에 합의했다."면서 구체적인 연주곡목과 함께 "최종 계약은 3월 25일 한국 스폰서와 체결할 것"이라고 했다.

필자는 이런 내용을 기사화해 지방판에 실었는데 다음날 서울판을 보니 기사가 빠져 있었다 빠진 이유도 석연치 않았다. 누군가 방해하고 있다는 생각이 들었다. 필자는 중개인을 아군으로 만들고 싶었으나 국장단의 생각은 달랐다.

몇 개월이 흐른 8월 6일 한겨레신문이 모스크바교향악단 서울 초청 공연 기사를 실었다. 중개인 김창효 씨가 서울올림픽 조직위원회의 방해 공작을 뚫고 소련 관계자와 일정 등에 합의했다는 내용이었다. 이 기사는 김 씨가 한국 정부로부터 한 차례 출국정지를 당했으며, 후원사(럭키금성) 또한 손을 떼라는 압력을 받았다는 김 씨 주장도 실었다.

그러나 상황은 엉뚱한 방향으로 흘렀다. 동아일보가 볼쇼이발레단과 모스크바교향악단 내한공연 계약을 체결했다는 정보가 입수된 것이다. 한국 팬들의 기대가 가장 컸던 소련의 최고 예술단체 공연을 타사에 빼앗긴다는 것은 조선일보로서는 충격이 아닐 수 없었다.

8월 7일 아침부터 비상이 걸렸다. 안병훈 편집국장은 필자를 데리고 이문동의 안기부 청사로 내달았다. 안 국장은 안기부 고위 관계자를 만나 이런 중대사를 특정 신문에게만 줄 수 있느냐고 따지면서 조선일보도 상응한 행사를 할 수 있도록 요청했다. 안 국장과 필자는 이문동에서 둔촌동 올림픽조직위원회를 찾아가 박세직 조직위원장에게 소련 예술단 초청 경위를 묻고 조선일보에 상응하는 예술단 초청 기회를 줄 것을 요청했다.

동아일보는 8월 8일 지방판 1면 톱에 '소련 볼쇼이·모스크바필 한국 온다'는 큰 제목 아래 동아일보 사장이 소련 대표와 계약서에 서명하는 사진을 실었다.

그런데 일정이나 레퍼토리가 중개인 김창효 씨가 필자에게 보낸 팩스 내용과 거의 같았다. 발레의 경우 〈백조의 호수〉 2막, 〈잠자는 숲속의 미녀〉 하이라이트, 〈스파르타쿠스〉 중 2인무로 일치한 것이다. 교향악단 연주곡목도 차이콥스키, 라흐마니노프, 쇼스타코비치 등 러시아 작곡가들의 곡과 베토벤 교향곡 9번 〈합창〉 등으로 일치했다. 그런데 동아일보 기사 내용은 달랐다. "두 단체의 내한공연을 위해 서울올림픽 조직위원회는 이미 오래전 소련 관계 당국에 초청장을 보낸 바 있으며 동아일보사는 일본의 중개회사인 '저팬아트'를 통해 추진해 왔다."

중개인 김창효는 어디로 사라졌는가, 그리고 동아일보는 어떻게 대어를 낚았는가, 서울올림픽 조직위의 진실은 무엇일까 등등 그 내막이 아직도 필자에게는 오리무중이다.

다행히 조선일보는 소련 모스크바방송 볼쇼이아카데미합창단과 한국계 성악가 루드밀라 남(메조소프라노·볼쇼이합창단 소속)과 넬리 리(소프라노·키로프 레닌그라드 소속)의 역사적인내한 공연을 실현시켰다.

8월 9일자 조선일보 1면 톱은 '소련 정상 한국계 성악가 조국 온다'는 기사로 크게 장식됐다. 필자는 소련 예술단의 서울올림픽 문화축전 참가 협의차 내한한 알렉산드로프 문화성 부국장과 티코밀리바 GOS콘서트 국장과 계약서에 서명함으로써 한—소 간에 최초로 문화행사를 개최하게 됐다는 기사를 썼다. 당시 이 기사의 리드를 쓸 때는 가슴이 벅차고 손이 떨려 어떻게 써 내려 갔는지 기억이 나지 않는다. 동아일보가 핵폭탄을 터뜨렸는데 조선일보는 미사일이라도 쏘아 올려야 하는 각박한 순간에 이만한 대어를 건져 올렸던 건 지금 생각해도 안병훈 국장과 사우들의 합심 덕이었다.

9월 9일 예술의 전당에서 가진 루드밀라 남의 첫 공연에는 감동의 물결이 일렁였다. 음악 담당 오중석 기자는 '루드밀라도, 청중도 울었다'는 제목으로 '눈물의 음악회'를 전했다. 다음 날 같은 무대에서 넬리 리는 태극무늬 한복을 입고 나와 〈그리운 금강산〉을 불러 청중을 매료시켰다. 슬라브 특유의 장중한 저음으로 〈아리랑〉과 〈도라지〉를 합창해 갈채를 받았으며, 루드밀라 남과 넬리 리가 독창자로 나와 분위기를 고조시켰다.

필자의 기자수첩에 남아 있는 '소련 예술단을 잡아라'라는 메모는 국교가 없는 상황에서 올림픽이라는 제전을 계기로 기적처럼 얻어낸 기회임에 틀림없으나 참으로 숨가빴던 기억이라 더욱 잊을 수가 없다.

2002한일월드컵의 황홀한 기억

2002년 한일월드컵 열기는 당시 조선일보 논설위원이던 필자에게도 짜릿한 추억으로 남아있다. 논설위원실에 체육부 출신이 없어 월드컵 사설과 만물상을 담당하는 행운을 얻었다.

한일월드컵에서 한국은 기적 같은 4강 신화를 일궈냈다. 붉은 악마가 발화시킨 전 국민 응원전은 서울 시청 앞 광장을 붉은 바다처럼 출렁이게 했다. 모두가 한마음이 되어 '대~한민국'을 외쳤고 16강 진출을 넘어 4강까지 파죽지세로 치고 나가 세계를 놀라게 했다.

필자는 그 축제의 한복판에서 한국 팀의 승전보를 사설로 각인시키는 역할을 맡았다. 월드컵 대회가 개막된 5월 31일, 16강 이상의 결실과 뜨거운 응원을 당부하는 사설을 쓴 필자는 폐막 때까지 무려 열두 차례 '월드컵 2002'란 문패가 달린 사설을 썼다.

폴란드와의 첫 대전이 한국 팀 도약의 관건이었다. 우선 경기가 야간에 펼쳐져 신문 최종 마감 시간 직전에 끝나 관전 후 사설을 쓰는 것 자체가 무리였다. 그래서 당일 논설회의 때 이길 경우, 질 경우, 비길 경우에 대비한 3편의 사설을 미리 써놓기로 정했는데 필자는 이기는 쪽을 맡았다. 결과는 승리. 필자는 '마침내 이뤄냈다, 월드컵 1승의 꿈을'이란 제목의 사설에 "이게 꿈인가 생시인가. 흥분한 관중의 탄식처럼 전국은 난리 그 자체였다."고 미리 썼는데 그게 현실이 된 것이다. 지금 읽어봐도 흥분된 감정에 치졸한 문장이지만 당시 쓸 때에는 폭발할 것 같은 감정을 억제할 수 없었다. "우리가 언제 이처럼 합심하여 짜릿한 환희를 맛보았던가, 우리가 언제 이토록 큰 잔치판에서 이처럼 통쾌한 승리감을 만끽한 적이 있는가." 폴란드전에서 한국팀이 졌다면 필자의 이 같은 객기어린 작문(?)은 활자화되지 못했을 것이다.

그 다음날 '히딩크 식 경영 리더십'에 관한 사설이 필자에게 배당됐다. 월드컵 출전 48년 만에 거둔 한국의 첫 승은 히딩크 감독의 전술과 용병술, 지도력의 결과라고 필자는 요약했다. 이틀 후 미국과의 경기를 앞둔 상황에서는 응원단의 과열과 흥분을 자제하자는 사설을 썼다. 미국 팀과의 대결은 승부를 가르지 못했다. 당시 필자는 '희망 갖게 한 100만 인파'란 사설에서 우리 국민의 단합과 성숙된 국민의식에 대해서 썼다.

6월 14일 한국 팀은 포르투갈을 꺾고 대망의 16강에 진출했다. 이에 대비해 예상 기사를 써놓긴 했으나 현실이 되자 어떻게 수정해야 할 지 막막했다. 귀에선 계속 "오 필승 코리아"란 함성만 맴돌고, 머리를 짜내도 감탄사밖에 떠오르지 않았다. 그래도 마감시간에 쫓겨 정신없이 자판을 두드렸다. "16강 고지에 오르기까지 48년이 걸렸지만 우리는 21세기 첫

월드컵 공동 개최국답게 영광의 티켓을 거머쥐며 한국 축구사에 신화를 일궈냈다."고 썼다. 다음날 사설의 한 꼭지는 응원전에 배정되어 필자가 썼다. 제목은 '꽃처럼 아름다운 선홍빛 물결'로 정했다. 한국이 16강에 오르던 날 밤, 전국 곳곳에서 300만의 젊은 인파가 새벽까지 열광의 도가니를 이루었다.

6월 18일 이탈리아와의 결전이 있던 날, 이번에도 승리할 경우의 사설을 필자가 썼다. 광화문과 시청 앞 광장 일대는 붉은 응원단으로 발 디딜 틈이 없었고, 들뜬 함성은 사무실을 덮었다. 그 와중에서 필자는 선수 이름 몇 자를 적어놓고 어찌할 바를 모르고 있었다. 그날따라 왠지 안정환 선수가 눈앞에 가물거렸다. 그런데 기적처럼 그 선수가 골을 터뜨렸다. 그날 사설 제목은 지금 보아도 분기탱천했다는 인상을 준다. '왔노라, 보았노라, 이겼노라'. 논설위원들의 일치된 구호를 옮긴 것이다. 필자는 점점 작가가 되어가고 있었다. 터져 나오는 미사여구를 어쩔 도리가 없었다. '태극전사들이 드디어 루비콘 강을 건너 로마에 입성했다' 는 식이었다.

8강에 오른 다음날(6월 20일) 사설 제목은 '월드컵 민의(民意) 바로 읽어야'였다. "한국은 월드컵 8강 진출로 축구 그 이상의 시너지 효과를 얻어냈다. '대한민국'이 무엇인지 우리는 알았고, 히딩크 감독이 일구어낸 한국인의 잠재력을 보았으며, 세계 속에서 우리의 진정한 위치를 새삼 확인했다. 건국 이래 최대로 분출한 에너지가 어떻게 발현됐는지 우리도 놀랐다."

스페인과의 4강전이 열린 6월 22일 전국은 용광로처럼 달아올랐다. 이날 필자는 대한축구협회 초청으로 광주경기장에서 열리는 스페인과의 대전을 관람하는 행운을 얻었다. 필자도 붉은 악마 셔츠를 입고 목이 터져라 '대~한민국'을 외쳤지만 골이 터지지 않아 연장전까지 갔고 마침내 승부차기로 가르게 됐다. 승리의 여신은 한국의 손을 들어주었고 기적 같은 4강 신화가 달성돼 온 국민이 전율했다. 서울로 오는 비행기 안은 축제의 도가니였으나 필자는 사설을 어떻게 쓸지가 걱정이었다. '무적함 대 격침하다'라는 제목을 붙인 이날 사설은 우선 양이 평소의 두 배나 되었다. 부담은 컸지만 승리의 기쁨에 겨워 글이 술술 풀렸다. "승리의 여신은 홍명보의 땀에 젖은 오른발을 굳게 붙들고 있었다. 120분의 사투를 넘어서서 세계 축구사의 찬란한 새 역사는 그렇게 씌였다."

4강전의 상대는 독일. 6월 25일 오전 논설회의에서 류근일 주필은 승리의 집필자를 필자가 아닌 다른 위원으로 바꿨다. 그래서 필자는 지는 경우의 사설을 쓰게 되었는데 그런 경우가 없기만을 바랐다. 상암 경기장에서 관전한 독일은 워낙 거센 팀이었다. 기세가 등등하던 한국 팀은 독일에게 1:0으로 져 결승행이 좌절됐다. 그래서 사설은 또 내 차지였다. 논설위원들의 중론을 모아 '위업(偉業) 자축하며 마무리할 때'라는 제목을 달았다.

"열기와 흥분을 가라앉히고 우리가 얼마나 '위대한 역사'를 만들었으며, '문화의 위상'을 어떻게 업그레이드 시켰나를 생각해 보아야 한다."

월드컵이 끝난 후 논설위원들은 사석에서 만약 독일전 승리의 필자를 정중헌 위원으로 정했으면 결과가 달라졌을지도 모르지 않았겠느냐는 농담을 했다. 아무튼 필자는 월드컵 기간에 원 없이 썼고 원 없이 취했다.

정중헌 | 조선일보 문화부장, 논설위원, 서울예술대학교 부총장, 한국영화역사연구원 이사장.

보험업계 출입하다가 전문대학원까지 졸업

법대 행정학과 출신인 나는 고위 공무원이 되고 싶어 했다. 평소 아는 선배의 권유로 대학 재학 중 중소기업협동조합에서 발행하는 '중소기업통보'라는 일간 통신지 아르바이트를 한 것이 인연이 되어 나는 언론계 쪽으로 진로를 변화시켰다.

조규만

1965년도 입사 7개월쯤인 연말개편에서 정치부 기자로 중앙청 출입을 배정받았다. 지금은 없어진 당시 중앙청 건물에는 국무총리실, 외무부, 총무처, 법제처, 행정개혁위원회, 그리고 옆 건물에 문공부가 자리 잡고 있었다. 이처럼 여러 출입처를 갖게 된 나는 하루가 어떻게 지나갔는지 모를 정도로 시간을 쪼개야만 했다.

그렇게 시작된 정치부 기자 생활. 가장 기억에 남는 사건은 1968년 1월 17일 이른바 김신조 사건이다. 북한군 124부대 무장공비 31명이 청와대를 습격코자 했던 사건, 그 사건으로 당시 최규식 종로경찰서장 그리고 민간인 등 총 43명이 전사 및 사망하고 62명의 부상자를 낸 대형 사건이었다.

그 사건에서 김신조만이 체포되어 동두천 소재, 어느 학교 교정에서 사살된 29명의 무장공비 시체를 확인시켜주는 자리가 있었다. 김신조는 손이 뒤로 포박된 채, 군 관계자가 지적하는 시체에 대해 성명과 계급 등을 밝혀주었다. 때로는 기자들의 질문도 있었는데 그때마다 핏기 없는 모습으로 쳐다보던 모습이 지금도 아련히 떠오른다.

제7대 대통령 선거 유세 취재

1969년도 11월 초 제7대 대통령 선거에서, 나는 선거 취재차 전라북도로 출장을 가게 되었다. 우리 회사의 국회와 여당 출입 기자들은 박정희 후보 유세가 있는 부산으로 떠났고, 나는 야당 김대중 후보 유세가 열리는 장소인 전북 "익산" 소재 어느 학교 운동장에 도착했다.

사진부 기자는 별도로 현장에서 만나기로 하고 내가 아침 일찍 열차와 버스를 번갈아 갈아타고 유세장에 도착한 시간은 유세 2시간 전인 오후 5시경, 이미 운동장에는 인파가 발 디딜 틈이 없이 차 있었다.

조금 떨어져 있는 건물의 옥상이나 가정집 장독대까지 많은 군중이 자리를 잡았고 희미하게 보이지만 공터와 좁은 골목까지 장사진을 이루고 있었다. 시간이 흐를수록 적막감이 더욱 흐르고 있었고, 예정된 유세 시간 30~40분 지나서야 장내 아나운서가 후보가 1시간 이상 늦게 광주를 출발했다는 안내를 했다.

그런데 이상한 것은 어느 누구도 기다림에 지치거나 늦음에 대한 불평, 또는 동요의 모습을 보인 사람이 전혀 없었다는 사실이다. 밤 11시 10분쯤 웅성거림이 들리면서 많은 봉화 불을 밝히는 가운데 인파를 헤치면서 입장하는 김대중 후보를 맞이할 수 있었다. 마치 당선이 확정된 것처럼 그 많은 인파가 환호하며 반기는 그 모습이 지금도 눈에 선하다.

1968년 11월 남대문시장 화재가 방재공부의 시발점

1968년 11월 남대문시장에 큰 화재가 발생했다. 이날, 1천여 점포가 소실되었고 5억 원 상당의 재산 피해가 났다. 그런데 당시 화재보험에 가입한 사람은 10여 명에 불과했다고 들었다. 그 만큼 먹고 살기가 어려웠던 시대, 그래서 대부분 시장의 경우 한번 화재가 발생하면 재기할 능력을 상실, 상권까지 바뀌는 경우가 허다했던 시절이었다.

알려진 바에 의하면 그날 화재로 소실된 1천여 점포 중 10%가 조금 넘는 1백여 점포만이 문을 다시 열었을 뿐이라는 게 당시 시장 관계자의 이야기였다. 남대문시장에서 불이 난 다음 날, 담당부장이 나에게 평소 관심이 많은 보험공부를 해 보겠느냐는 제안을 했다. 내심 바라고 있던 나는 바로 주 2회 업계 출입을 허가 받았다. 주 2회 명시는 중앙청 출입에 소홀함이 생길 것을 걱정하는 배려 때문이었다.

대연각호텔 화재 세계가 깜짝

1971년 12월 25일, 그날 아침, 당시 집이 구파발 소재 기자촌이었던 나는 회사 출근 차로 9시에 회사에 도착, 기사를 작성하고 있던 순간이었다. 별안간 편집국 같은 층에 자리한 사회부장과 사진부장의 날카로운 목소리가 크게, 동시에 들려 머리를 돌리는 순간, 여러 명의 기자들의 뛰쳐나가는 발자국 소리가 귓전을 울렸다.

당시 우리 현대경제일보, 일요신문사는 남대문 바로 사거리에 위치해 있었다. 4층 건물의 2층에 편집국이 자리 잡고 있었다. 신문사 건너 맞은

편에는 왼쪽 편에 그랜드호텔이 위치했고 오른쪽이 남대문시장이었다. 그 사이로 대연각호텔에서 검은 연기가 하늘을 덮는 화재 현장을 우리는 안타까움을 머금은 채 지켜볼 수 있었다.

잠시 후 약 20~30분이 지났을까? KBS-TV에서 화재 현장 방송이 시작되었다. (당시 KBS-TV는 남산 입구에 사옥이 있어 대연각호텔과는 가까운 거리에 위치해 있었다.) 당시만 해도 저녁 시간에만 TV 시청이 가능했던 시절이었다. 성탄절 아침녘에 전 국민이 그 안타까운 순간을 지켜보게 되었다. KBS-TV의 화재 현장 중계방송은 국내 뿐 아니라 외신을 통해 세계에 전파 되었다.

순간, 나는 대연각호텔의 보험 가입 관계 자료 찾기에 바빴다. 당시 대연각호텔은 시가 26억 원에 불과한 건물임에도 불구하고, 산업은행 등 3개 은행으로부터 39억 원을 대출 받고 있는 상태였다. 한국감정공사가 그날 화재로 인해 산정한 피해 감정액은 14억 원으로 알려졌다.

정부는 대연각호텔 화재 이후 내무, 건설, 상공 그리고 서울특별시와 합동으로 국내 처음으로 화재 진단반을 편성, 고층건물에 대한 특별 진단을 실시했다. 또한 소방 설비가 미비하면 건물주를 형사 입건토하고, 지적 사항에 대한 보수 및 개선이 이루어질 때까지 건물 사용을 금지시키는 등 강력한 행정조치를 취하기 시작했다. 동시에 소방법과 건축법도 고쳐 예방에 가장 중요한 경보시설, 피난시설, 소화전 등 기본 소방시설이 미비한 곳은 벌칙을 강화하는 방안을 마련하기 시작했다.

한편, 재무부도 보험업법에 손보기 시작했다. 가입자들의 보험료를 받아 부동산에 투자하고 계열사의 사금고 역할을 해오던 관행을 근본적으로 차단토록 하고, 부동산 담보로 융자를 받아 자본금으로 전입해도 눈을 감아주던 관행을 뿌리째 뽑기로 했다.

또한 보험사의 자본금을 최저 1억 원에서 3억 원으로 증자토록 했고, 자본금 규모와 준비금이 부족한 부실 보험사는 통폐합까지 하도록 법률을 강화시켜 나가기 시작했다. 1971년, 대연각호텔 화재 사건 이후 만 1년 되는 1972년 12월 4일, 또 다시 대형 화재 사고가 발생했다.

MBC 문화방송 11주년 기념 가수 청–백전이 열린 세종문화회관 화재

1972년 12월 4일, 서울 광화문 세종문화회관에서 열린 MBC개국 11주년 기념 10대 가수 청백전 공연이 끝나갈 무렵에 발생한 화재로 사망 51명, 부상 76명이라는 대형 사고가 발생한 것이다. 이날, 화재 현장에는 당시 김종필국 무총리와 오치성 내무, 태완선 건설부장관과, 청와대 김정렴 비서실장 및 홍성철 정무수석 비서관 등이 현장에 나와 화재 현장을 지켜보았다.

다음날 아침 박 대통령의 특별지시가 하달되었고, 각 부처는 대책 마련에 부심했다. 그 방안으로 고층건물에 대한 특별 방화 진단을 실시키로 하고 소방시설 미비자에 대한 형사·입건과 점검에서 지적된 사항은 반드시 개·보수가 이루어질 때까지 건물 사용을 중지시키는 강력한 행정조치를 병행토록 했다. 또한 건축법과 소방법의 강화는 물론이고 재무부도 보험업법을 개정, 우선 보험사의 자본금을 손해보험사는 1억 원에서 3억 원으로, 생명보험사는 5천만 원에서 2억 원으로 자본금 증자를 병행, 법제화하기로 했다. 그런가 하면 자본금과 준비금이 부족한 회사는 부실 보험사로 엮어 통폐합시키는 방안까지 검토하기에 이르렀다.

재무부와 내무부는 협의를 통해 4층 이상의 건물, 극장, 공장, 시장 등 국민 다수가 출입하고 밀집되어 있는 건물에 대해서는 의무적으로 보험에 가입케 하고, 법에 의해 지정된 건물은 연 1회 화재 안전 진단을 반드시 받도록 하는 동시에 이를 위반할 때는 벌칙을 강화하는 방안을 마련, 각의에 상정키로 했다.

정부는 1973년 2월 5일 비상각의를 통해 '화재로 인한 재해 보상과 보험 가입에 관한 법률'을 제정, 공포했다. 그해 7월 1일부터는 서울, 부산 등 7대 도시의 4층 이상의 빌딩, 공장, 시장, 극장 등 다수가 밀집되어 있는 건물의 경우, 의무적으로 보험에 가입케 했고, 연 1회 반드시 협회가 시행하는 화재 안전 점검을 받도록 명문화 했다.

그 법률의 수행기관 한국화재보험협회를 법에 의해 설립토록 하고 전기, 기계, 건축, 화공 등 4개 점검인력을 확보, 연 1회 특수건물로 지정된 건물의 안전 점검을 의무화 했다. 또한 협회의 주요 업무로 불조심 계도 활동을 주도적으로 하도록 계도·홍보 업무를 법률로 정해 주었다.

당시 협회 설립추진위부 위원장으로 실질적으로는 위원장 역할을 했던 박은회 (후에 재보험공사, 자동차보험사, 보증보험 등 사장 역임) 씨와 당시 재무부 보험과장의 권유로 신설 기관인 화재보험협회의 홍보 담당으로 내가 참여하게 되었다.

화재 예방에 대한 홍보는 지금 소방안전협회·소방청까지 설립되어 불조심에 대한 계도 활동이 크게 확대된 편이지만, 70년대엔 국민에 대한 계도 활동은 거의 찾아볼 수 없던 시절이었다. 그 때문에 화재보험협회의 탄생과 계도 활동은 우리나라 방재사에 새로운 변혁을 이룩한 획기적인 조치였다.

당시 안전 점검 이외에 화재보험협회의 주요 업무 내용을 보면, ▲ 7대 대도시 방화관리자에 대한 정기적인 교육과 정신교육 ▲불조심 어린이단을 조직, 어린이부터 몸에 익히는 예방교육의 생활화 ▲불조심 포스터를 전국에 현상모집, 당선작에 대한 인쇄를 통해 전국에 부착, 계도용으로 활용토록 했고 ▲불조심 계도 영화를 제작, 각급 학교, 공장, 사무실 등에 순회 상영하고 초창기에는 극장에서 본 영화 상영 전 계도용으로 그 영화를 활용하기도 했다. 이에 협회는 매년 문화 영화를 제작, 총 13편을 직접 제작한 바 있다. 1970년대 우리나라 영화계가 어려웠던 시절, 영화계의 거장인 유현목, 이장호 감독 등도 우리 문화 영화 제작에 적극 참여한 바 있고, 여배우 금보라, 김보연 씨 등도 신인 시절 협회 계도 영화에 참여, 그 발판을 이룩하기도 했다. 특히 지금은 국민배우로 사랑을 받고 있는 최불암씨도 우리 영화 3편의 제작에 참여한 바 있다.

다낭에서의 아찔한 순간

중앙청 출입 기자 시절, 추억도 적지 않게 가지고 있다. 1968년도에는 외무부 출입 기자로서 재일 거류민단 초청으로 일주일간 도쿄와 오사카를 방문, 민단의 일상을 취재 보도한 바 있고, 정일권 국무총리 시절 전북도청 순시를 마치고 한식집에서 총리와 함께 식사를 하면서 일어난 사건도 잊을 수 없는 추억이기도 하다.

음식을 나르던 여종업원이 문 앞에 앉아 있는 내 등에 뜨거운 된장찌개를 엎질렀다. 내가 빠르게 윗옷을 벗어 던져서 데이지는 않았지만 모두를 놀라게 하기에 충분했다. 지금과 같이 풍족하지 못했던 시절, 나는 아래 속옷만 남긴 채, 그 여종업원이 빨고, 다림질까지 해서 입고 출발, 일행 모두가 예정된 다음 일정이 늦추어졌던 기억도 있다.

그런가 하면 총리의 제주도 순시에 동행하고 돌아오는 귀경길, 수행기 자단이 탄 군 수송기가 오산 상공에서 에어포켓에 걸려 수차례, 수십 미터를 떨어지고 오르는 등 10분 가까이 모두를 긴장시켰던 아찔한 순간이 있었다. 그때 동료 기자단의 한 사람이 나를 살려달라는 비명을 너무 요란스럽게, 그리고 연속적으로 소리를 쳐 모두를 곤욕스럽게 했었다. 귀경 후 동료 기자가 그의 이름과 비슷한 별명을 붙여주어 두고두고 웃음을 자아내게 했던 기억도 있었다.

1972년도에는 김종필 총리를 수행하여 월남을 방문, 주월사를 격려하는 자리에 참석하기도 했는데, 당시 부대 순시 중 '다낭' 지역에서 '나트랑' 지역으로 밤에 이동을 하게 되었다. 이륙한 지 20분이 지났을까, 그 순간부터 '따닥따닥' 하는 총소리와 불꽃이 우리가 탄 헬기 밑 부분까지 비추어져 탑승자 모두를 놀라게 했다. 그 소리는 베트콩들이 우리 헬기를 조준, 총을 난사하는 소리였다. 다행히 우리가 타고 있는 헬기까지는 총탄이 못 미쳤지만 우리 모두는 숨소리조차 못 낼 정도로 긴장을 했고, 왜 밤에 이동을 할까 모두가 궁금해 했던 이유를 알게 되었다.

나와 이대용 회장과의 인연

한국화재보험협회 총무부장 시절, 주월공사로 근무하다가 월남 패망 당시 월맹에 억류되어 5년간 억류되었다가 풀려난 이대용 씨가 한국화재보험협회 이사장으로 부임하게 되었다. 당시 전두환 대통령의 장인인 이규동 씨가 육군사관학교 교장 시절, 생도대장으로 재직했던 인연으로 두 분의 사이가 각별했다고 한다.

이대용 씨가 육군준장으로 주월공사 재직 시 패망하자 이 공사의 피난을 위해 군에서 대기시켰던 헬기로 대신 잔류 교민을 피난시키고, 본인이 어쩔 수 없이 억류되어 5년간 옥고생활을 했던 그를 이규동씨가 생환케 한 사실은 많은 사람들에게 알려진 사실이다.

1980년 5월 그가 5년 만에 귀국을 하게 되었다. 그는 귀국과 동시에 한국화재보험협회 이사장으로 발령을 받았다. 그가 이사장으로 부임을 하자 월남전에 참여했던 전·현직 군 장성들은 물론 영관급 군인들의 협회 방문이 줄을 이었다. 그리고 그가 귀국 한지 2개월 만에 친목 모임 월목회가 결성되었고 그 초대 회장으로 이대용씨가 선임이 되었다.

나는 처음부터 결성 과정에서부터 그 운영 실무를 맡아 보게 되었다. 월남에서 성공한 기업인 한진의 적극적인 지원 속에 한진 강당과 화재보험협회 강당 등을 오가며 총회 및 각종 회의, 특히 대통령이 되기 전의 노태우씨 내외를 비롯한 김복동, 채명신씨 등 많은 군관계자들의 부부동반 모임에서 5년간 사회를 도맡아 보기도 했다.

1986년 임기가 끝난 이대용 씨가 물러난 지 1년 후 나는 사원총회(임원선임 의결기관)에서 협회 상무이사로 선임되었고, 우리나라 유일의 화재시험 연구기관인 방재시험연구원의 3대 원장으로 취임을 하게 되었다.

조규만 | 현대경제일보 일요신문 편집국 기자, 한국경제신문 정치부 기자, 한국화재보험협회 상무이사, 방재시험연구원 원장.

88서울올림픽과 소련 초빙 페레스트로이카
최초 특종 취재기

타스-이스베스차 조사 후, 파리 특파원 소련 방문 취재 초청. 88올림픽 박세직 조직위원장, 소 선수단 파견 여부 확인을 극비 요청. 비자는 모스크바의 전직 수반회의 참석하는 신현확 전 총리 수행 취재 조건.

주섭일

88서울올림픽은 베를린 장벽 붕괴를 추동한 결정적 기회를 부여한 동서진영 최대의 스포츠 축제였다. 소련은 1988년 6월에도 참가 여부에 침묵하고 있었다. 국제 사회의 시선은 모스크바에 집중되었다. 서울도 초조하기는 마찬가지였다. 서울올림픽 조직위원회 박세직 위원장이 이 때문에 잠을 못 잔다고 나에게 말할 정도였다. 소련 정부는 도쿄 주재 타스통신과 공산당 기관지 이스베스차 특파원을 서울에 파견, 서울 시민의 민심 조사를 했다. 소련에 대한 서울의 민심은 부정적이었다. 이들이 유럽 특파원으로 10여 년 장기 주재한 필자를(당시 중앙일보 편집위원실장) 찾아 온 것은 1988년 4월 하순이었다.

그들은 필자가 1974년 폴란드 방문 취재, 1975년 헬싱키 유럽안보협력회의(CSCE) 동서정상회담 취재, 4차 중동 전쟁 시 시리아-이집트 종군취재, 1976년 차이콥스키콩쿠르 피아노 부문 2위의 정명훈을 모스크바-도쿄-서울 수행 취재 등 중앙일보의 보도 기사들을 보았다고 말하고 소련 방문 취재 의향을 타진했다. 고르바초프의 페레스트로이카 현장을 보고 싶지 않으냐고 묻기도 했다. 나는 수차 비자거부로 소련방문취재요청을 실패했다고 말했더니 비자 문제는 책임지겠다고 장담했다.

나는 취재 보도에 간섭하지 않겠다는 보장을 받아달라고 요구했다. 이들은 "문제없다."고 장담했다. 나는 폴란드 취재 때 '체카'(비밀경찰)가 미행하는 느낌을 받았다고 했더니, "그런 일 없을 테니 본 대로 써 달라."고 했다. 그래서 나는 소련의 취재 비자를 최초로 받아 소련 취재를 하게 되었다. 다만 이들은 조건을 달았는데, 5월에 모스크바의 '인터액션국제회의(세계국가수반회의)에 참석하는 한국의 신현확 전 총리의 수행 기자로 비자를 내주지만, 소련을 자유롭게 취재할 수 있다고 말했다. 필자는 신 총리 일행과 같이 1988년 5월 15일 모스크바 공항에 첫발을 내딛고 세계 공산주의 초강대국 소련을 취재했던 것이다.

1988년 서울올림픽은 1980 모스크바, 1984 LA올림픽처럼 반쪽이 나지 않을까 한국과 자유 진영도 우려했었다. 서울올림픽에 소련이 침묵하고 있었기 때문이었다. 1980 LA는 공산권 불참으로, 1984 모스크바도 미국 등 자유진영 보이콧으로 반쪽짜리 올림픽이었다. 그래서 1988년 분단 국가인 한국 주최 서울올림픽이 반쪽이 될 가능성이 있었다. KAL기 테러 등 북한의 방해공작이 극심했고 서울올림픽 공동주최를 요구하기도 했다. 소련이 참가하면 공산권이 모두 참가할 것이므로 12년 만에 '100% 서울올림픽'의 명예를 얻을 수 있는 것이다.

도쿄에서 아에로플로트(소련항공)기 편으로 모스크바 공항에 착륙하자 신총리 일행을 영접하는 소련 외무 관료들의 안내로 여권 심사를 프리 패스했고, 대표단은 회의장 모스크바스카야 호텔로 갔고, 혼자 인투리스트

호텔에 체크인 했다. 공항부터 나는 모스크바의 분위기가 매우 유럽적임을 느꼈다. 나치시대 독일처럼 군대와 비밀경찰의 감시가 번득일 것으로 생각했으나 달랐다. 특히 모스크바 시민의 자유분방한 모습은 런던, 파리와 별 다름이 없었다. 소련 시민들은 고르바초프의 페레스트로이카(개혁) 때문에 자유로워졌다고 말했다. 신 총리 숙소 소비에트 스카야 호텔을 찾아 일행과 아침을 같이하고 '인터액션회의'부터 취재했다. 2주간 공산 초강대국 소련 취재는 시작되었다.

회의 주제는 '동서 화해와 상호협력'이었다. 서독 슈미트 전 총리는 소련이 진정한 동서 화해를 위해 문을 크게 열어야 한다고 연설했다. 신 총리는 한국 기업의 소련 진출을 기대한다고 말했다. 특히 그로미코 소연방최고회의 의장의 크렘린 대연회에 신 총리와 같이 초대되었다. 미소정상회담의 주 무대인 크렘린 궁은 장엄한 광장 같은 인상으로 주석단 밑에 수많은 동서의 거물인사들이 보드카 잔을 나누고 있었다. 알바토프 미국연구소장이 나를 찾아와 대화할 기회를 얻었다. 최초 한국기자 크렘린 궁 취재였다.

그가 "우리는 박정희 전 대통령의 경제 정책을 깊이 연구하고 있다."고 말하는 데 놀랐다. 그는 박정희의 경제 정책이 군사 독재를 하면서도 경제 성장에 성공한 비결을 찾아 연구하면서 소련 경제에 접목하는 것이 박정희 연구의 목적이라고 설명했다.

"페레스트로이카는 결국 정치적 자유와 시장경제를 지향한 공산 종주국 개방의 의미가 큰 것 같다."는 나의 말에 그는 고개를 끄덕이며 "독재가 아니면 단시간에 경제 발전은 불가능하지 않은가?"라고 반문했다. 한국에서는 경제보다 민주화의 비중이 더 크다고 했더니, 페레스트로이카는 경제 문제가 최우선 집행과제라고 잘라 말했다. 공산주의 독재를 70여 년 했음에도 국민의 생필품 생산이 부족한 현실을 개탄하기도 했다.

여기서 소련이 한국의 압축 성장을 도입하려고 하는구나 하는 인상을 받았다. 나는 소련의 세계 공산주의 지배가 종점을 향해 달려가고 있음을 직감하며 취재했던 것이다. 그로미코는 보드카 잔으로 동서 화합을 위한 축배를 선창했다. 그는 동서 간 화해 협력을 주장하는 연설 후 퇴장했으며, 리셉션은 동서 대화의 분위기로 우호적이었으며, 우리 경제 발전에 큰 관심을 보였다.

그런 모스크바 시민들은 서울올림픽에 관심이 많지 않았다. 간혹 관심을 표명하면 반가워서 "개최지를 아시느냐?"고 묻는다. 그러자 "남조선"이 아니냐고 북한식 물음이 왔다. "남한을 어떤 나라로 보는가?" 물으면 "경제 발전이 대단하다는 신문을 읽었다. 우리도 그렇게 되면 좋겠다."고 답했다. "소련 선수들이 서울올림픽에 참가하는가?" "잘 모른다. 미국과 친한 나라가 아니냐. 우리가 개최할 때 미국이 불참했다." 불참 가능성이 크다는 것이다. 소련의 참가 여부를 취재할 필요가 있는데, 묘안이 없다. 그래서 외무성의 가이드에게 "올림픽준비를 하고 있는가?" 라고 물어 봤다.

"열심히 하고 있다."는 답이었다. "남한은 러시아어가 잘 통하지 않을 것이다. 통역문제는 어떻게 하는가?" 라고 물었더니, "고려인들로 한족위원회를 만들어 준비하고 있어 문제없다"는 답이다. 나는 선수단이나 한족위원회 사람들을 취재 할 수 있게 주선해 달라고 요청했다. "시간이 없어 불가하다."는 답을 주었다. 머지 않아 발표할 것이나 숙소 문제 등이 해결될 때까지 발표가 늦어질 것이라고 말했다. 그는 서울에 소련 공관이 없어 어려움이 많다는 말도 했다. 서울올림픽이 동서 화해 축전이 될 것을 확신했다.

붉은 광장, 굼 백화점, 차이콥스키의 "백조의 호수" 현장, 레닌 묘, 모스크바의 명동격인 알바트 거리를 관광했다. KGB 비밀경찰의 감시가 분위기를 흐릴 것으로 생각했으나, 없었다. 마치 파리나 런던 거리를 산보하는 듯 자유스런 분위기였다. 타스통신 등 도쿄 주재 소련 특파원들이 서울 시민들이 소련 사람을 "붉은 뿔 달린 빨갱이"로 본다는 우려는 기우로 보였다.

페레스트로이카의 모스크바는 자유의 향기가 풍기는 서구와 다름이 없는 대도시로 보였다. 나는 점심이나 저녁 식사 때 시민들의 대화에 끼어들어 서울올림픽을 소개하며 서울에 꼭 오시라고 권하기도 했다. "서울에 가서 응원도 하고 구경도 하고 싶다."는 답도 있었다. 돌이켜보면 구소련은 30년 전인 1988년에 페레스트로이카로 공산주의 탈출을 연습하고 있었던 것 같다.

레닌그라드(오늘의 상트페테르부르크) 여행은 삼성, 대우, 금성 등이 참가한 "일렉트로니카 88전자전시회"의 취재가 주목적이었다. 한국 전자전시장은 태극기 대신 서독기가 걸렸는데, 서독 법인 명의로 전시허가를 받았기 때문이라고 했다. 그런데 한국 전시장에 러시아인으로 인산인해를 이루고 있어 놀랐다.

한국제 TV, VTR, 컴퓨터, 오디오, 세탁기 등 가전제품들을 보면서 감탄하는 소련 사람들의 모습이 장관이었다. 스탠드에 국적 표시가 없었으나 모두가 한국제품임을 알고 감탄하는 모습이 인상적이었다. 그때 한국 전자 3사를 소련 신문들이 대대적으로 보도했는데, 비록 한국산임을 명기하지 않았으나, 잘 부각시켜 보도해 인상적이었다. 페레스트로이카의 바람이 머지않아 한반도에 불어닥칠 것을 감지했다.

러시아 신문의 보도에 큰 반응을 보인 사람들은 고려인과 북한 유학생들이었다. 북한 학생들은 모두 장발과 블루진, 점퍼 차림으로 구미의 한국 유학생들과 비슷한 옷차림이었다. 저녁에 호텔을 찾아온 4명의 유학생들은 저녁을 함께하면서 대화를 했다. 그들은 공산권 최대 강대국 소련 사람들이 감탄하는 한국전자제품 생산국인 한국이 자랑스럽다고 털어놓았다.

이들은 서울올림픽에 큰 관심을 표명하면서 왜 서울올림픽이 공동개최가 안 되는지를 질문했다. 올림픽은 IOC가 한 도시를 개최지로 지정하기 때문에 북한과 공동 개최가 불가능하다고 설명했다. 우리 정부가 김일성 주석에게 축구 등 일부 경기의 예선을 북한에 나누어 주었는데 거절했다고 말했다. 1972년 뮌헨올림픽에서 동독이 서독과 다른 나라로 참가한 사실을 상기시켰더니 고개를 끄덕였다.

그들은 IOC 규정을 잘 몰랐다고 하면서 "그래도 우리는 불참할 것"이라고 말했다. 나는 북한 공산주의 체제를 어떻게 생각하느냐고 물어보았다. "우리는 (김일성)수령님을 존경한다. 나머지는 존경하지 않는다."는 답이 돌아왔다.

"학생들의 말을 들으니 북에도 변화가 있는 것 같은데?"

"아마도 우리 세대가 주체가 될 때는 많이 변할 것이다."

1988년 5월 22일 소련 취재 여행 마지막 날이다. 소련 외무성 주선으로 네바 강 상류 이바노프스카야 14번지 아파트에 사는 30대 초반 고려인 부부가 "어서 오십시요"라며 반갑게 맞았다. 소련에서 처음 보는 한식이 한상 차려져 있었다. 숙주나물무침, 풋고추와 상추 된장과 쌀밥, 통닭

구이 등이었다. 남편 김 알리크가 소련 최고의 술이라는 아르메니아 산 브랜디를 권했다. 이들은 "우리는 조선인(북한인)이 아니라 고려인이다. 남조선 사람을 만나 반갑다."고 인사했다. 이들 내외는 공산당원인 대학교 교수로, 한국 기자를 만난 소회를 거침없이 말했다.

"소련 매스컴이 한국 소식을 자주 전해주어 궁금한 것은 별로 없으나 한·소간 교류가 없어 유감이다. TV를 통해 서울올림픽 소식과 민주화 과정을 열심히 보고 듣고 있다. 우리의 소원은 통일조국을 보는 것이다. 북조선의 불참은 민족의 불행이다. 한국이 잘 설득해서 북조선이 참가하면 고려인들 모두가 춤출 것이다."

이들은 손으로 이별의 눈물을 닦으며 외교관과 내가 탄 차를 보고 계속 손을 흔들고 있었다. 한 핏줄로 맺어진 민족애가 얼마나 귀중한 것인지 일깨워주는, 영화 장면보다 더 값진 고려인 동포의 만찬이었다.

나는 1988년 6월 첫 주부터 "최초 한국 기자 소련 취재기"를 중앙일보에 시리즈로 보도했다. 모스크바의 레닌묘, 그로미코의 동서 국가 수반 리셉션이 열린 크렘린 대궁전 내부 모습, 상트페테르부르크의 차르의 겨울궁전과 네바강 유역의 '백야' 등, 기자가 촬영한 사진들도 크게 실었었다. 1주일에 한 번 내가 촬영한 사진을 곁들여 2페이지에 취재기를 깔았다.

7번 연재한 기획인데, 독자들이 '더 써 달라'는 요청에 3번 늘려 10회 연재했다. 나는 박세직 위원장의 전화를 받았다. "거의 100% 참가"를 알려주었다. 서울올림픽 1년여 후, 베를린 장벽이 붕괴되었고, 냉전 종식, 동구-소련 공산 제국의 해체, 독일 통일과 동서유럽의 통합으로 자유민주주의-시장 경제의 세계화시대를 열었다.

내가 프랑스 파리 주재 유럽총국장으로 유럽 대변동을 취재할 때 많은 독일, 유럽인들이 나에게 "88서울올림픽은 성공이었다. 이것이 1989년 11월 9일 베를린 장벽 붕괴를 불러일으켰다."고 말했다. 그때 서독 헬무트 콜 총리와 겐셔 외무장관은 1990년 329일 만에 독일 통일을 했다. 세계는 그렇게 21세기를 맞아 번영과 평화시대를 노래했다. 한반도도 세계화의 물결을 타고 자유와 번영의 길을 달릴 것으로 보였다. 그 후 30년, 2018년 10월 현재 한반도의 현주소는 어디인가?

나의 소련 르포는 1988년 11월 1일 도서출판 '열린 책들'이 "소련 오해받고 있다"는 제목으로 출판해 베스트셀러가 되었으니 소련에 대한 한국 여론의 호전을 미루어 확인할 수 있었다.

주섭일 | 중앙일보 파리 주재 유럽총국장, 국제문제 대기자. 르몽드 코리아 창간, 외교통상부 자문위원.

명기자, 명데스크 못다한 뒷이야기 28

취재현장의 목격자들 Ⅱ +

2018년 11월 25일 초판인쇄
2018년 11월 30일 초판발행

발행 : 사단법인 대한언론인회

社團 法人 大韓言論人會
서울 중구 세종대로 124 (프레스센터 1405호)
Tel : (02)732-4797, 2001-7621
Fax : (02)730-1270

기획·출판 : 청미디어
신고번호 : 제305-3030000251002001000054호 (신고연원일 2001.8.1.)
주소 : 서울 동대문구 천호대로83길 61, 5층 (화성빌딩)
Tel : (02)496-0154~5
Fax : (02)496-0156
E-mail : sds1557@hanmail.net

※ 잘못된 책은 교환하여 드립니다.
※ 본 도서를 이용한 드라마, 영화, E-book 등 상업에 관련된 행위는
   출판사의 허락을 받으시기 바랍니다. (010-8843-7899)

정가 : 18,000원
ISBN : 979-11-87861-16-4 (03070)